## 복 있는 사람

오직 여호와의 율법을 즐거워하여 그 율법을 주야로 묵상하는 자로다.
저는 시냇가에 심은 나무가 시절을 좇아 과실을 맺으며 그 잎사귀가 마르지 아니함 같으니
그 행사가 다 형통하리로다. (시편 1:2-3)

이 책은 20세기 복음주의 지형도 그리기를 시도한 역작이다. 20세기 세계기독교의 패러다임에서 가장 눈에 띄게 성장했고, 가장 주목해야 할 신앙운동을 꼽는다면 단연 복음주의다. 그러나 복음주의 역사의 윤곽과 흐름을 한눈에 그려내기란 그리 쉽지 않다. 저자는 이 책에서 세계기독교라는 거시적인 틀에 근거하여 복음주의 역사에서 등장했던 주요 쟁점과 신학자들을 주도면밀하게 설명하고 있다. 이 책에서 독자들은 장로교 계열의 개혁주의, 감리교·성결교·순복음 계열의 아르미니우스주의, 침례교와 성공회의 신학, 그리고 오순절 운동의 현상에 이르기까지 섬세하면서도 명쾌한 소개를 받게 될 것이다.

**김동춘** 국제신학대학원대학교 조직신학 교수, 현대기독연구원 대표

최근 한국 교회 일각에서 복음주의의 정체성에 관한 논의가 혼란스러웠다. 복음주의의 넓이와 깊이를 헤아리지 못한 채 진영주의에 경도된 자의적 해석들이 넘쳐났다. 복음주의 담론의 흩어진 물길을 바로잡아 줄 노련한 길잡이가 몹시도 필요했다. 저자의 문제 제기는 시의적절하고, 그의 논의는 적확하다. 따라서 이 책을 거치지 않고 복음주의에 관한 논의에 참여한다면, 무임승차가 될 가능성이 높다.

**김선일** 웨스트민스터신학대학원대학교 실천신학 교수

이재근 박사의 『세계 복음주의 지형도』는 오랜 목마름을 해갈시켜 주는 시원하고 신선한 생수와 같은 책이다. 특정 지역, 교단, 학파의 입장을 주로 대변하며 집필된 이전 교회사 책들과 달리, 이 책은 복음주의 운동이라는 복잡한 주제를 세계기독교라는 관점에서 능수능란하게 풀어낸다. 한 줄 한 줄 읽어 내려가다 보면 탁월한 이야기꾼인 이재근 박사의 특징이 고스란히 전달된다. 대서양과 인도양과 태평양을 가로지르며 펼쳐지는 이야기의 향연에 푹 빠져 있으면 기독교에 대한 이해의 지평이 크게 확장되고, 한국 교회가 앞으로 나아가야 할 방향을 전혀 다른 시각에서 보게 되는 소중한 경험을 하게 될 것이다. 이토록 탁월한 균형감과 전문성을 가진 책을 한국의 젊은 교회사학자가 썼다는 사실이 기쁘고 자랑스럽다. 이 책을 통해 기독교와 한국 신학에 새로운 희망을 보게 되었다고 말하는 것이 허언일지 아닐지 독자들이 직접 판단하길 바란다.

**김진혁** 햇불트리니티신학대학원대학교 조직신학 교수

이 책은 복음주의가 어떻게 시작되고 전개되었는지에 대한 역사적 조망과 함께 역동적인 맥박을 체감하게 해준다. 또한 복음주의의 정의와 함께 그 신학적 다양성과 통일성을 균형 있게 이해할 수 있는 안목을 제공해 주며, 복음주의의 신학적 정체성을 회복하기 위해 숙고하게 한다. 독자들은 이 책을 통하여 복음주의에 대한 훌륭한 조감도와 함께 길라잡이를 발견하는 기쁨을 누리게 될 것이다.

**박응규** 아세아연합신학대학교 역사신학 교수

복음주의라는 용어는 항상 모호했다. 이 책은 저마다 해석과 주장이 달랐던 복음주의에 대한 아주 정확하고 명료한 해설서이다. 특히 20세기 복음주의 형성 과정과 그 시대적 특징, 강조점을 아주 잘 드러낸 명저이다. 오늘의 복음주의 진영의 신학자들과 목회자들이라면 누구나 한 번은 꼭 읽어야 할 필독서로 추천한다.

**이문식** 광교산울교회 담임목사

이제 이재근 박사의 『세계 복음주의 지형도』를 언급하지 않고 복음주의에 대해서 말하는 것은 불가능할 것이다. 책 제목 그대로 이 책은 복잡한 복음주의를 잘 이해하도록 안내하는 신뢰할 만한 지도이다. 이 책을 덮는 순간 독자들은 복잡한 실타래를 풀었다는 성취감을 느끼게 될 것이다. 이 책은 한국 교회가 세계 복음주의의 거대한 흐름 속에서 어떻게 흘러왔고, 현재 어디에 위치해 있으며, 앞으로 어디로 갈 것인지를 알려 준다. 목회자, 신학생 및 선교단체 간사들이 꼭 읽어야 할 필독서라고 생각한다.

**이성호** 고려신학대학원 역사신학 교수

세계 기독교 복음주의 연구의 권위자인 브라이언 스탠리의 세밀한 연구 결과를 익힌 이재근 박사는 『세계 복음주의 지형도』라는 책을 통해 한국 기독교를 세계 복음주의 확산 과정의 일환으로 이해할 수 있게 해주었다. 무엇보다 세계 복음주의의 역사와 최근 동향이 생생하게 담긴 그의 글은 술술 읽힌다. 그만큼 이 주제를 잘 소화한 까닭일 것이다.

**이강일** IVF한국복음주의운동연구소 소장

세계 복음주의 지형도

# 세계 복음주의 지형도

세계기독교 관점에서 보는 복음주의 역사

이재근 지음

복 있는 사람

세계 복음주의 지형도

2015년 6월  3일 초판 1쇄 발행
2022년 8월 22일 초판 4쇄 발행

지은이 이재근
펴낸이 박종현

(주) 복 있는 사람
주소 서울특별시 마포구 연남동 246-21(성미산로23길 26-6)
전화 02-723-7183(편집), 7734(영업·마케팅) 팩스 02-723-7184
이메일 hismessage@naver.com
등록 1998년 1월 19일 제1-2280호

ISBN 978-89-6360-156-4 03230

이 도서의 국립중앙도서관 출판시도서목록(CIP)은
서지정보유통지원시스템 홈페이지(http://seoji.nl.go.kr)와 국가자료공동목록시스템(http://
www.nl.go.kr/kolisnet)에서 이용하실 수 있습니다. (CIP 제어번호: 2015013833)

ⓒ 이재근 2015

지난 고난의 행군 12년 동안 맞잡은 손을 한 번도 놓지 않은 인생의 동반자에게
이 책을 드립니다.

## 머리말

본서는 현대기독연구원과 기독연구원 느헤미야 공동 주최로 2014년 6월 17일부터 7월 22일까지 6주 동안 매주 화요일 저녁에 서울 마포구 소재 기독연구원 느헤미야 강의실에서 열렸던 '20세기 세계 복음주의 지형도 그리기' 강연을 토대로 집필되었다. 이 강연은 스코틀랜드 에든버러 대학 University of Edinburgh 신학부 뉴칼리지 New College에서 세계기독교학 분야의 박사학위를 2013년 7월에 마친 후, 귀국하여 한국의 여러 신학교에서 강의하고 있던 필자에게 현대기독연구원의 원장 김동춘 교수와 최경환 연구원이 시리즈 강좌를 권유하면서 기획되었다. 당시 필자는 완성된 원고 없이 A4 한두 장에 정리한 개요만으로 강연을 진행했다. 따라서 현장 강의를 녹취한 파일을 듣고 원고로 정리하는 데 시간이 많이 소요되었다. 이 과정에서 부정확했던 정보와 오류를 수정하고, 취약하거나 애매했던 내용을 보강한 후, 단행본의 틀에 맞게 표현과 형식을 교정했다. 강연에 참석하여 경청하고 질의해 주신 모든 분들께 진심 어린 감사를 표한다. 무엇보다도 강연할 기회를 주신 김동춘 교수와 최경환 연구원께, 강연에 깊은 관심을 보이며 단행본으로 출간할 것을 적극적으로 권유해 주신 복 있는 사람의 박종현 대표와 귀국 이전 시기부터 출판 기획자로서 필자에게 분에 넘치는 관심을 쏟았을 뿐 아니라 귀국 후 하게 된 이 강연이 결국에는 책으로 탄생하는 데 큰 역할을 담당한 문신준 팀장에게, 필자 이상의 애정과 열정을 쏟아 부으며 강연과정에서는 기자로, 출판과정에서는 편집자로 수고를 아끼지 않은 설요한 편집자에게 깊은 감사를 드린다.

필자가 이 강연과 집필을 의도하고 기획한 근본 이유가 있다. 대부분의 비서양 지역 개신교회는 19세기 복음주의 운동의 산물인 세계 선교운동을 통해 태동했다. 초기 한국 개신교회의 탄생과 성장 역시 이 운동의 전형적인 맥락에서 벗어나지 않았다. 또한 한국 선교 현장은 중국이나 인도, 일본 등 더 큰 선교 현장의 신학적, 정치적, 사회문화적 다원성과 복잡성에 비해 개신교 내부의 복음주의적 통일성과 일관성을 더 강하게 유지했다. 이는 장로교 계열의 개혁주의 진영이나, 감리교, 성결교, 순복음 등의 아르미니우스주의 진영, 두 신학 요소가 공존하는 침례교, 성공회 등을 막론하고 선교사를 통해 도입된 거의 모든 영미 기원 개신교의 공통적인 현상이었다. 해방 전후 한국 개신교 전반에 불어닥친 신학적·정치적·사회문화적 갈등의 결과, 신학교를 중심으로 크게 에큐메니컬과 복음주의라는 두 진영으로 갈라져 분열된 양상이 나타났음에도 한국의 개신교회 전반은 교파에 상관없이 거의 여전히 복음주의적이다. 따라서 그 복잡한 양상에도 불구하고, 한국 개신교회의 특징을 가장 잘 대변할 수 있는 용어이자 실체로서의 복음주의에 대한 신학적, 역사적 정의를 내리고 그 지형도를 그리는 것은 한국 개신교인의 과거 및 현재의 정체성을 파악하기 위한 가장 기초적인 작업이다.

이를 위해 필자는 20세기 세계 복음주의의 주요 사건과 인물, 주제를 이전 300년 동안의 영미권 복음주의 역사 속에서 일어난 주요한 사건들과 인물, 주제와의 연관성 속에서 파악하고자 했다. 또한 이렇게 파악된 각 사건과 인물, 주제가 현대 한국 복음주의 기독교와는 어떤 관계를 갖고 있는지를 살피는 데 주안점을 두었다. 복음주의라는 단어가 맥락과 분별 없이 남발되는 것이 오늘날 현실의 난맥상이다. 이런 상황에서, 자기 신앙의 정체성을 복음주의자로 두고 있는 한국 개신교인이 현대의 전 세계 기독교 지형 내에서 자신이 어디에 서 있는지 이해하고, 과거를 살았던 복음주의 선조들의 유산이 어떻게 우리에게 전수되었는지를 파악하며, 앞으로 이 유산을 한국이라는 고유한 사회문화적 상황에서 어떻게 다음 세대로 창의적으로 전수할 수 있을지 고민하도록 돕는 것이 이 책의 가장 중요한 집필 목적이다.

강연 당시 교재로 쓰였던 책은 필자의 에든버러 대학 박사학위 과정 지도교수였던 브라이언 스탠리Brian Stanley의 『복음주의 세계확산: 빌리 그레이엄과 존 스토트의 시대』The Global Diffusion of Evangelicalism: The Age of Billy Graham and John Stott였다.[1] 필자는 스탠리의 책이 나온 직후 번역을 시작하였고, 2014년에 새 한국어판이 출간되었다. 스탠리의 책을 이미 읽은 독자는 본서가 다루는 많은 내용이 스탠리가 설명한 부분과 겹치거나, 혹은 필자가 본서의 몇 부분(특히 3부 이후)에서 스탠리가 자기 책에서 전개한 논의의 구조를 충실히 따르고 있다는 사실을 쉽게 발견할 것이다. 여기에는 이유가 있다. 20세기 세계 복음주의 역사 분야 최고 전문가 중 하나인 스탠리는 자신의 책을 주로 영미권 독자, 특히 학자층을 대상으로 집필했다. 필자는 스탠리의 책을 한국 독자, 특히 신학을 전문적으로 공부하지 않은 일반 독자들이 더 잘 읽고 이해할 수 있도록, 일종의 가이드를 제공하려는 목적으로 강연하고 책을 썼다. 필자의 책의 독자 대상은 신학자, 역사가 같은 전문 학자군이라기보다는 자신의 신앙 정체성을 복음주의에 두고 있는 신학생, 목회자, 선교단체 간사 및 리더, 기독출판 및 언론계 종사자, 청년, 일반 성도다. 따라서 가능한 대중적인 언어로 20세기 복음주의 지형도를 그려내되, 짧은 각 부의 논의 안에 반드시 들어가야 할 중요한 정보가 빠지지 않도록 압축적인 해설을 하려고 노력했다. 그럼에도 필자는 스탠리의 책이 다루는 20세기 세계 복음주의 맥락을 단순히 이해하기 쉽게 설명하는 데 그치지 않고, 이 맥락이 우리가 처한 한국 기독교의 상황 및 경험과 어떻게 연결되는지를 설명하려고 최대한 노력했다. 따라서 한국인 저자가 쓴 본 저술을 통해 한국인의 관점에서 세계 복음주의의 맥락을 읽어내는 방법을 배운 독자는 스탠리의 저술을 포함하여, 2부 초반부에서 더 구체적으로 소개될 복음주의 역사 시리즈 다섯 권이 그려내는 지난 300년에 걸친 세계 복음주의 운동 역사의 방대하고 복잡한 맥락을 더 잘 이해할 수 있을 것이다.

2015년 4월

이재근

# 차례

# I

지형도: 20세기 복음주의는 어떻게 형성되었나

# 1.

# 복음주의 정의 내리기

## 현실의 난맥상

한국 교계, 기독교계, 신학계에서 가장 많이 쓰이는 단어 중 하나지만, 사실상 사용하면서도 그 내용이 무엇인지 정확히 정의하기 힘든 단어를 하나 꼽으라면 아마도 '복음주의'라는 단어는 최상위에 있을 것이다. 모두가 복음주의라는 단어를 쓰는데, 제각기 다른 의미로 사용하고 있다. 그래서 누군가 "나는 복음주의자입니다"라고 말했을 때, 그가 말하는 '복음주의'가 정확히 무엇을 의미했는지는 대개 어느 정도 대화가 진행된 후에야 파악할 수 있다. 그래서 상호 합의된 정의를 내린 후에 제대로 대화가 진행되든지, 아니면 그저 끝까지 서로 평행선만 달리다 결론도 합의도 없이 대화가 끝나버리기 일쑤다.

이는 한국만의 현상은 아니다. 영미권에서도 복음주의에 대해서 이야기를 할 때 자주 등장하는 단어가 'slippery'다. 즉, '미끄럽고 반질반질해서 붙잡기가 어려운' 용어라는 뜻이다. 뱀장어나 미꾸라지를 손으로 잡았을 때의 느낌과 같이, 손에 잡힐 듯 말 듯 하면서도 잡히지가 않는 것처럼, 정의하기가 무척이나 어려운 단어라는 것이다. 또 다른 표현으로는 'tricky'라는 단어가 있는데, 이 역시 뉘앙스가 비슷하다. '다루기 까다롭고 미묘하고 복잡하다'는 뜻이다.

'복음주의'라는 용어가 처음 나왔을 때부터 이런 까다롭고[tricky] 미끄러운[slippery] 면이 있었지만, 20세기 중후반이 지나고 새로운 세기가 되면서 이 용어는 더 규정하기 어려워졌다. 기독교계를 포함하여, 이 세상이 더 복잡해졌기 때문이다. 따라서 이 책에서 가장 먼저 다루어야 하는 것은 복음주의의 정의 문제다. 정의를 명확히 내리지 않으면, 앞으로 여섯 부에 걸쳐 20세기 세계 복음주의의 지형도에 대한 논의를 읽어도 결국 구슬이 잘 꿰진 예쁜 목걸이를 목에 걸지 못한 채, 이곳저곳에 파편으로 굴러다니는 구슬 몇 개만 줍는 불행에 처하게 될 것이다.


## 복음주의 어원

그런데 복음주의는 무엇보다도 지난 2,000년간의 기독교 역사 속에서 일어난 사건을 배경으로 탄생한 일종의 운동이자 사조이기 때문에, 정의 또한 여러 역사 배경 속에서 다양한 형태로 내려졌다. 즉, 각 시대마다 복음주의라는 용어가 다른 의미로 쓰였다. 오늘날 복음주의 용어와 의미가 복잡하게 된 데에는 이런 역사적 난맥상도 크게 기여했다.

우선 복음주의는 영어로 'evangelicalism'이라고 표현한다. 한국 기독교인, 심지어 기독교에 대한 배경지식이 없는 영미인도 헷갈려 하는 다른 표현으로는 'evangelism'이 있다. evangelicalism에서 -ism을 뺀 'evangelical'은 사람을 지칭하는 명사인 '복음주의자'가 된다. 물론 evangelical은 형용사로도 사용되며, 이때는 '복음주의적', '복음주의의'라는 의미로 쓰인다. evangelism은 우리가 흔히 사용하는 '전도', 곧 복음을 전파하여 구원과 회심에 이르게 하는 행위를 의미한다. 복음주의<sup>evangelicalism</sup>와 복음전도<sup>evangelism</sup>가 헷갈리는 이유는 두 용어를 구성하는 핵심 단어가 같기 때문이다. 두 용어의 씨앗은 그리스어 명사 'εὐαγγέλιον'<sup>유앙겔리온, euangelion</sup>인데, 'εὐ-'는 '좋다', '복되다'는 의미의 접두어고, 'αγγέλιον'은 '소식'을 뜻한다. 번역하면 '좋은 소식'이다. 영어로는 'Good News'라고 하는데, 우리가 아는 유명한 표현인 '복음'<sup>Gospel</sup>이 바로 이 그리스어 단어에서 나왔다.

그러니까 타락하여 절망적인 상태에 빠진 인류에게 하나님께서 아들 예수를 보내셔서 구원과 소망을 허락하신다는 기쁜 소식이 바로 εὐαγγέλιον이다. 이 단어가 신약에 무수히 많이 나오고, 우리말 성경에는 이 단어를 '복음'으로 번역했다. 그러므로 이 단어의 용례에 따르면, 전도 <sup>evangelism</sup>는 '기쁜 소식'을 나누는 행위이고, 복음주의<sup>evangelicalism</sup>는 복음 곧 기쁜 소식을 강조하고 중심에 두는 신앙 유형 및 사조를 말한다.


## 복음주의 역사 개요 ────────


따라서 '복음주의'라는 표현은 역사 속에 등장한 모든 유형의 기독교 전통 혹은 교파가 자기 전통과 교파를 지칭할 때 쓰고 싶어 하는 아주 좋은 용어다. 이 표현이 성경의 핵심을 워낙 정확하게 표현하고 있는 데다 정통으로 인식될 만한 표현이기에, 이 말을 선점한 진영은 이 이름에 집착할 수밖에 없다. 이 단어는 그 전에도 간헐적으로 사용되었지만, 기독교 역사 속에서 이 표현을 가장 확고하게 자신의 정체성을 지칭하는 용어로 차용한 인물은 16세기 종교개혁의 기수 마르틴 루터Martin Luther였다.

우리가 잘 알듯이, 루터는 1517년에 비텐베르크성 교회에 95개조 반박문을 붙이면서 가톨릭교회에 대한 개혁을 공식적으로 시작하였다. 루터가 개혁을 시작하도록 만든 핵심 성경 구절이 바로 로마서 1:16-17이었다. "내가 '복음'을 부끄러워하지 아니하노니 이 '복음'은 모든 믿는 자에게 구원을 주시는 하나님의 능력이 됨이라. 먼저는 유대인에게요 그리고 헬라인[그리스인]에게로다. '복음'에는 하나님의 의가 나타나서 믿음으로 믿음에 이르게 하나니 기록된바 오직 의인은 믿음으로 말미암아 살리라 함과 같으니라." 종교개혁 신학의 핵심인 이신칭의 교리의 재발견이었다. 그런데 여기서 중요한 것은 이 구절에서 이신칭의 사상을 한 단어로 표현하고 있다는 것이다. 바로 '복음'이다. 당시 전 서유럽 교회를 지배하고 있던 로마가톨릭교회에 저항한다는 의미에서 '프로테스탄트', 곧 '저항하는 사람들'이라고 불렸던 사람들이 오늘날의 개신교인이었다. 이 개신교인, 그중에서도 가장 먼저 종교개혁을 일으킨 루터의 후계자를 당시에 다른 표현으로 '복음주의자'라고 불렀다. 공식적인 정체성과 소속을 지칭하는 '복음주의자'라는 단어가 역사 속에 처음 등장한 배경이 바로 이것이다.

하나의 교단 명칭으로서 '복음주의'는 유럽 개신교에서 지금도 사용된다. 예컨대, 독일이나 스칸디나비아의 루터교회는 로마가톨릭교회와 대비되는 의미에서 독일어로 'Evangelisch Kirche'라 불린다. 이 표현을 영어로 직역하면 'Evangelical Church'다. 실제로 독일인들이 18세기 이후 미국으로 이민 가서 형성한 루터파 교단이 있다. 이 교단은 현재 미국에서 남침례교, 감리교에 이어 세 번째로 큰 개신교 교단이다. 그만큼 이민자 수가 많았다. 이 루터파도 미국에서 몇 개 교단으로 나눠져 있는데, 그중 가장 큰 교단의 공식 명칭이 '미국복음주의루터교회'Evangelical Lutheran Church in America, ELCA다.

여기서 'Evangelical'이라는 표현이 주는 의미가 남다르다. 종교개혁 시대 이후로 써온 바로 그 의미, 곧 개신교라는 의미의 'evangelisch'를 영어로 직역한 표현이다. 오늘날의 ELCA는 우리가 이해하고 있는 보수적이라는 의미에서는 '복음주의적'인 교단이 아니다. 오히려 이 교단은 19세기 중반 이래로 이른바 '자유주의화'되면서, 이 교단에서 분리한 보수적인 루터파교단이 미주리 주를 중심으로 세워졌다. 이 교단의 이름이 루터교 미주리대회Lutheran Church, Missouri Synod인데, 실제 복음주의적 신학 성향을 가진 이 교단에는 공식적으로 evangelical이라는 표현이 들어가지 않는다. ELCA는 'mainline churches'라 불리는 미국 주류 교단, 곧 신학적으로 진보적이고 자유주의적인 에큐메니컬 교단에 속한다. 그럼에도 종교개혁 루터파 개신교의 후계자라는 전통을 자랑스러워하는 이 교단이 evangelical이라는 표현을 교단의 이름에서 삭제할 가능성은 거의 없다.

또 한 가지 예를 들어 보자. 유명한 신학자 칼 바르트Karl Barth의 책이 1990년대에 한국에 한 권 번역되었다. 당시 그 책은 『복음주의 신학 입문』이라는 이름으로 나왔다. 이 책의 독일어 원제 *Einführung in die* *evangelische Theologie*를 직역하면 '복음주의 신학입문'이 된다. 그러나 바르트의 의도는 진보 신학이나 자유주의 신학과 분리되는 복음주의 신학을 논한 것이 아니라, 오히려 가톨릭 신학과 다른 특징을 지닌 '개신교' 신학을 설명하려는 것이었다. 그러므로 당시 역서 제목은 '개신교신학 입문'이 되었어야 했다. 다행히 이 책은 2014년에 『개신교신학 입문』이라는 정확한 제목으로 다시 번역되어 출간되었다.[1]

그러나 이런 루터파식 이해가 유럽 대륙에서 가톨릭과 반대되는 의미의 개신교 교파 혹은 전통을 지칭하는 신학적·지역적으로 제한된 용례였다면, 이른바 세계화된 복음주의 곧 오늘날 우리가 흔히 지칭하는 영미권 기원의 복음주의가 태동한 시기는 18세기 초였다. 그리고 그 기원이 되는 사건이 바로 잉글랜드에서 존 웨슬리, 찰스 웨슬리John and Charles Wesley 형제와 조지 윗필드George Whitefield를 중심으로 일어난 감리교 운동이고, 동시대에 미국에서 조나단 에드워즈Jonathan Edwards를 중심으로 일어난 1차 대각성이다. 이 시기로부터 시작해서 지속적 또는 간헐적으로 등장한 부흥운동, 곧 19세기 찰스 피니Charles Finney와 D. L. 무디Moody 같은 부흥사, 윌리엄 윌버포스William Wilberforce, 해너 모어Hannah More 같은 사회개혁가, 토머스 차머스Thomas Chalmers와 찰스 스펄전Charles Spurgeon 같은 신학자와 설교자, 20세기 빌리 그레이엄Billy Graham 같은 부흥사, 존 스토트John Stott, 마틴 로이드 존스Martyn Lloyd-Jones 같은 목회자, 칼 헨리Carl F. H. Henry 같은 신학자가 이끈 신앙의 탄력과 기세를 이어받은 복음주의가 하나의 운동으로써 근대 영미권 기독교를 장악하게 되었다. 동시에 18세기 말 이래 서양 복음주의자들이 해외 선교를 통해서 서구 지역이 아닌 이른바 '비서양'Non-Western 지역에 복음주의 신앙을 전파하면서, 오늘날에는 영미권을 넘어 세계화된 복음주의 신앙체제가 등장했다.

　16세기 유럽 대륙 복음주의가 로마가톨릭 신앙의 비성경적 요소에 저항하며 일어난 개혁운동이었다면, 18세기 이래 일어난 영미권 복음주의 운동은 이미 기득권이 된 개신교 정통주의나 국교 세력, 혹은 세속화에 대한 저항이었다고 말할 수 있다. 주로 잉글랜드에서 감리교가 성공회 내부의 개혁을 이끌려다 실패하고 하나의 교단으로 등장한 것이나, 미국 뉴잉글랜드에서 거의 국교회 수준의 지위를 누리고 있던 청교도 회중교회 정통주의에 대한 개혁으로, 부흥을 지향하며 부상한 조나단 에드워즈의 새빛파New Light 운동도 이와 같은 맥락에서 일어난 일이다. 이런 18-19세기 복음주의를 탄생시킨 가장 중요한 요소가 신앙대부흥이었기 때문에, 이 부흥이 늘 지향했던 '신생'new birth 곧 새로운 회심 체험과 신앙생활의 갱신이 복음주의 신앙의 핵심으로 자리 잡은 것이다.

　20세기 맥락에서는 복음주의가 저항한 세력이 한편으로는 근본주의, 다른 한편으로는 자유주의/현대주의였다. 1920년대에 최정점에 달했던 근본주의-현대주의 논쟁기 이후 1940년대에 갱신된 신복음주의는 당대 근본주의가 주장한 복음의 핵심을 그대로 계승하되, 그들이 갖고 있던 전투성, 반지성주의, 반문화주의에 저항하고, 고립주의와 배타주의를 버리고 사회의 중심부로 진출하려던 사조를 뜻한다. 이 현상은 주로 미국을 배경으로 탄생했다. 영국을 비롯한 다른 영어권 국가에서도 이런 유사한 갈등이 있었지만 상대적으로 온건했고, 미국처럼 치열하지는 않았다.

　19세기 후반 이래 유럽 대륙에서 진화론과 고등비평같이 비기독교적이거나 자유주의적인 사조가 주로 복음주의가 지배종교였던 북미의 대학과 신학교를 중심으로 몰려오자, 이에 저항하던 이들은 자신을 근본주의자로 부르며 신앙의 근본을 지키고자 했다. 이것이 근본주의-현대주의 논쟁의 기원이었다. 특히 고등비평이 이전까지 보편적으로 받아들여졌던 성경에 대한 신뢰를 붕괴시키는 상황에 위기를 느낀 이들이 교파를 초월해서, 주로 몇 가지 신앙 항목을 가지고 일종의 연합전선을 형성했다. 아주 다양한 양상이 있었고 강조하는 신학 내용도 다양했지만, 공통의 합의에 이른 항목을 대개는 다음 5가지 정도로 요약할 수 있다. ① 성경의 무오성, ② 그리스도의 처녀 탄생, ③ 그리스도의 대속, ④ 그리스도의 육체적 부활, ⑤ 그리스도의 기적의 역사적 실재성.

그런데 1920년대 이래 미국의 많은 종합대학 내 신학과가 이 핵심 교리 중 다수를 부인하고, 구프린스턴 신학<sup>Old Princeton Theology</sup>이라 불리는 장로교의 정통 신앙을 대표하던 프린스턴 신학교<sup>Princeton Theological Seminary</sup>나 다른 여러 교단 대표 신학교들이 자유주의화되는 현상이 발생했다. 연이어 세속 언론과 학계에서 근본주의자를 지독히 무식하고 편협하다고 비난하는 현상과 사건이 지속적으로 발생했다. 이때 이들 근본주의자들이 이 흐름에 대한 반대급부로 더 전투적이고 반문화적인 대응을 하면서, 오히려 사회에서 더욱 고립되고 희화화되는 현상이 계속해서 나타났다.

이런 상황에서 1940년대가 되자 근본주의 진영에 속한 젊은 학자들은 더 이상 이런 반문화적이고 비지성적이며, 고립주의적이고 무작정 전투적이기만 한 신앙으로는 자유주의와 싸우고 세상에 영향을 끼치기는커녕, 스스로의 생존에만 급급한 일종의 고립주의 소종파<sup>sect</sup>로 전락하고 말 것이라는 위기의식을 느낀다. 이들은 비록 근본주의의 핵심 신앙을 다 믿고 따르지만, 사회와 문화를 바라보는 태도와 의식은 바꾸어야 한다는 공감대를 형성했다. 이 태도와 의식 변화의 핵심에는 일종의 지성운동이 있었다. 즉, 신앙은 보수적이면서도 동시에 학문적으로 탁월함을 유지하고, 문화적으로도 적극적인 태도를 갖는 새로운 보수주의 운동을 일으키자는 것이었다.

여기서 대표적인 인물이 칼 헨리, 해럴드 오켕가Harold Ockenga 같은 지성적 지도자들이었다. 이들의 노력과 네트워크로 1940년대에 풀러 신학교Fuller Theological Seminary, 전미복음주의협회National Association of Evangelicals, NAE, 월간지 「크리스채너티 투데이」Christianity Today가 탄생한다. 이들은 20세기 근본주의자보다는, 지성과 문화를 무시하지 않았을 뿐만 아니라 오히려 사회와 교회의 중심에 서서 지도자 역할을 감당했던 19세기의 전인적全人的, holistic 복음주의자를 회복하고 계승한다는 의미에서 스스로를 '신복음주의자'neo-evangelicals라 불렀다. 1950년대 이후부터는 '신'이라는 수식어가 서서히 빠지고, 오늘날은 자연스럽게 복음주의자라 칭하게 되었다.

요약하자면, 복음주의는 이 단어 안에 나와 있는 대로, 복음을 가장 소중히 여기는 복음적·성경적 신앙을 지칭하는 표현이다. 그 복음은 예수 그리스도 안에 있는 구원의 기쁜 소식을 뜻한다. 16세기 복음주의자는 이 복음을 따르기 위해 로마가톨릭에 저항한 루터파를 의미하며, 18세기 이래 복음주의자는 교권주의, 세속주의에 반대해 복음이 주는 생명력과 갱신에 이끌린 사람들, 곧 신앙과 경건, 기독교적 지성의 부흥을 열망한 사람들을 일컫는다. 20세기 복음주의자는 근본주의의 반지성, 반문화적 성격에 저항하고, 자유주의의 반성경적 태도에 저항하여 성경에 근거한 신앙을 붙드는 동시에, 근본주의의 고립주의를 탈피해서 지성과 문화 영역에서도 그리스도의 주권을 지켜 내려는 신앙인을 의미한다. 오늘날 신학 집단으로서의 21세기 복음주의 진영은 에큐메니컬-자유주의 진영과 일정한 구분선을 긋고 있는 집단이다.

기본적으로 복음주의는 한 특정 교파나 신학 체계를 의미하지 않는다. 예컨대, 복음주의자는 장로교 안에도, 감리교 안에도, 침례교 안에도, 심지어 성공회와 오순절 교단 안에도 있다. 오늘날에는 가톨릭교회 안에도 자신을 복음주의자라 지칭하는 이들이 있다.[2] 이들은 가톨릭교회에 소속되어 있지만 개신교 복음주의가 강조하는 교리 대부분을 개인적으로 수용하는 이들이다. 또한 복음주의는 보편적 신앙고백 아래 묶인 느슨한 신앙 공동체이므로, 특정 교파의 신학 전통만을 독점적이고 배타적으로 따르지도 않는다. 예컨대, 장로교인은 개혁주의적(개혁파적) 복음주의자일 수 있고, 감리교인은 아르미니우스주의적 복음주의자일 수 있으며, 순복음교인은 오순절 계통의 복음주의자일 수 있다. 고교회파 성공회 신자이면서 복음주의 신앙을 믿는 이라면, 그는 예전주의적 복음주의자일 수 있으며, 신자 간에는 어떤 계급 및 성직 질서도 존재해서는 안된다고 믿는 재세례파나 침례교 신자 중에도 재세례파 또는 침례교 복음주의자가 있을 수 있다. 복음주의자는 '아디아포라'*adiaphora: indifferent things*라고 불리는 다양한 교파와 전통의 세부적 차이에 집중하기보다는 개신교 신학의 양보할 수 없는 핵심사항을 공유하는 이들과는 교파를 초월해서 서로 협력하고 연합하려는 이들이다. 이 점에서 복음주의자는 신학적 자유주의가 추구하는 에큐메니즘(범세계적인 기독교 연합운동과 성향을 가리키는 용어—편집자)에는 반대하지만, 교파를 초월해서 협력하려는 복음적 초교파 에큐메니스트*ecumenist*라고 할 수도 있다.

성경주의                                      회심주의

십자가 중심주의                         행동주의

[그림 1] 데이비드 베빙턴의 사각형

## 수용된 정의: 데이비드 베빙턴의 사각형

복음주의가 이렇게 복잡다단하고 미끄럽고 까다롭기 때문에, 정확한 역사적 이해 없이 자신을 혹은 상대나 누군가를 복음주의자라고 지칭하는 것은 신중하지 못한 태도다. 이 때문에 이런 역사적 발전 상황을 바탕으로 복음주의의 대략적인 정의를 내리고자 하는 학자들이 있었다.[3] 이중, 가장 권위 있게 수용되어 보편적으로 활용되는 정의를 내린 인물이 스코틀랜드 스털링 대학University of Stirling의 역사학 교수 데이비드 베빙턴 David W. Bebbington이다. 베빙턴은 그의 고전『영국의 복음주의: 1730-1980』 Evangelicalism in Modern Britain: A History from the 1730s to the 1980s 에서 복음주의의 특징을 네 가지 핵심 요소로 규정한다.[4] '베빙턴의 사각형'이라는 이름으로도 불리는 이 복음주의 정의는 회심주의, 성경주의, 십자가 중심주의, 행동주의가 사각형의 네 꼭짓점을 차지한다.

     **회심주의**conversionism는 18-19세기 영미 복음주의를 탄생시키고 성장시킨 요인인 부흥운동을 생각하면 이해하기 쉽다. 부흥회에서는 항상 참여자에게 "당신은 진정으로 구원을 받았는가?", "진심으로 회개하고 마음을 바꾸어 하나님께로 돌아섰는가?" 하고 묻는다. 기독교 복음의 핵심으로, 이전에 살던 죄인의 신분에서 의인의 신분으로 돌아서는 어떤 결정적 경험이 있어야 하는데, 그것이 바로 회심이다. 물론 복음주의 진영 내 여러 전통에 속한 이들이 회심을 정의하는 방식은 다양하다. 극적이고 순간적으로 경험되는 회심에 더 비중을 두는 입장이 있고, 어린 시절부터 유아세례와 입교 등을 거치는 충실한 교회생활을 통한 꾸준한 신앙고백 과정을 거쳐 은근하게 일어나는 회심을 강조하는 입장도 있다.

**십자가 중심주의**crucicentrism는 회심의 근거가 되는 예수 그리스도의 인격과 사역, 그중에서도 특히 예수의 십자가 죽음이 중요하다는 주장을 의미한다. 예수 그리스도의 십자가상에서의 죽음이 원죄와 자범죄로 인한 사망의 자녀였던 인류의 죄를 대신 사하게 하고, 중생과 회심, 구속을 가능케 한다는 것이다. 모든 복음주의자는 예수의 죽음과 부활을 쉼 없이 강조한다.

세 번째로, 신자 개인이 믿음을 통해 회심과 십자가라는 기독론과 구원론의 요소를 자신의 것으로 받아들이면, 그는 반드시 그가 수용한 이 신앙을 다른 이들과 나누게 된다. 이것은 대개 '전도'로 나타나며, 이것이 문화와 지역의 경계를 넘어서 확장된 것이 바로 '선교'다. 그리고 이 전도와 선교가 영혼 구원의 영역을 넘어서 사회와 문화에 대한 변화를 추구하는 영역으로 확장되는 것이 바로 '사회참여 및 사회정의'다. 이 모든 것을 통틀어 복음주의 **행동주의**activism 요소라 일컫는다. 기존의 개신교 정통주의나 교리주의와 비교하여 가장 눈에 띄는 복음주의의 특징이 바로 이 영역이다.

마지막이지만, 가장 중요한 요소로, 네 꼭짓점의 출발점이자 종착점이 되는 알파와 오메가의 특징이 바로 **성경주의**biblicism다. 개신교 종교개혁의 'Sola Scriptura'의 정신을 계승한 이 특징은 19세기 이후 현대주의와 자유주의가 등장하면서 더 강화된 영역이다. 실제로 오늘날 복음주의와 비복음주의(자유주의적 에큐메니컬 진영)를 나누는 가장 중요한 분기점은 바로 성경관이다. 성경의 영감의 범위에 대해서는 오늘날 복음주의권 내에 다양한 주장과 논란이 있으나, 기본적으로 성경이 신앙과 행위의 유일한 법칙이고 이 안에 모든 영적 진리가 들어 있는 우리 삶과 행위의 유일한 규범이 된다는 생각은 복음주의자를 하나로 묶는 핵심사항이다. 다른 세 요소는 모두 이 성경주의라는 요소에 근거하여 주장할 수 있기 때문이다. 요컨대, 성경주의가 무너지면 다른 모든 것이 무너진다는 의식 때문에, 18세기 이전의 역사적 개신교 신앙고백 및 교리서가 하나님에 대한 고백(신론)을 1항에 배치한 전통과는 달리, 19세기 이래 등장한 거의 모든 복음주의 교단과 신학교, 신앙운동의 공식 신앙고백서는 성경에 대한 진술(성경론)을 제1항에 배치하며 선언문을 시작한다.

# 2.

# 20세기 복음주의 주요 주제 개관

그렇다면 지금까지 논의한 역사적 복음주의 정의를 토대로 본서의 주제인 20세기 세계 복음주의 지형도 이야기를 해보자. 20세기 복음주의는 베빙턴이 주창한 4개의 꼭짓점만으로는 규정하기 힘든 복잡한 양상을 띤다. 사실상 19세기까지는 전 세계 개신교가 전반적으로 복음주의적 성향을 띠었다고 말할 수 있다. 개혁파나 루터파, 성공회 정통주의같이 엄격한 형식의 신앙 체계가 부분적으로 복음주의의 체험적 신앙을 무시하거나 거부했음에도 성경에 대한 신뢰, 십자가 강조 같은 기본 내용은 거의 완벽히 공유하고 있었다. 회심과 행동을 강조하는 것은 정통주의의 유산은 아니지만, 그렇다고 해서 교리를 강조하는 정통주의자가 이런 요소를 자기 전통과 대척점에 있는 것으로 생각한 것은 아니다.

그런데 19세기 말을 넘어 20세기에 들어오면서 상황이 급변했다. 이제는 신앙의 근본을 뒤흔드는 세속주의, 무신론, 현대주의의 물결 속에서 개신교 신앙의 통일성이 급격히 무너졌다. 이제 복음주의에 지적인 면에서 자기 변증을 해야 하는 과제가 주어진 것이다. 이것이 3부와 4부에서 연속으로 다룰 내용이다.

복음주의 신학과 지성의 핵심에는 성경관이 있고, 그 성경관과 연결된 중요한 학문이 성경해석학이다. 19세기 자유주의는 성서비평이라는 아주 강력한 무기와 함께 등장했다. 따라서 복음주의도 스스로 지성을 동원하여 이 관점에 대해 방어하는 학문 체계를 만들어 내야 했다. 20세기 초 근본주의자들이 특별한 학문적 노력 없이 비난과 고립으로 이 상황을 타개하려 했다면, 1940년대 이후 등장한 신복음주의 성서학자는 대학과 신학교에서 이를 학문적으로 정리하려는 노력을 기울인다. 이것이 복음주의 성서학 또는 성경해석학의 등장으로, 3부에서 다룰 내용이다.

4부는 복음주의 변증학에 대한 내용으로, 기독교 지성 영역 중에서도 성경보다는 주로 철학과 문화 분야에서의 논쟁이다. 복음주의 신앙이 신과 인간, 우주, 지식, 자연, 도덕을 설명하는 지성세계에서 일관된 체계를 가지고 있는가? 그렇다면 그러한 복음주의 유신론 체계가 이 세상의 문제에 타당한 해답을 줄 수 있는가? 이런 문제를 고민한 대표적인 복음주의 사상가 몇 사람을 다루고, 이와 연관하여 엄밀한 의미에서 복음주의자라고 부르기는 힘들지만 복음주의 사상 발전에 상당한 영향을 끼친 인물 몇 명도 함께 다루려 한다.

다음으로 20세기 복음주의의 중요한 주제 중 하나는, 복음주의를 탄생시키고 성장시킨 부흥과 부흥운동이 유럽과 북미, 오세아니아 등의 전통적인 백인 사회에서만 일어난 것이 아니라는 역사적 사실에서 파생되었다. 19세기 후반까지는 실제로 전 세계 복음주의자의 대부분은 백인이었다. 그러나 1945년 이후 통계는 놀랄 만한 변화를 보여준다. 이때 이후 전 세계 기독교인의 통계에서 비서양 지역—아프리카, 아시아, 라틴아메리카—에 사는 사람들의 비율이 서양 지역 기독교인 비율보다 높아졌다. 1990년대가 되면 더 이상 세계 기독교인의 전형은 서양 백인이 아니다. 오히려 기독교는 유색인의 종교, 그중에서도 특히 여성의 종교로 변모한다. 학자들은 이 현상을 주로 '기독교 무게중심의 남반구 이동'이라 부른다. 현존하는 비서양 기독교인의 대다수는 그 특징상 복음주의자라 칭할 수 있다. 남반구 기독교인의 신앙은 북반구인에 비해 훨씬 체험적이고 보수적이며, 감정적이고 뜨겁다. 이른바 자유주의자의 비율이 극히 낮고, 대부분 베빙턴이 제시한 네 요소를 공유하는 복음주의자다.

한편, 이들 비서양 기독교 신앙은 서양에서 발전한 전통적인 교리주의적 복음주의 체계로는 규정하기 어려운 독특한 토착 문화적 특징을 지니고 있다. 이를 보편적으로 오순절 또는 은사주의 유형의 신앙으로 묶어서 설명할 수도 있다. 이 비서양 지역 오순절 신앙은 1906-1907년에 미국 캘리포니아 로스앤젤레스LA 아주사스트리트에서 기원한 서양 오순절 운동과 겹치는 면이 있지만, 그렇지 않은 면도 많다. 따라서 오순절 운동을 서양 중심으로만 설명하면 실제로 전 세계에서 나타난 현상 가운데 일부만을 파악할 수 있을 뿐이다. 오늘날 흔히 '세계기독교'world Christianity 또는 global Christianity라고 부르는 20세기 비서양 기독교의 가장 중요한 기원이 서양 교회에 의한 해외 선교였기 때문에, 선교, 부흥, 오순절 운동 주제를 별도로 엮어 1부와 6부에서 다루고자 한다.

이제 남은 주제는 5부에서 다루려고 하는 사회참여다. 사실상 19세기까지 복음주의에는 20세기 복음주의자가 일반적으로 경험한 복음전도와 사회참여 사이의 날카로운 구별이 없었다. 오늘날 흔히 말하는 통전적 혹은 총체적 복음 및 선교holistic gospel/mission는 19세기까지 영미 복음주의의 전형적인 특징이었다. 당시까지 복음주의는 주류 신앙이었기 때문이다. 고립된 신앙이 아니라 사회의 중심에 있던 신앙이고, 명목상이든 실제적이든 국민 대부분이 기독교인으로 사회를 주도하는 신앙이었다. 전도와 부흥을 통해 교회로 모인 신자가 교회 밖으로 나가서 금주, 노예제 폐지, 문맹퇴치, 가난 구제, 노동 환경 개선운동에 참여하는 것이 대개 당연한 것으로 여겨졌다.

전도와 사회참여가 분화된 것은 1920년대 전후에 현대주의 대 근본주의 논쟁이 강화된 시점부터였다. 이때 양극화가 이루어지면서 서로 자신의 진영이 더 강조하는 한 부분에 편파적으로 집착하면서, 다른 쪽도 중요하거나 의미가 있다고 말하면 적으로 몰려 마녀사냥을 당하는 일이 사회 현상으로 나타났다. 마르크스주의가 등장하고 러시아와 동유럽 여러 나라, 중국, 북한이 공산화된 것도 이런 극단적인 이원론이 강화되는 데 크게 기여했다. 1940년대 이래 근본주의의 후계자였던 복음주의권에서 이를 극복하기 위한 많은 노력이 있었지만, 이런 현상은 사실상 오늘까지도 지속되고 있다. 그나마 이 양극화를 극복할 수 있는 획기적 전환점을 제공한 사건이 바로 1974년에 스위스 로잔에서 열린 로잔대회였다. 이 대회에서 일어난 이야기를 5부에서 심도 있게 다루려 한다.

마지막으로, 20세기 세계 복음주의의 지형도를 그리는 데 가장 큰 도움이 되는 책을 한 권 소개하고자 한다. 필자는 본서가 다루는 많은 내용에 대한 정보와 통찰을 이 책에서 얻었다. 이미 머리말에서 언급한 것을 다시 반복해서 말하면, 본서의 3부 이후의 내용 전개와 구조는 이 책에 크게 의존했다. 현재 영미 기독학생회출판부InterVarsity Press, IVP에서 출간 중이며 한국에서는 기독교문서선교회Christian Literature Crusade, CLC에서 번역 출간하고 있는 복음주의 역사 시리즈의 제5권, 브라이언 스탠리의 『복음주의 세계확산: 빌리 그레이엄과 존 스토트의 시대』이다. 20세기, 특히 1940년대 이후 복음주의 세계의 변화상을 집중적으로 탐구한 역작이다. 필자는 스탠리 책의 가장 큰 장점이라 할 수 있는 영미 기원 복음주의 신앙의 '세계화' 과정에 대한 분석을 충실히 따라가면서, 이 신앙이 한국 맥락에서 어떻게 전파, 확산, 정착, 적응했는지를 한국 역사가의 눈으로 가능한 한 꼼꼼하게 보여주려 노력했다.[5]

# II

세계화: 영미 복음주의는 어떻게 세계기독교로 부상했나

# 1.

# IVP 영미 복음주의 역사 시리즈

이 책의 프롤로그격인 1부에서는 복음주의가 무엇인지에 대하여 역사적 맥락을 살피며 정의를 내리는 작업에 집중했다. 주로 20세기 세계 복음주의의 지형도를 그리는 것이 본서의 목적이지만, 이를 알기 위해서는 복음주의가 그 이전 시기부터 어떻게 발전해 왔는지를 이야기해야 했다. 무엇보다도 "저마다 자기 소견에 옳은 대로" 사용하는 용어의 의미와 범위를 규정하는 작업이 선행되어야 했다. 따라서 지난 장에서 이루어진 논의를 통해 복음주의의 대략적인 정의와 흐름을 파악했을 것이다.

이제 2부는 본론으로 진입하는 첫 부다. 앞으로 다섯 부에 걸쳐 20세기 복음주의의 방향을 결정지은 주요 주제 다섯 가지를 다루고자 한다. 2부에서는 복음주의의 세계화라는 주제에 대해 논한다. '세계화'globalization라는 용어는 대개 정치나 경제에만 국한되어 사용되는 용어라 생각하기 쉽지만, 종교에도 세계화가 있다. 종교의 세계화란 전파와 확산이라는 과정을 통해 한 종교가 전 세계적으로 유행하거나 널리 수용된 상황을 의미한다. 20세기에 기독교의 세계화라는 현상의 중심에는 복음주의 운동의 태동과 확장, 전성기, 분열, 세계 확산이라는 요소가 있다. 이렇게 세계화되는 과정에 약 300년의 시간이 걸렸다. 그러므로 이 300년간 복음주의권 내에서 일어난 여러 사건과 각 사건의 원인을 대략이라도 파악하고 있는 이들은 20세기 세계 복음주의 기독교라는 오늘날의 결과를 더 잘 이해할 수 있다.

이 점에서 18-20세기에 진행된 복음주의 성장의 역사를 이해하는 데 필수적인 책 네 권을 먼저 소개할 필요가 있다. 1부에서 소개한 복음주의 역사 시리즈다.[1] 원래 이 시리즈는 영국 IVP가 기획을 시작하면서 미국 IVP에 협력을 요청한 후, 두 IVP의 상호 협력하에 2003년부터 출간되고 있다. 이 시리즈가 시작되는 역사적 시기는 1730년대다. 이 시기에 잉글랜드에서 웨슬리 형제와 윗필드의 주도로 감리교가 탄생했고, 거의 동시에 미국에서는 조나단 에드워즈를 중심으로 1차 대각성이 일어났다. 이때부터 21세기의 새로운 밀레니엄 직전인 1990년대까지 약 300년에 걸친 영미권 및 세계 복음주의 역사에서 일어난 중요한 사건과 각 사건의 중심 인물, 관련 단체 및 운동, 사상을 다섯 저자가 하나의 통일된 관점으로 정리한 역사 서적 시리즈다.

이 시리즈의 전체 편집자는 스코틀랜드 스털링 대학의 데이비드 베빙턴과 미국 노틀담 대학의 마크 놀Mark A. Noll이다. 이들은 복음주의를 연구하는 학자scholars of evangelicalism인 동시에, 자기 신앙을 복음주의라 스스로 밝히는 고백적 복음주의 학자들evangelical scholars이다. 놀이 제1권을, 베빙턴이 제3권을 쓰기로 하고, 나머지 제2권과 제4권, 제5권을 써 달라고 요

세계화: 영미 복음주의는 어떻게 세계기독교로 부상했나

청한 학자들은 각각 잉글랜드 오픈 대학The Open University의 존 울프John Wolffe, 당시 호주 뉴사우스웨일스 대학에 근무하던 제프 트렐로어Geoff Treloar ²  스코틀랜드 에든버러 대학의 브라이언 스탠리였다.³ 이들도 놀 및 베빙턴과 마찬가지로, 복음주의 연구자인 동시에 복음주의 신앙인으로서의 두 정체성을 결합한 전문 역사가들이다. 마크 놀의 제1권『복음주의 발흥』The Rise of Evangelicalism은 2003년에, 제2권인 존 울프의『복음주의 확장』The Expansion of Evangelicalism은 2007년에, 데이비드 베빙턴의 제3권『복음주의 전성기』The Dominance of Evangelicalism은 2005년에, 마지막 제5권인 브라이언 스탠리의『복음주의 세계확산』The Global Diffusion of Evangelicalism은 2013년에 각각 영국과 미국에서 출간되었다. 호주 학자 제프 트렐로어의 제4권『복음주의 분열』The Disruption of Evangelicalism이 출간되어야 시리즈가 완성되는데, 안타깝게도 아직 출간되지 않았다.⁴

베빙턴이 시리즈 편집자라는 사실에서도 예상할 수 있듯이, 다섯 권 시리즈 전체를 관통하며 각 저자가 기꺼이 동의하며 받아들인 복음주의 정의는 앞선 장에서 설명한 베빙턴의 정의다.『영국의 복음주의: 1730-1980』에 처음 등장한 베빙턴의 사각형 곧 성경주의, 회심주의, 십자가 중심주의, 행동주의가 300년 역사의 복음주의를 규정하는 네 가지 핵심 특징이다. 각 특징은 서로 분리되어 개별적으로 존재하지 않고, 한 요소가 다른 요소와 상호 원인과 결과로 연결되어 있다. 이 시리즈는 복음주의 역사를 단지 신학과 신앙, 교회의 영역에 제한하여 설명하지 않고, 각 지역에서 발전한 복음주의 운동이 사회와 정치, 경제, 문화, 그리고 지리적 국경을 넘어서 어떻게 소통하고 관계를 맺어 왔는지를 밝히는 작업이다. 따라서 교회사, 역사신학의 영역을 넘어서는 광범위한 인문학적 주제 전반에 관심을 갖는다.

　이미 1부에서 밝힌 대로, 이 시리즈 중에서 본서가 주로 다루는 20세기 세계 복음주의와 그 시기와 주제를 공유하는 책은 트렐로어의 제4권과 스탠리의 제5권이다. 그러나 본서는 이 두 저서가 다루는 시기와 주제의 많은 영역을 공유하고 있음에도, 두 권이 다루고 있지 않은 독특한 선교학적 맥락을 자주 언급할 것이다. 그리고 무엇보다 복음주의 운동은 세계적인 운동으로, 한국에 전파되고 적용되면서 한국 교회에 특별한 영향을 끼쳤다. 본서는 세계 복음주의를 다루면서도, 이와 관련해 한국인의 특별한 관심의 대상이 된 한국기독교사의 주제를 다룬다는 점에서도 위 두 책과 차별성이 있다.

# 2.

# 2차 대전 종전 후
# 세계 기독교 지형의 극적인 변화

## 통일성의 붕괴

### 기독교세계 개념의 와해

이 책 1부에서는 16세기에 일어난 개신교 루터파 종교개혁을 통해 복음
주의라는 용어가 처음으로 등장했고, 18세기에 뉴잉글랜드 청교도 조나
단 에드워즈나 감리교 창시자 조지 윗필드와 웨슬리 형제를 통해 영미권
중심의 식민지로 복음주의 부흥이 퍼져 나간 배경을 간략하게 언급했다.
또한 역사 속에서 진행된 복음주의의 세 번째 유형의 정의를 내리면서, 신
복음주의라는 이름으로 1940년대 이후 한편으로는 근본주의, 다른 한편
으로는 현대주의에 저항한 운동에 대해서도 언급했다.

  그런데 우리가 관심을 갖는 20세기 역사에서 가장 중요한 해가 언제
였느냐고 물으면, 분명 1945년은 대답에서 빠지지 않을 것이다. 물론 사

람마다 대답이 다를 수 있다. 하지만 일반역사에서는 말할 것도 없고, 기독교 역사에서도 이 시기는 중요했다. 일종의 전환이 되는 해라 말할 수 있다. 한국인에게 1945년은 민족의 운명을 결정지은 해방이라는 대사건이 일어난 해였고, 전 세계적으로는 제2차 세계대전이 끝난 해였다.

역사에는 편의주의적인 측면이 있다. 역사는 너무도 복잡해서 무 자르듯 이 시기와 저 시기, 이전 시기와 다음 시기를 구분하는 정확한 시점이 없다. 1944년 12월 31일을 살았던 한 사람이 1945년 1월 1일을 맞았다고 해서 두 시기 사이에 일어난 어떠한 극적인 변화를 알아차리기는 힘들다. 실제로 그렇게 순식간에 변하지도 않는다. 사건은 늘 지속적이고 연쇄적이며, 꼬리를 무는 복잡다단한 상호관계망을 통해서 일어난다. 또 그렇게 일어난 사건이 분명한 영향을 끼쳐 변화를 유발했다는 평가가 나오는 데에도 많은 시간이 필요하다. 이런 사실을 알고 있음에도, 우리가 역사 속의 어떤 특정 사건과 인물에 대한 학문적인 논의를 시작하기 위해서는 어떤 결정적인 시점을 잡을 수밖에 없다. 그 특정 시대를 연구하는 사람들 사이에서 그 시기가 의미 있고 영향력 있는 전환점이 될 만하다는 합의가 이루어지면, 비로소 이를 기준으로 역사를 논의하거나 기술한다. 따라서 정밀하고 정확한 시점의 구분이라는 것이 불가능함에도, 결국 권위 있는 전문가 사이의 합의를 통해서 특정 시기에 대한 의미 부여가 이루어진다.

대개 역사학에서 편의적으로 잡는 가장 중요한 전환점은 전쟁이다. 전쟁은 인류가 가질 수 있는 여러 경험 중 그 파급력이 가장 크기 때문이다. 무엇보다 전쟁은 인간에게 가장 큰 충격을 주는 죽음과 관련되어 있다. 한두 사람에게만 개별적인 영향을 미치는 것이 아니라 대규모 인구에게 영향을 끼치며, 국지적으로만 제한된 것이 아니라 광범위한 지리를 포괄하며, 그 충격이 단기 기억으로 끝나는 것이 아니라 개인 및 집단 당사자의 내외부에 거의 사라지지 않는 장기적인 상처trauma를 만들어 내기 때문이다. 특히 전쟁이 한 나라가 아니라 여러 지방, 국가, 대륙이 직간접적으로 연루된 규모의 사건이라면 그 충격은 수 세대를 지나며 여파를 지속할 수밖에 없다. 결국 전쟁이 역사 속에서 전과 후를 가르는 분기가 된다. 예컨대, 지난 300년간의 미국 역사를 구분하는 중요한 분기점은 크게 세 번의 전쟁이다. 첫 번째 기점은 독립전쟁이라고도 부르는 18세기 미국 혁명으로, 독립 공화국 미국의 시작이었다. 두 번째 기점은 관점에 따라 내전이라 할 수도 있고 독립된 두 나라 간의 전쟁이라 할 수도 있는 19세기 남북전쟁(1861-1865년)이다. 그리고 미국을 세계의 경찰로 우뚝 세우며 팍스 아메리카나 시대를 시작케 한 20세기의 제2차 세계대전이 세 번째 기점이다. 그래서 이 전쟁이 끝난 1945년이 매우 중요하다.

## 유럽의 세속화

1945년은 당시까지 미국과 유럽 열강이 주도했던 세계 정치 및 외교 역사에서만 중요했던 것이 아니라, 기독교 세계Christian World의 역사 전개에서도 결정적인 의미를 지닌 해다. 이 해를 기점으로 기독교 세계는 그 전후가 전혀 다른 새로운 모습으로 재창조된다. 이를 몇 가지 의미 있는 사건들을 중심으로 살펴 보자.

우선, 1945년 이후 우리가 알고 있던 기존의 기독교 세계와는 전혀 다른 세계가 등장한다. 그 시대를 살았던 이들은 자신들이 어떤 변화의 기점에 서 있는지 모를 수 있지만, 오늘날 그 시기를 돌아보면 그 시점 이후의 세계가 이전과는 전혀 다른 세계라는 점을 쉽게 파악할 수 있다. 먼저,

신학이 변했다. 전쟁의 악몽과 고통, 상처, 파생된 결과로 인한 절망감 때문에, 사람들은 더 이상 인간의 가능성과 능력, 힘을 긍정하고 낙관하는 신학을 하기가 어려워졌다. 19세기 후반과 20세기 전반을 지배한 내재적이고 희망적인 전통적 자유주의의 인간 중심적 신학이 위기를 맞게 된 것이다. 그 결과 탄생한 비관적인 위기 신학의 배경에 실존주의 철학이 있었다. 두 차례의 세계대전과 홀로코스트, 에스파냐 내전 등을 경험한 유럽인은 인간의 이성과 역사의 직선적 발전과 진보에 대해 근본적으로 회의했다. 그 허무감과 좌절감 속에서, 이성을 가진 주체로서의 인간과 비합리적인 세계 사이에 존재하는 부조리를 이해하고 고뇌하는 실존주의 철학이 크게 번성한다. 기독교 사상의 맥락에서 보면, 칼 바르트와 그의 후계자들이 주도한 신정통주의 위기 신학이 기존의 고전적 자유주의 신학을 대신해서 세계 신학계의 주도권을 확고히 한 시점이 1940년대다.

다른 한편으로, 이전까지 있었던 '기독교세계'Christendom라는 관념이 1945년 이후 붕괴되는 신호가 분명해졌다. 이 기독교세계라는 관념은 313년에 시작되었다. 물론 전 세계적 현상은 아니었지만, 313년 콘스탄티누스 대제가 밀라노 칙령으로 기독교를 공인한 이후, 특히 380년에 테오도시우스 황제에 의해 기독교의 국교화가 이루어진 후, 유럽에서는 기독교세계라 부를 수 있는 체제가 공식적으로 시작되었다. 기독교세계라는 것은 어원상 '그리스도가 다스리는 나라'Christ + Kingdom라는 뜻이다. 성경이 말하는 하나님 나라의 시작이라기보다는 정치와 종교가 하나가 되었다거나 정교일치의 사회가 시작되었다는 의미다. 가톨릭교회나 정교회, 주류 종교개혁 개신교 집단인 성공회, 루터교회, 장로교회, 개혁교회, 감리교회 등은 기독교세계를 어느 정도 긍정적으로 보고 효율적으로 활용할 수 있다고 인식한다. 이는 초대교회의 위대한 교부 아우구스티누스<sup>Augustinus</sup>의 교회론과 국가론을 이어받은 결과였다.

그러나 이와는 반대로, 종교개혁의 제3세력으로서 대안적 종교개혁을 추진한 이들 대부분은 313년 이후의 '콘스탄티누스 기독교'를 두고, 기독교가 세상과 타협하거나 하나가 됨으로써 기독교의 본질적 순수성이 붕괴되었다고 보았다. 이런 기독교세계 체제는 초대교회의 원시 기독교의 종말을 의미한다고 주장한 것이다. 역사적으로 이런 주장을 한 이들은 늘 아주 작은 계파로만 존재했다. 그중에서 이를 대변하는 가장 강력한 목소리를 낸 이들이 16세기 아나뱁티스트<sup>Anabaptists</sup>였다.[5] 아나뱁티스트 내부에도 다양한 특징과 주장을 펼친 여러 집단이 있었지만, 그중 평화주의 아나뱁티스트의 직계라 할 수 있는 메노나이트<sup>Menonite</sup>, 아미쉬<sup>Amish</sup> 등의 교단이나 아나뱁티스트 사상 일부를 청교도주의와 결합한 침례교 등이 오늘날에도 교회와 국가 관계, 정교일치 및 분리 등의 교회론 문제에서 여전히 이런 목소리를 대변한다. 어떻든 간에 313년 이후 유럽 세계는 기독교적 세계가 되었다. 그 안에서 정치와 종교 가운데 누가 수위권을 차지할 것인지를 놓고 다투는 전투가 지난 2,000년간 끊이지 않고 이어졌지만, 공식적으로 정치와 종교가 손을 놓고 절교를 선언한 적은 없었다. 그 둘은 늘 긴장 관계에 있는 동반자였다. 이 흐름은 20세기 중반까지 계속해서 이어진다.

그러나 제2차 세계대전 이후 대영제국, 프랑스제국, 독일제국 등 유럽 열강의 제국주의 체계가 붕괴하면서, 1960년대까지 그들이 차지했던 세계 곳곳의 식민지가 차례로 독립한다. 이렇게 시작된 탈식민지<sup>post-colonial</sup> 시대는, 이전 복음주의 역사 대부분을 차지했던 서양 지배 제국주의적 식민주의 시대와는 전혀 다른 분위기와 기조 속에서 복음주의의 생명력을 시험하는 시기였다. 이 점에서 정확하게 1945년이라고는 할 수 없다 하더라도, 대략 전쟁이 종결되는 이 시점을 기점으로 제국과 본국 교회, 선교지가 밀접하게 연결되어 있던 전통적인 기독교세계와 세계선교 체제는 붕괴한다. 유럽 사람들은 더 이상 태어나자마자 자연스럽게 스스로를 기독교인으로 규정하는 체계를 긍정하지 않게 된 것이다. 이런 변화된 사조에 대한 전반적인 수용이 1945년 이후 급진적 사상과 운동, 혁명이 동시다발적으로 출현한 1960년대에 거의 완성된다. 특히 1968년을 기점으로 기독교세계는 완전히 붕괴하여 유럽에서는 더 이상 기독교가 성장할 수 없는 사회문화적 토대가 만들어졌다. 물론 아직도 유럽에서는 한 나라 국적을 가진 부모의 자녀로 태어나면 제도적으로는 기독교인의 정체성을 물려받는 경우가 많다. 국교가 여전히 존재하기에 잉글랜드는 성공회, 스코틀랜드는 장로교, 독일이나 스칸디나비아는 루터교, 남유럽 여러 나라들은 가톨릭이라는 공식적인 신분을 갖는다. 하지만 이것은 명목상일 뿐이다. 전형적인 복음주의적 표현으로 "당신은 실제로 거듭난 기독교인입니까?"라고 물을 때, 문제는 달라진다. 실제적인 의미에서 유럽은 더 이상 기독교국가가 아니다. 이것은 유럽의 세속화와 연결된다. 이것이 레슬리 뉴비긴Lesslie Newbigin이 1974년에 인도에서의 선교 사역을 영구적으로 종결하고 영국으로 돌아왔을 때, 영국 교회의 현실을 직면하고 내린 결론이다. 선교사 파송국이자 모국이었던 영국은 이제 선교사를 받아야 하는 선교지가 되었다는 뉴비긴의 탄식은, 오늘날 21세기 유럽 기독교의 현실을 아는 이라면 너 나 할 것 없이 모두 인용하는 유명한 경구가 되었다.

　다른 대륙에 속한 교회가 유럽에 선교사를 보내야 하느냐 마느냐 하는 문제도 이런 상황과 연결되어 있다. 교회가 문을 닫고, 대신 도서관, 복지회관, 카페, 클럽, 심지어 이슬람 사원 등으로 변해 가는 예가 이런 양상을 보여준다. 1960년대가 되면 과격한 마르크스주의의 영향을 받은 다양한 세속 급진 사상과 여성신학, 흑인신학, 해방신학 등의 급진 신학이 등장한다. 특히 1968년 혁명을 기점으로, 유럽은 기독교가 이전과 같은 기반에서 성장하기 힘든 환경으로 변한다. 오늘날 유럽 여러 국가의 국교는 더 이상 장로교나 루터교, 성공회, 개혁교회가 아니라 급진 정치 이데올로기와 축구, 럭비, 크리켓 등의 스포츠다. 매 주일 교회에 가는 대신 텔레비전(교회) 앞에 앉아서 자기가 응원하는 팀(교파)의 팬(성도)이 된다. 각 지역별 팀을 열광적으로 응원(예배)하면서, 웨인 루니나 스티븐 제라드, 프랭크 램파드, 리오넬 메시, 크리스티아누 호날두 같은 각 팀의 슈퍼스타(목사 혹은 신부)의 일거수일투족에 눈을 떼지 못한다. 더 열광적인 사람들은 시즌권을 사서 주일마다 교회 대신 경기장에 간다. 이런 현상이 보편화되어 있다. 오늘날 유럽에서는 주일에 직접 교회에 가서 예배에 참석하며 신자를 만나는 경우를 제외하고는, 일상에서 자신을 기독교인이라고 당당하게 선언하는 현지인을 만나기가 쉽지 않다. 오히려 비서양에서 온 한국인이나 나이지리아인이 영국인에게 자신을 기독교인이라고 소개할 때 영국인이 당황스런 반응을 보이는 상황이 일상적으로 벌어진다.

**미국 보수 신앙의 분화: 근본주의, 복음주의, 오순절/은사주의**

1945년 이후 미국 사회의 변화는 유럽에서 일어난 변화와는 양상이 많이 다르다. 유럽은 실제로 미국보다 세속화가 빠르지만, 그럼에도 전통을 유지한다는 면에서는 계속해서 기독교적인 색깔을 유지한다. 태어나면서부터 종교세를 국가에 내는 행위를 거부하지 않는 사람들이 여전히 더 많다. 기독교 신앙이 내면에 깊이 살아 있지 않다고 해도, 명목상으로 기독교인 이라는 이름을 버리기는 원하지 않는 사람들이 많다. 심지어 기독교인이 아니라 해도 크리스마스, 부활절 등을 전통으로 누리는 점에서는 미국보 다 더 철저하다. 이 이중성이 아주 독특하다.

　필자가 미국과 영국에서 경험한 크리스마스 논쟁을 예로 들 수 있겠 다. 새 밀레니엄 이후 미국에서는 12월 25일에 카드 문구나 말로 '메리 크 리스마스!'Merry Christmas! 라고 인사를 하거나 받는 것을 거부하는 이들이 많 아졌다. 이들은 자신들이 기독교인이 아니기 때문에, 크리스마스라는 표 현을 사용하는 것이 자신들의 비기독교적 정체성에 대한 모욕이라고 주 장하면서, 대신 '해피 홀리데이스!'Happy Holidays! 라는 비종교적 표현을 인사 말로 사용하자고 주장했다. 실제로 오늘날 미국에서는 기독교와 직접적 으로 연결된 기관을 제외한 대부분의 방송, 신문 등의 언론사와 백화점, 쇼핑몰, 심지어 일반 개인에 이르기까지 '메리 크리스마스' 대신에 '해피 홀리데이스'라고 인사하는 것이 보편화되었다. 경우에 따라 특정 지역에 서는 성탄절에 십자가가 달린 크리스마스트리를 거부하는 소동도 있었는 데, 더 세속적인 북부의 도시에서는 이런 주장이 보편적으로 수용되었다. 물론 미국에는 보수 복음주의자와 진보 자유주의자, 세속 무신론자 간의 갈등의 골이 아주 깊기 때문에, 이 같은 경우 자주 대중 및 공공 논쟁으로 비화되기도 한다.

　그러나 미국에서 2년간의 유학생활을 끝내고 영국으로 이동한 필자 에게, 훨씬 세속적이고 진보적인 사회인 영국의 크리스마스 풍경은 예상 과 전혀 달랐다. 미국에서 이런 논란을 경험한 필자는, 사회 전반이 더 세속화되고 복음주의자의 수가 미국에 비해 상대적으로 적은 영국에서는 이 시기에 '메리 크리스마스'라고 인사하는 것이 사실상 불가능하리라 생각했다. 그러나 현실은 전혀 달랐다. 11월부터 12월 25일까지 거의 두 달 동안 영국 전역은 교회 출석, 신앙 소유 여부와 관계없이 나라 전체가 성탄절 분위기에 푹 빠져 있었다. 성탄절이 되면 거의 모든 사람들이 자기가 아는 사람들에게 자필로 크리스마스카드를 써서 건네는 풍경이 일상화되어 있었다. 또한 그 카드에는 거의 예외 없이 '홀리데이스' 대신 '크리스마스'라는 표현이 새겨져 있었다. 철저한 세속화의 길을 걷는 영국이 복음주의 기독교인이 훨씬 많은 미국보다 기독교와 관련된 배경의 전통을 더 잘 유지하고 있는 현상은, 세밀하고 종합적인 종교사회학적 연구가 필요하다. 이런 점에서 유럽의 세속화와 미국의 세속화는 그 방식과 유형이 많이 유사하지만, 깊은 분석이 필요한 날카로운 차이도 분명히 있다.

오늘날 미국은 여러 면에서 유럽보다는 덜 세속적인 국가처럼 보인다. 하지만 법과 형식이라는 면에서 보면, 미국은 처음부터 지금까지 단 한 번도 공식적으로 기독교국가Christian State였던 적이 없었다. 미국은 1776년 독립선언서를 발표하며 영국으로부터 독립을 선언한 후, 1789년에 첫 헌법을 발표했다. 7개 조항으로 된 이 첫 헌법은 종교에 대한 언급을 아예 담고 있지 않는데, 이어서 1791년에 나온 10개항의 수정조항 중 1조에 처음으로 종교에 대한 규정이 들어갔다. 이 조항에 따르면, 미국은 자신이 신앙하고자 하는 것을 믿을 수 있는 종교의 자유가 있는 나라지만, 그럼에도 그 어떤 경우에도 국가는 특정 교파나 전통을 국교를 정하지 않는다는 원칙을 분명히 했다. 즉, 국가가 국민에게 특정 종교 교파를 강요할 수 없다는 원칙을 세우고, 이 원칙에 따라 국가를 운영했다. 역사적으로 313년

밀라노칙령 이래 유럽 기독교세계에서는 존재한 적이 없었던 새로운 유형의 서양 사회가 탄생한 것이다.

이런 점에서 미국은 그 기원이 세속적이다. 전혀 종교적이지 않았다. 물론 1630년대 청교도 이민 시대 이후로 많은 미국인들은 자기 나라를 하나님의 선택받은 국가로 여기고, 일종의 유사 기독교국가로서의 자기 정체성을 끊임없이 주장했다. 지금도 여전히 미국이 기독교국가로 출발했느냐는 주제, 곧 미국이라는 나라의 종교적 정체성을 놓고 세속주의자와 기독교 우파 간 기원 전쟁이 격렬하게 진행되고 있다. 하지만 공식적으로 미국은 스스로 기독교국가를 표방한 적이 한 번도 없었다. 이처럼 그 기원이 세속적임에도 불구하고 미국이 유럽보다 세속화가 늦은 이유 중 하나는, 미국 역사에는 유럽보다 부흥과 갱신이 더 많았기 때문이다. 18-19세기에 부흥이 지역별로 때로는 전국 규모로 수차례 일어나면서, 미국의 세속화 물결이 유럽에 비해 상대적으로 더 강력하고 효과적으로 제어될 수 있었다.

그럼에도 20세기가 되면서 사정이 달라진다. 전통적으로 믿어 왔던 복음과 기독교 신앙을 지키고 변호하려는 이들이 많았음에도, 19세기 후반 이후 유럽에서 유입된 성경에 대한 고등비평 등의 신학적 자유주의와 진화론 등의 세속적 무신론의 영향으로, 대학과 지성계가 빠른 속도로 이들의 지배권 안에 편입되었다. 이로써 특히 지성 영역에서 기독교인들이 발언할 수 있는 공간을 잃어버리게 된다. 이 싸움에서 패배한 사람들은 스스로 근본주의자라는 이름을 자랑스럽게 붙이든지, 또는 이들을 멸시하는 반대자들에 의해 근본주의자로 불리며 변방으로 밀려나 고립된다. 결국 1929년에 북장로교 프린스턴 신학교에서 분리된 웨스트민스터 신학교Westminster Theological Seminary 탄생을 상징적 기점으로, 이후 근본주의는 변방의 게토에 머무는 비지성적이고 반문화적인 소종파 집단으로 인식되는 지경에 이른다. 1940년대에는 근본주의권 내에서의 반성으로, 반지성적 근본주의와 반신앙적 자유주의에 모두 반대하며 19세기 복음주의를 모델로, 신앙과 지성과 문화를 포기하지 않고 원래의 자리를 재탈환하자는 의도로 탄생한 신복음주의 운동이 있기도 했다. 하지만 오늘날 뒤돌아볼 때, 새롭게 탄생한 신복음주의 운동이 미국 기독교를 세속화의 물결 속에서 극적으로 지켜 냈다거나, 예전의 기독교가 지배하던 시대 수준으로 회복시켰다고 보기는 어렵다. 유럽보다는 세속화의 정도가 덜하다고 할 수 있음에도, 미국에서도 세속화는 역시 대세가 되었다.

## 20세기 세계 기독교 지형의 변화: 세계 기독교 무게중심의 남반구 이동 ───

유럽과 미국에서 일어난 이런 변화로, 1945년이라는 상징적 기점 이후 결국 서구 기독교의 기독교세계 체제는 무너졌다. 유럽은 거의 몰락했고, 미국에서는 유럽보다는 덜하지만 기독교국가라는 정체성을 주장하기 힘든 사회가 탄생했다. 세속화가 대세가 된 것이다. 그렇다면 서양 세계가 지난 2,000년 동안 기독교 세계를 이끌어왔는데, 이 서양 기독교가 1945년 이후 몰락했다면 기독교 전체가 무너진 것이고 이제 기독교는 끝이 났다고 말해야 하는가? 우리에게 선교사를 보내던 사람들, 지난 2,000년 동안 자신과 배우자와 자녀를 희생하면서까지 복음을 전해 주던 사람들의 후손이 자기 조상들의 신앙을 지켜 내는 데 실패했다면, 이스라엘이 아브라함과 이삭과 야곱의 신앙을 버린 것처럼 이 유럽인들이 자기 조상들의 신앙을 다 버린다면, 무슬림이 엄청난 속도로 성장하고 있는 현 상황에서 우리는 예수의 지상명령을 수행하는 데 실패한 채 이제 절망 속에서 기독교의 몰락을 기다려야 하는가? 결국 "세계 기독교의 몰락과 소멸이 이제 진행되고 있는 것인가?"라는 질문이 많은 이들에게 현실이 되었다.

이 질문에 대해 우리가 지금 답할 수 있는 하나는, 이러한 위기상황이 주는 두려움이 있음에도 불구하고, 그것을 뒤집는 다른 역사가 일어났다는 사실을 주목하자는 것이다. 유럽과 미국에만 관심 있는 우리 대부분은, 20세기 특히 1945년 이후 새롭게 등장한 비서양 기독교의 성장에 대해 거의 몰랐을 것이다. 비서양 기독교의 등장과 성장 속도를 실제 통계로 보면, 지난 2,000년 동안 서양에서 일어난 것 이상으로 크고 새로운 변화가 일어나고 있다. 아시아, 아프리카 지역의 기독교인 수가 급증하여 서양권 기독교인 수를 앞지른 것이다. 이를 증명하는 중요한 통계를 [표 1]에서 확인할 수 있다.

1800년 통계를 보면, 서구 세계 인구에서 기독교인이 차지하는 비율이 유럽 전체에서 91.8%, 북미에서는 92%였다. 2008년이 되면 인구 증가 덕분에 전체 신자 숫자는 늘어났지만, 유럽에서는 그 비율이 76.7%까지 떨어졌다. 북미는 비율이 95%로 올랐지만 통계가 다 보여주지 못하는 부분이 있다. 분명한 것은 유럽의 쇠퇴는 현저하고, 미국의 경우는 비율이 늘어난 것 같지만 실제로는 복음주의자 곧 뜨거운 신앙을 가진 기독교인의 숫자는 떨어졌다는 사실이다. 북미 기독교인의 비율이 더 높아진 것은 멕시코 이남 히스패닉 인구가 많이 유입되면서, 이들 대다수를 가톨릭 신자로 계산한 것에서 연유한다.

[표 1] 대륙별 기독교 인구 및 인구대비 기독교인 비율 변화[6]

| | 1800년 | 1900년 | 2008년 | 2014년 |
|---|---|---|---|---|
| 아프리카 | 430만(4.8%) | 880만 | 4억 2,370만(47.7%) | 5억 2,010만(47.7%) |
| 아시아 | 840만(1.4%) | 2,080만 | 3억 5,500만(9.1%) | 3억 6,820만(9.1%) |
| 유럽(러시아 포함) | 1억 7170만(91.8%) | 3억 6,820만 | 5억 5,640만(76.7%) | 5억 6,100만(76.7%) |
| 북아메리카 | 1,490만(92.0%) | 6,000만 | 5억 3,020만(95.0%) | 5억 6,260만(95.0%) |
| 남아메리카 | 560만(35.0%) | 5,900만 | 2억 2,040만(66.4%) | 2억 2,920만(66.4%) |
| 오세아니아 | 10만(5.0%) | 430만 | 2,280만(65.0%) | 2,480만(65.0%) |

[표 1]에서 주목해야 하는 가장 중요한 통계는 아프리카, 아시아, 남미 기
독교인 수와 그 비율의 변화다. 남미는 16세기에 에스파냐, 포르투갈의 강
제 개종 정책 때문에 35% 정도가 기독교인이었는데, 2008년에는 66.4%
까지 성장했다. 아프리카, 아시아 기독교인 비율은 각각 4.8%, 1.4%에 지
나지 않았지만, 2008년이 되면 각각 47%, 9.1%로 성장한다. 아프리카 기
독교의 성장세는 특히 놀랍다. 아시아의 경우 9.1%가 별것 아닌 숫자로
보여 자칫 아시아 기독교는 여전히 어렵다고 생각할 수 있지만, 인구수로
보면 무려 3억이 넘는다. 어마어마한 숫자다. 더구나 아시아인으로서 기
독교인이 되는 것이 다른 지역의 사람들보다 훨씬 어렵다는 종교 문화 환
경도 고려해야 한다. 세계의 강력한 주요 종교는 모두 아시아에서 기원했
고, 그 규모와 영향력도 여전히 막강하다. 아시아에서 한 종교의 신자가
된다는 것은 단지 개인적으로 믿음을 갖는 것 이상을 의미한다. 자신의 문
화, 소속, 전통, 가문 배경, 이웃과의 관계 모두를 포기해야만 개종이라는
것이 가능한 경우가 많다. 이런 점에서 아시아 인구 중 약 10%까지 기독

교가 성장했다는 것은 상당한 의미를 부여해야 하는 현상이다.

비서양 기독교인 통계를 좀 더 살펴 보자. 1800년에는 비서양 지역을 전부 합쳐도 기독교 인구가 2천만 명이 채 안 되었다. 당시 전 세계 기독교인의 95% 이상은 유럽 및 북미에 살았다. 해외 선교의 열정이 퍼져 나가며 여러 지역에서 선교가 이루어지던 1900년부터 이 비율이 변하기 시작한 후, 2008년이 되면 전 세계 기독교인의 60%는 비서양인이 차지하는 시대가 된다. 더 이상 전 세계 기독교를 이야기할 때 서양 중심으로 이야기할 수 없는 시대, 곧 기독교와 서양을 한 몸으로 볼 수 없는 시대가 도래한 것이다.

추가로 [표 1]에서 제시된 통계가 보여주는 숫자의 정확한 의미에 대해 다시 설명할 필요가 있다. 유럽과 미국의 기독교 신자 비율이 90% 이상이라는 통계를 보고 이것이 실제 교인 수를 제대로 반영한 것인지 물을 수 있다. 통계의 정확성에 대한 논의가 필요한 부분이다. 통계에서 서양 지역 기독교 인구 비율이 높게 나온 이유는 이렇게 설명할 수 있다. 이 통계가 교회에 등록된 교인 명부를 가지고 계산한 것이기 때문에, 제도상으로는 기독교적인 서양 국가의 상황이 반영된 것이다. 실제 스스로 기독교인이라고 고백하는 사람의 숫자는 이 통계와는 많은 차이가 있을 것이다.

이 점에서는 국교 제도를 시행하지 않고 공식적으로 기독교국가가 아닌 데다, 복음전도와 개인적 회심이라는 과정을 통과하여 기독교인이 되어 교회로 들어오는 비서양 지역의 통계가, 명목상의 기독교인 비율이 훨씬 높은 서양의 통계보다 실제 상황을 더 잘 반영했다고 볼 수 있다. 특히 유럽 가톨릭계 국가에서는 명목상 기독교인의 비율이 아주 높은데, 이는 가톨릭 교회론의 영향이다. 가톨릭 신자는 태어나서 부모의 이름으로 영세를 받는 즉시 교회의 일원으로 등록이 된다. 이후 평생 성체성사, 견진성사, 결혼성사, 고해성사, 병자(종부)성사 등의 성사를 통해 교회의 관리를 받는다. 예컨대, 이번에 새로 세워진 프란치스코 교황이 교황직에 선출된 얼마 후에 이탈리아 남부 마피아 지역으로 가서 그 지역 마피아를 파문한 일이 있었다. 그런데 많은 사람들이 "이번 교황은 정말 용감하구나!"라고 생각해 놀라고 환호했지만, 한편으로 어떤 이들은 "교황이 마피아를 파문한다고 해서 그게 마피아에게 무슨 영향을 미치겠는가?"라며 의문을 던지기도 했다. 그러나 가톨릭교회의 구원론과 교회론에 의하면, 교황에 의한 파문은 실제 모든 신자의 영원한 구원을 결정하는 역할을 한다. 개신교는 한 개인이 개별적으로 믿음을 고백함으로써 하나님의 자녀가 되며, 죄를 지을 때마다 전신자사제론(혹은 만인제사장론)에 입각해 스스로 제사장이 되어 그리스도의 십자가를 바라보며 죄를 고백함으로써 하나님과의 직접적인 관계 회복을 이룰 수 있다고 가르친다. 이것이 개신교의 구원론인데, 가톨릭의 구원론은 이와는 다르다.

여기서 사도 전승, 혹은 사도 계승Apostolic Succession이라는 개념이 중요하다. 가톨릭교회에서는 베드로에게 천국의 열쇠를 주었다는 마태복음 16:19을 따라 베드로를 천국의 문을 여는 열쇠를 가진 초대 교황으로 간주한다. 그리고 그를 이은 모든 교황과 그가 상하계급제도hierarchy를 통해 안수를 준 추기경 이하 사제들에게 예수께서 수여하신 사도권이 계승된다고 믿는다. 따라서 이렇게 사도권을 계승받은 교황, 추기경, 교구사제, 지역사제를 통해 세례(영세)를 받은 사람들만이 정통 교회의 일원이 되어, 베드로의 천국 열쇠로 문을 열고 천국에 들어갈 수 있다. 즉, 정통 사도 전승을 통해 세례 받지 않는 이는 아무도 구원을 받을 수 없다. 이런 사도 전승권을 가진 가톨릭교회의 사제에게 고해를 해야 용서도 받을 수 있는 것이며, 마찬가지로 종부성사도 죽기 직전 사제의 안수와 기도를 통해 천국행을 보장받는 행위다.

가톨릭에서 세례가 중요한 이유가 여기에 있다. 가톨릭 신자는 개신교 교회로 이동한다고 해도, 침례교회같이 유아세례를 인정하지 않는 교회를 제외하고는, 이동한 교회에서 다시 세례를 받지 않아도 된다. 그러나 개신교인은 기존의 소속 교회에서 세례를 받았다고 해도 가톨릭교회로 이동하면 거기서 다시 사제를 통해 세례를 받아야 한다. 사도 계승권은 오직 가톨릭교회 사제만이 보유한 특권으로 이해되기 때문이다. 이 점에서 가톨릭계 국가인 이탈리아에서 마피아가 파문을 받은 것은 교황의 명령에 의해 그가 지옥에 간다는 선언이고, 이것은 거의 모든 사람이 교회를 통해 관계가 상호 연결되어 있는 전통적 가톨릭 국가인 이탈리아 내에서 모든 공동체 관계가 붕괴되는 심각한 상황에 이른다는 것이다. 마피아가 교황의 파문 선언을 심각하게 고려해야 하는 이유가 여기에 있다. 그만큼 가톨릭 국가는 개인이 고백하는 신앙보다는 교회에 소속된다는 것이 중요하다. 믿음을 통해 구원받는다는 사실을 전적으로 부인하지는 않지만, 믿음을 갖고 교회를 통해 구원받는 체계가 더 중요하다는 것이 가톨릭 신학이다. 따라서 교회 밖에는 구원이 있을 수 없다. 교회론이 곧 구원론이다. 개신교회의 구원 가능성을 부분적으로 인정한 제2차 바티칸공의회 (1962-1965년) 이전의 전통적인 역사적 가톨릭 신학에 따르면, 구원의 유일한 방주인 교회는 반드시 가톨릭교회여야 한다.

이런 이유로 유럽에서 개신교 국가와 가톨릭 국가의 신자 등록률에는 아주 큰 차이가 있다. 오늘날 유럽에서 이른바 세속화의 최첨단을 달리는 국가는 거의 북유럽과 서유럽에 있는 역사적인 개신교 국가이다. 이들은 자기 신앙을 스스로 고백해야 공식적인 신자로 인정받을 수 있는 신학 체계를 유지하는 데 반해, 가톨릭은 그렇지 않다. 가톨릭 신자들은 태어난 후 죽을 때까지 교회 안에 등록되어 있어야 한다. 부모를 통해 영세를 받은 이후에는 교회에 한 번도 안 나온다고 하더라도 그 사람은 평생 교회에 등록된, 명부 안에 있는 사람이다. 이탈리아나 포르투갈 같은 나라에서 인구의 평균 99%가 교회에 등록된 신자라고 해도 체제와 조직 안에서 99%라는 뜻이지, 개신교 관점에서 보면 진짜 신자인지 아닌지는 모를 수 있다. 유럽의 통계가 보는 사람을 호도할 수 있다는 의미가 이것이다. 몇 년 몇 월 몇 시 몇 분 몇 초에 구원받았는지 알아야 하는 일부 극단적인 개신교 근본주의 구원파까지는 아니더라도, 회심을 강조하는 복음주의는 소속이나 명부에 등록되는 것이 아닌, 스스로 회심 경험을 통해 하나님을 만나는 것이 신앙인의 시발점이라 믿는다. 따라서 이런 신학을 갖지 않은 가톨릭권의 통계와 개신교권 통계, 그중에서도 복음주의권의 통계는 각각 다른 기준과 의미로 읽어야 한다.

오히려 그런 이유로 아시아, 아프리카 등 선교를 통해서 교회와 기독교인이 형성된 지역에서 기독교인 통계가 30%로 나왔다면, 그중 명목상의 기독교인일 수 있는 비율 10%를 떼어 버린다 해도, 약 20%는 분명히 회심을 경험한 고백적 복음주의자일 가능성이 크다. 물론 이런 통계가 이중, 삼중으로 등록된 통계일 가능성도 있다. 이 교회, 저 교회 돌아다니며 얼마간 예배 드리며 여러 교회에 동시에 등록되어 있는 경우도 많고, 그중 어떤 교회도 등록된 신자가 교회를 얼마 동안 나오지 않는다고 해서 바로 명부에서 이름을 삭제하지는 않기 때문이다. 여의도순복음교회 교

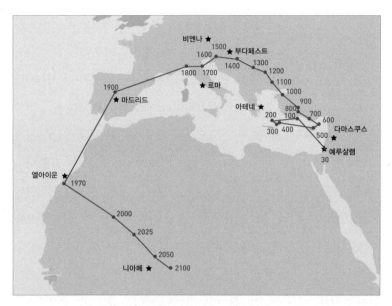

비엔나 ★
1500
1600 ★ 부다페스트
1400 1300
1800 1700 1200
로마 1100
1000
1900 900
마드리드 800 700
아테네 ★ 600
200 100 다마스쿠스
엘아이운 300 400 500
1970 30
예루살렘

2000
2025
2050
니아메 ★ 2100

[그림 2] 세계 기독교 무게중심의 이동7

인이 일부에게 알려진 대로 70만 명인지, 50만 명인지, 30만 명인지는 사실상 알 수 없다. 그럼에도 전반적으로 유럽의 국교회 체계에 근거한 숫자 통계보다는, 차라리 비서양 지역 교회의 통계가 복음주의 신자 정의를 기준으로 보면 더 신뢰할 만한 계수일 수 있다.

이제 지도를 하나 보자. 위의 지도 자료는 지난 2,000년 동안의 세계 기독교 무게중심의 변화 추이를 보여준다. 기독교가 처음 시작된 기원후 30년에 예루살렘에서 시작된 기독교는 팔레스타인의 경계를 넘어, 그리스-로마 세계의 안디옥에서 시작해서 동유럽으로 이동한다. 초대교회 시대에는 기독교가 대부분 그리스어를 사용하는 지중해 동부의 도시에서 성장하고 발전한다. 그러다가 중세가 되면 라틴계 및 게르만계 언어를 쓰

세계화: 영미 복음주의는 어떻게 세계기독교로 부상했나

는 서유럽 중심으로 성장한다. 지구를 하나의 구로 보았을 때, 1900년 정
도가 되면 서양인의 시점에서 보았을 때 무게중심이 전체적으로 서쪽으
로 이동한다. 그러다 해외 선교 시대 이후 무게중심이 서서히 남쪽으로 이
동하는데, 2000년을 기점으로 기독교인의 전체 숫자로 무게중심을 잡으
면 그 중심은 아프리카 북부에 있고, 10년이 지난 2010년이 되면 이미 사
하라 이남으로 빠르게 이동하고 있는 현상을 발견할 수 있다. 지금 추세대
로라면 100년 정도가 더 지나면 무게중심이 더 아래로 내려가 아프리카
중부에 이를 것이다. 그렇게 되면 이제 더 이상 기독교인의 정체성은 서양
과는 직접 연결될 수 없게 된다. 이를 '세계 기독교 무게중심의 남반구 이
동'이라고 부른다.

이런 현상을 마크 놀은 2009년에 쓴 『세계기독교의 새로운 형태: 미
국의 경험이 어떻게 세계의 신앙을 반영하는가』*The New Shape of World Christianity:
How American Experience Reflects Global Faith* 의 20쪽 이하에 다음과 같은 사례를 들
어 설명한다.[8] 놀은 실제로 책에서 더 많은 사례를 들지만, 여기서는 이 중
열 가지만 인용하기로 한다.


- 지난 주일에 중국에서 주일 예배에 참석한 인원이 이른바 '기독교
  유럽'에서 유럽 기독교인이 예배에 참석한 인원 전체를 합친 것보
  다 많다.
- 지난 주일에 케냐, 남아프리카공화국, 탄자니아, 우간다 각 나라 성
  공회교회에 참석한 성공회 신자 수가 영국, 캐나다, 미국에서 주일
  예배에 참석한 성공회 신자를 모두 합친 수보다 더 많다. 거기다
  나이지리아 한 나라의 성공회 신자 수는 아프리카 다른 나라에 사

는 모든 성공회 신자를 합친 수보다 몇 배나 많다.

- 지난 주일에 스코틀랜드보다 가나에서 더 많은 장로교인이 예배에 참석했고, 남아프리카연합장로교회 교인이 미국 내 장로교인보다 예배에 더 많이 참석했다.

- 지난 주일에 미국에서 가장 큰 두 오순절 교단<sup>Assemblies of God, Church of God in Christ</sup> 소속 신자를 합친 것보다 더 많은 브라질 하나님의성회 교단 신자<sup>Assemblies of God</sup>가 예배에 참석했다.

- 지난 주일에 서울 여의도순복음교회 한 교회에 참석한 신자가 미국 북미주개혁교회<sup>CRC</sup>, 복음주의언약교회<sup>ECC</sup>, 미국장로교회<sup>PCA</sup>같은 교단 전체 예배 참석 인원보다 많았다. 또한 캐나다에서 가장 큰 10개 교회에 참석한 신자보다 이 하나의 한국 교회 출석자가 더 많았다.

- 지난 주일에 미국 로마가톨릭교회에서 예배 중에 사용한 언어 수는 미국 역사상 어떤 시기보다 더 많았다. 미국 가톨릭은 더 이상 유럽 출신의 백인 신자들의 공동체로 간주할 수 없다.

- 지난 주일에 잉글랜드와 프랑스에서 예배자가 가장 많았던 교회는 흑인교회였다. 주일에 런던에서 교회에 가는 인구의 절반은 아프리카인이나 아프리카계 카리브해 출신이다. 오늘날 유럽에서 가장 큰 교회는 우크라이나 키예프에 있는데, 이 교회 담임목사는 오순절 배경의 나이지리아인이다.

- 지난 주일에 필리핀에서 미사에 참석한 신자의 수는 전통적인 가톨릭 국가로 간주해 온 이탈리아, 에스파냐, 폴란드를 포함한 어떤 단일 유럽 국가 가톨릭 미사 참여자보다 많았다.

- 지난 주일에 영국에서 최소한 15,000명의 기독교 선교사가 지역

민에게 복음을 전하기 위해 고군분투했다. 이들 선교사 대부분은 아프리카나 아시아에서 왔다.

- 20세기 후반 대부분의 시기에 가장 규모가 큰 예수회 수사회는 미국이 아니라 인도에 있었다.

열 가지 사례를 들었다. 놀이 인용한 사례 외에도 인용할 수 있는 통계와 사례는 넘치도록 많다. 그러나 이런 대표적인 열 가지만 가지고 이야기하더라도, 이제 기독교는 더 이상 서양 종교가 아닌 것이 분명하다. 이것을 '세계기독교학' study in world Christianity이라는 학문의 선구자가 된 학자들의 다양한 표현을 종합해서 기술하면 다음과 같다.

1800년에는 전형적 기독교인a typical Christian이라고 하면 영국에 사는 29세 백인 남성이었다. 하지만 오늘날의 전형적 기독교인은 남아메리카나 아프리카의 젊은 여성일 것이다. 백인이기보다는 흑인 혹은 다른 유색인, 남성이기보다는 여성이다. 여성은 늘 그랬듯, 지금도 전 세계 거의 모든 지역 교회의 최소 60%, 지역에 따라 80%까지도 차지하는, 교회의 다수 구성원이다. 결국 과거의 전통과 역사의 틀로 신학과 교회사를 이야기할 때에는 당연히 서양을 중심으로 기독교를 이야기할 수밖에 없지만, 이제 이 어마어마한 변화의 상황, 그리고 신학을 이야기할 때 더 이상 유럽과 북미의 기존 체계만 가지고는 이야기할 수 없는 시대가 된 것이다. 지난 1,000년간 있었던 주류 현상을 뒤집는 역사가 지난 50년 사이에 일어났다. 그렇다면 그 원인이 무엇인가? 서구의 세속화를 이야기하지만, 그것은 하나의 원인일 뿐이다. 다른 원인에 대해서도 이야기해야 한다.

지금까지 남반구, 비서양 기독교 이야기를 했는데, 이런 이야기를 들은 후 "이 남반구 기독교 운동이 도대체 복음주의와 무슨 관계가 있는가?", "그것이 우리에게 왜 중요한가?" 등의 의문을 가질 수 있다. 대답은 비서양 기독교 역시 분명히 복음주의 기독교라는 것이다. 이를 가장 잘 보여주는 책을 한 권 소개하는 것이 좋겠다.

『신의 미래: 종교는 어떻게 세계를 바꾸는가?』라는 책이 있다.[9] 저자 필립 젠킨스Philip Jenkins는 미래학과 사회학을 연구하는 학자로, 원래 펜실베이니아 주립대학Pennsylvania State University 교수로 오랫동안 재직하다가 최근에 기독교계 사립대학인 텍사스의 베일러 대학Baylor University으로 옮겼다. 기독교 역사나 신학을 전문 영역으로 연구해 온 학자는 아니었으나, 근래에는 연구 영역을 주로 기독교와 연결 지어 작업한다. 특히 학자임에도 대중에게 호소력 있는 저널리즘 유형의 글쓰기로 유명하다. 이 책의 원제 *The Next Christendom*이 저자가 의도한 핵심 주장을 정확히 반영한다. 이미 언급한 대로, 1945년 이후 진행된 급격한 세속화 때문에 오늘날 유럽은 더 이상 기독교세계라는 용어를 쓸 수 있는 사회가 아니다. 유럽은 더 이상 '기독교세계'Christendom가 아니다. 필립 젠킨스가 여기서 '다음 기독교세계'Next Christendom라는 표현을 쓰면서 조명하려고 한 것이, 바로 다음 시대의 기독교세계가 될 가능성이 있는 비서양 기독교였다.

# 3.

# 비서양 기독교와 세계기독교학

## 세계기독교학의 등장

비서양 기독교의 존재와 가치, 그리고 이에 대한 학문적 논의는 1970년대부터 나왔다. 이를 처음 부각시킨 인물은 역사학자 앤드루 월스Andrew Walls다. 지금은 서양 선교학계와 역사학계에서 20세기 후반의 새로운 기독교학의 방향을 제시한 인물로 매우 유명하지만, 한국에서는 여전히 선교학과 역사학계 일부를 제외하고는 대부분 그를 알지 못한다. 오늘날 통계를 통해 보편적으로 알려진 비서양 기독교의 부상과 성장을 학문적으로 정리해서 전 세계에 최초로 제시한 학자가 바로 앤드루 월스다.

월스는 옥스퍼드 대학University of Oxford 출신의 스코틀랜드계 학자로, 1970년 시에라리온에 스코틀랜드국교회(장로교) 선교사로 파송을 받는다. 초대교회사가 전공이었던 그의 주된 선교 사역은 시에라리온의 신학교에서 가르치는 교수선교사 사역이었다.[10] 그런데 윌스는 교수선교사로서 학생들을 가르치다가 난관에 부딪치게 된다. 옥스퍼드 출신에 스코틀랜드 장로교회 선교사로 파송을 받은 윌스는, 그가 배웠던 서양식 고등교육의 세계관과 체계를 가지고 아프리카 사람들에게 초대교회사를 가르쳤다. 그런데 그에게 배운 아프리카 학생들은 윌스 자신의 의도와는 다른 방식으로 가르침을 받아들였다. 윌스와 아프리카 사람들이 역사와 신앙과 문화를 이해하는 방식, 세계관, 토대가 서로 달랐던 것이다.

앤드루 윌스가 학자로 성장했던 영국의 당시 신학계 분위기는 상당히 자유주의적이었을 뿐 아니라, 계몽주의의 과학성과 합리성에 대한 집착 때문에 기적이나 영적 체험 등을 믿지 않는 분위기였다. 일부는 성경에 기록된 기적이나 초자연적 사건을 믿지 않았고, 혹 성경에 나오는 초자연적 사건들의 역사성을 믿는다 해도 이런 일이 오늘날 우리 삶의 현장에서 일어나리라고 생각하지는 않았다. 윌스가 아프리카인들의 영혼에 관심을 가진 선교사였기 때문에 복음주의 성향을 어느 정도 갖고 있었다고 해도, 그 역시 당대 영국의 지적 합리성과 교양을 강조하는 분위기에 자연스럽게 젖어 있었다. 윌스가 아니라도 오늘날 서구의 지성적인 복음주의자 대부분도, 그들이 오순절교회 신자가 아니라면 기적이나 체험에 별로 관심이 없는 것과 마찬가지다. 이는 한국 상황에서도 별다를 바 없다. 한국 선교 초기, 교회가 형성된 시기에 초기 기독교 선조 대부분은 아주 순전하고 단순한 신앙을 가지고 성경을 믿었다. 이 때문에 교파를 막론하고 믿는 자에게 기적과 치유가 일어나고 강력한 영적 체험을 할 수 있다는 것을 자연스럽게 믿었다. 그러나 오늘날 우리는 스스로 복음주의자라고 고백한다 해도 우리 조상들이 믿었던 것만큼 이런 요소들을 자연스럽게 받아들이지는 않는다. 자유주의적 지성이든, 복음주의적·개혁주의적 지성이든, 오히려 지성을 강조할수록 이러한 체험과 기적 신앙을 잘못된 것 또는 열등한 것이라 무시하는 경향이 있다. 월스도 이와 비슷했다.

초대교회에는 분명히 기적이 있었다. 복음서와 사도행전에는 넘치도록 많은 기적이 기록되어 있고, 이후 초대교회와 사막 수도사, 수도원 운동, 유럽 복음화 과정에서도 기적이 많이 일어났다. 그런데 이후 이른바 정통 신앙이 제도화되면서, 무엇보다 17-18세기 이래 계몽주의가 교회와 신학교를 포함한 서양 사람의 세계관을 지배하면서, 기적이나 영적 전쟁, 영적 존재 등에 대한 믿음은 합리적이지 않은 것으로 치부된다. 신학자나 목회자, 선교사도 예외가 아니었다. 그런데 이런 월스가 시에라리온에서 교회사를 가르칠 때, 그가 가르친 아프리카 사람들은 오히려 기적 등의 초자연적 역사를 더 강조하면서 받아들였다. 월스가 강조하지 않은 부분을 아프리카 사람들은 강조하여 받아들이고, 정작 그가 강조하고 싶었던 부분은 덜 강조하며 받아들였던 것이다.

월스의 고민은 초대교회와의 유사성이라는 측면에서 볼 때, 합리적이고 초자연성을 배제하는 20세기 학문의 관점으로 배우고 익힌 선교사들이 전하는 기독교가 당대 아프리카 신자가 이해하는 기독교보다 오히려 덜 성경적인 것은 아닌가 하는 것이었다. 실제로 18세기 계몽주의 등장 이전에는 서양 사람들도 영적 존재와 기적에 대해 믿었다. 하지만 계몽주의 이후 서양인들은 더 이상 그러한 것을 믿지 않는다. 우리도 마찬가지다. 성경에 그러한 이야기가 흔한데도, 그것이 오늘날에도 일어난다고 믿는 사람은 많지 않다. 하지만 당시 아프리카 사람들은 여전히 영적인 것들을 믿고 있었다. 성경이 말하는 예수와 초대교회가 일상으로 경험한 그 영적 실재가 아프리카 사람들에게는 현재의 살아 있는 실재였고, 그들은 바로 지금 그 자리에서 경험하며 고민하고 있었다.

월스에게는 이것이 충격이었다. 자신이 선교사라는 이름으로, 존경받는 교수로 와서 '마스터'라 불리는데, 자신이 가르치는 내용이 자기가 섬기는 사람들이 믿는 신앙의 실재와 관계가 없고, 성경과도 관계가 없다면 선교사로 있을 필요가 무엇이냐고 심각하게 고민했다. 결국 그는 선교사를 그만두고 스코틀랜드로 돌아갔다. 귀국 후 애버딘 대학University of Aberdeen에서 교수직을 얻은 월스는, 자신이 아프리카에서 경험한 것을 토대로 학문적 연구를 진행하며 비서양세계기독교연구소Centre for the Study of Christianity in Non-Western World를 세운다. 그러고는 아프리카에서 토착종교 등을 연구하는 종교학자와 시에라리온의 학생, 그리고 당시 아프리카에서 가장 탁월한 기독교 연구 성과를 내고 있던 나이지리아인 및 가나인 학자들을 초빙하여 집단 연구를 시작한다. 이때부터 관련 문헌을 찾아내고 통계 및 문헌을 만들어 내어 아카이브archive(문헌 및 기록 보관소)를 구성하여 비서양 기독교 연구를 시작했다. 이것이 비서양기독교학이라는 새로운 학문의 시작이다.

이후 애버딘 대학에 세워진 연구소가 재정 문제로 문을 닫자 이 연구소가 에든버러 대학으로 이전하였고, 애버딘에 있을 때보다 더 활발하게 성장했다. 그리고 연구 성과가 주변에 서서히 퍼져 나가면서, 신학과 역사학, 선교학계에 큰 영향을 미치게 되었다. 이로써 이미 역사가로서 전성기를 달리던 마크 놀 같은 학자 역시 월스의 연구 성과를 보고서 자신이 가진 기독교 이해의 틀을 반성하며 고민한 후 일종의 지적 회심을 경험하는데, 서양 세계의 지리적·문화적 한계를 넘어서는 기독교의 '전 세계적' 흐름에 대해 새롭게 깨닫게 된다. 이후 이 분야의 스타로 탄생하는 이들이 예일 대학Yale University의 라민 산네Lamin Sanneh, 에든버러 대학의 브라이언 스탠리, 보스턴 대학Boston University의 데이나 로버트Dana Robert, 고인이 된 매코믹 신학교McCormick Theological Seminary의 나이지리아인 학자 옥부 칼루Ogbu Kalu, 풀러 신학교의 윌버트 쉥크Wilbert Shenk 등이다.

이런 확장에 가장 큰 기여를 한 학회가 매년 예일과 에든버러에서 돌아가며 열리는 '예일-에든버러 세계기독교와 선교역사학회'다. 비서양기독교학이라는 이름에 여전히 담겨 있는 서양 중심적 성향에 대한 반성이 일어나면서, 주로 오늘날에는 '세계기독교학'Studies in World Christianity 또는 Global Christianity이라는 명칭을 사용한다.[11]

## 비서양 기독교의 복음주의적 특징

그렇다면 이 비서양 기독교는 우리에게 왜 중요할까? 앤드루 월스가 경험했던 기독교는 어떠한 기독교일까? 그 기독교는 우리의 기존 정통 신앙이 도저히 용납할 수 없는 이단적 기독교일까? 귀신과 영적 존재에 대해 이야기하고, 일상에서 겪는 수많은 가난, 질병, 고통에 대해 이야기하는 체험적 신학은 그저 오순절 신학의 아류이거나 아니면 오염된 영지주의나 신령주의 신학일 뿐일까? 우리가 수용할 수 없는 잘못된 신앙이라 평가하기에는 우리는 이 현상에 대해 아는 바가 너무 없다. 무엇보다 단정적으로 이것을 이단적 신학이라 평가할 수 없다. 계몽주의적 합리주의 시각으로 평가한다면 아프리카를 비롯한 비서양 세계의 신자들이 따르는 신앙이 미신처럼 보일 수도 있겠지만, 근본적으로 이 신앙은 사안에 따라서는 18세기 이후 서양인들의 신앙보다 오히려 성경 및 초대 기독교와 더 가까울 수 있다. 복음주의 신학이 가르치는 것은 ① 성경을 하나님의 말씀으로 믿고, ② 회심을 중심으로 변화된 기독교인의 실존을 중요시하며, ③ 십자가를 강조하며 일상의 눈물과 고통을 감싸 안고, ④ 행동하는 신앙 곧 뜨겁게 하나님을 경험하고 전도하고 선교하고 영적 경험을 널리 공유하는 것이다. 월스가 경험한 아프리카인들은 복음주의자 정의에 들어맞는 사람들이었다.

이 사건은 단순히 아프리카를 보는 눈이 바뀐 한 서양인 학자 개인의 지성적, 문화적 회심이라는 의미에만 제한되는 것이 아니다. 월스가 이를 깨닫기 이전부터 이미 세상은 변하고 있었다. 1960년대 이후에 대부분 유럽 교회는 더 이상 선교를 하지 않는다. 일종의 선교 모라토리엄이 발생한 것이다.[12] 성경에서 말하는 기적도 믿지 않을 뿐더러 다원주의적 사고가 거의 모든 이들의 사고를 철저히 지배한다. 유럽 기독교가 전반적으로 자유주의화 혹은 세속화되면서, 예수가 유일한 구원의 길이라는 성경의 가르침에 회의를 품는다. 성경에서 말하는 메시지가 과거뿐만 아니라 지금도 지켜야 하는 하나님의 말씀이라는 생각에 동의하지 않으면서, 결국 선교를 포기했다. 선교는 곧 개종을 요구하는 것인데, 이는 현대 유럽인들이 무례한 행동으로 인식하는 것이다. 19세기 후반 이래 유행한 윤리와 교양, 사회성 중심의 자유주의 신학은, 회심과 개종을 기독교인이 되기 위한 입문 과정으로 생각하는 복음주의 기독교를 서서히 비윤리적이고 교양 없는 신앙으로 생각한 것이다.

그런데 아시아와 아프리카에 전해졌던 기독교는 이런 기독교가 아니었다. 18세기 이래로 확산된 영미 복음주의는 부흥을 통해 회심과 십자가를 체험한 이들의 가슴 뜨거운 신앙이었다. 이렇게 뜨거운 가슴을 가진 이들의 행동하는 신앙이 19세기 세계 선교를 이끈 원동력이었다. 19세기 내내 선교사들은 세계 각지에서 성경을 하나님의 말씀으로 믿을 것을, 회심을 경험할 것을, 십자가를 바라보고 구원을 받을 것을, 열심히 전도할 것을 가르쳤다. 그런데 1960년대 이후 유럽 선교사들이 선교지를 떠난 후, 이들을 파송한 잉글랜드인, 스코틀랜드인, 독일인, 네덜란드인 동료와 후손은 더 이상 자기 조상들이 가르친 그런 기독교를 믿지 않는다고 선언했다.

아프리카 사람들은 아주 당혹스러운 상황에 직면했다. 일부 아프리카인들은 "유럽인들이 자신들도 믿지 않는 것을 우리보고는 믿으라고 한 거야? 그렇다면 결국 땅 뺏으려고 사기 친 거로구나!" 생각하고는 분노하며 실제로 기독교 신앙을 버렸다. 그러나 이미 오랜 세월, 여러 세대에 걸쳐 선교지에서 전파된 신앙은 자손 대대로 전수되어 지켜졌다. 이미 기독교인이 된 많은 사람들의 신앙은 여전히 뜨거웠다. 유럽인이 믿지 않는다고 해서 그들도 믿지 않는 것이 아니었다. 이들은 오히려 신앙을 버린 유럽인들에게 동정심을 느끼며 그들을 전도와 선교의 대상으로 인식하게 되었다. 유럽인이 잃어버린 조상의 신앙을 자신들이 선물로 받았으니 다시 유럽인에게 돌려주어 그들 조상의 신앙으로 회복시키려고 한 것이다. 이것이 바로 아프리카, 아시아 기독교가 가진 복음주의 신앙의 실체였다. 필립 젠킨스가 그의 책에서 수많은 사례를 동원하여 보여주는 핵심 진술 가운데 하나가 바로 이것이었다. 유럽과 북미에 있는 기독교가 복음주의 신앙을 포기했을 때 복음주의 신앙이 끝난 것이 아니었다. 이미 19세기 후반과 20세기 초반을 지나며 복음주의 신앙의 세계화가 일어났다. 따라서 유럽과 미국에 있는 기존 복음주의자들이 복음주의 신앙을 포기했다고 하더라도, 아프리카와 다른 비서양 지역에 있는 사람들은 복음주의 신앙을 전수하며 지켜 낸다는 논리다.

흥미진진한 실례 하나를 들어보겠다.[13] 2002년부터 수년간 진행되었고 현재도 그 진동이 여전한 대논쟁이 세계성공회Anglican Communion, AC 내에서 일어났다. 16세기 종교개혁 시기에 잉글랜드에서 생긴 성공회가 해외에 가장 먼저 전파된 시기는 북미에 식민지를 개척한 때였다. 17세기 초반에 잉글랜드인들은 오늘날의 미국 버지니아 지역에 최초의 잉글랜드인 식민지를 만들면서 성공회를 미국 땅에 이식했다. 이것이 미국성공회The Episcopal Church, TEC의 시작이다.

그런데 이 성공회 사람들은 전반적으로 귀족계층·상류층 인사였고 교회도 예전 중심이었기 때문에, 감리교나 침례교처럼 서민 중심의 체험적이고 감정적인 신앙을 유지한 이들이 아니었다. 그래서 시간이 갈수록 더욱 지성적으로 변하고 상류층 문화를 형성하면서, 미국에서 가장 빨리 자유주의적 신학과 사상을 받아들이게 된다. 그 결과 미국성공회는 오늘날 미국에서 가장 진보적인 교단으로 발전한다. 오늘날 미국 신학의 지형 중 가장 진보적인 두 그룹은 뉴잉글랜드 청교도 회중교회와 하버드 유니테리언 일부, 독일계 개혁교회가 연합하여 탄생한 연합그리스도의교회United Church of Christ, UCC, 그리고 미국성공회다. 이 교단들은 이미 오래전에 동성애를 인간의 정상적인 사랑의 행위 중 하나로 인정했고, 1990년대가 되면 가장 먼저 동성애자 성직자에게 안수를 줄 수 있다는 안을 통과시킨다. 성공회의 경우 2003년에 동성애자 성직자가 주교가 될 수 있다는 안도 통과시켰다. 그런데 세계성공회의 전체 지형으로 봤을 때, 잉글랜드성공회는 전 세계 성공회를 관리하고 이끄는 모교회이자 정치적 중재자 역할을 감당해야 하기 때문에 일방적으로 특정 입장만을 지지하거나 취할 수 없다. 실제로 잉글랜드성공회 내에는 주요 세 집단, 복음주의 저교회, 자유주의 광교회, 예전주의 고교회가 있다. 주로 광교회나 고교회는 신학적으로 진보적이어서 이곳에 속한 많은 이들은 미국성공회를 지지하는 경향이 있었다. 저교회는 일반적으로 온건한 복음주의 정체성을 갖고는 있지만, 상당히 보수적이기 때문에 미국성공회의 흐름을 전반적으로 반대했다.

아프리카성공회의 신앙 및 정치 배경은 선교 모교회인 잉글랜드성공회의 맥락과 밀접하게 연결되어 있다. 19세기와 20세기 초반에 영국이 사하라 이남 아프리카의 약 절반을 식민지로 확보하면서 이 지역에 복음을 전한 많은 이들이 성공회 선교사들이었는데, 이들 중 다수는 성공회 저교회파 출신 복음주의자였다. 주로 교회선교회Church Mission Society, CMS라는 저교회 주도 성공회 선교회를 통해 아프리카 교회 다수가 세워진 것이다. 이와는 반대로 성공회 고교회파Anglo-Catholic 중심의 선교회인 복음전도협회 Society for the Propagation of the Gospel in Foreign Parts, SPG가 따로 해외 선교 활동에 종사했는데, 이들은 아프리카에서는 소수였다. 참고할 만한 흥미로운 사실은, 한국에 들어온 성공회 선교회는 이 복음전도협회 그룹이라는 것이다. 그래서 한국성공회는 예전을 강조하는 예전주의 교단이자 한국에서 신학적으로 가장 진보적인 교단이 되었다. 그 점에서 복음주의적인 아프리카성공회와 예전주의적인 한국성공회는 전혀 색깔이 다르다.

어쨌든 논쟁의 와중에, 미국성공회가 동성애를 인정하는 입장을 교단에 확산시키는 진보적인 행보를 보인다 해도, 상하계층 구조를 가진 성공회에서는 최종 승인을 성공회 본부와 대주교가 있는 캔터베리와 전 세계 주교 회의를 통해 받아야 했다. 그런데 주교 회의에서 이 안이 부결되었다. 주요 이유는 아프리카 주교들의 반대였다. 실제로 아프리카성공회의 규모와 교인수가 미국 및 영국 전역 성공회 숫자보다 크고 많기 때문에, 아프리카성공회의 힘은 더 이상 무시하지 못할 수준이 되었다. 이때 주교 피터 아키놀라[Peter Akinola]를 중심으로 나이지리아성공회 주교회가 한 이야기가 아주 의미심장하다. 정확한 인용은 아니지만, 이런 식의 의미를 담아 말했다. "당신네 백인들이 우리에게 와서 성경을 하나님의 말씀으로 믿으라고 가르쳐 주었다. 성경이 모두 하나님의 감동으로 된 말씀이라고 가르쳤고, 그 영감된 말씀의 명령을 하나하나 따르라고 가르쳤다. 그런데 어째서 당신들은 이제 당신들이 믿으라고 가르친 내용과는 달리, 이제는 그 말씀을 믿지도 않고 성경이 가르치지 않는 것을 하려고 하는가? 우리는 당신 조상들이 가르친 것을 그대로 믿고 순종할 것이다. 성경이 하나님의 말씀인 것을 믿기 때문에 성경이 동성애에 대해 금지한 명령을 거부할 수 없다."

성공회에서 일어난 이 일이 대표 사례지만, 이와 비슷한 맥락에서 일어난 사건이 한두 가지가 아니다. 결국 전면에서는 서양 기독교가 몰락하는 것으로 보이는 현상이 나타났지만, 그 이면에서는 복음주의적 성향이 강한 비서양 기독교가 등장하고 있었다. 서양 교회가 선교를 포기하면서, 이제 선교도 비서양 교회가 주도하는 세상이 되었다. 원래 18세기 이래 복음주의 초기 역사와 확장사는 일종의 대서양 양편 네트워크[transatlantic network]를 통한 교류의 역사였다. 유럽, 특히 영국에서 시작된 복음주의 운동이 미국으로 넘어가서 부흥하고, 이후 미국에서 성장한 유명 부흥사들(피니, 무디, 그레이엄 등)이 영국에서 부흥을 일으키는, 상호 영향을 주고받는 역사였다. 그런데 19-20세기를 거치며 대서양을 넘나들던 기존의 지리적 범위를 넘어, 이제 태평양과 인도양을 포함한 전 세계적 네트워크

global network를 갖춘 선교가 이루어진다. 이제는 반대로, 복음주의 신앙이 전파된 비서양에서 다시 유럽으로 곧 동쪽에서 서쪽으로, 남쪽에서 북쪽으로 복음이 전해진다. 이를 역선교reverse mission라 한다. 현재 잉글랜드와 프랑스, 독일 등지에서 활동하는 많은 선교사는 아프리카인이거나 아시아인이다. 복음주의 기독교의 역류 현상이다. 이러한 역선교가 발생할 수 있었던 사회적 요인에는 인터넷 등의 통신혁명, 교통혁명, 영어의 세계화, 이민의 증가 등이 있는데, 이 요인들은 하나하나 따로 상세히 분석해 볼 필요가 있다.

## | 한국 선교에 관해 이해할 때 주의할 점 |

근래에 한국에서 일어나는 선교운동 중 일부는 세계 선교학과 선교운동의 흐름과는 동떨어진 면이 있다. 한국의 이런 선교에는 신학적인 요소가 있다. 선교운동이 세대주의 신학과 결합하게 되면 선교의 주체와 객체, 대상, 목적이 교회 또는 하나님 나라보다는 지상에 존재하는 한 국가로서의 이스라엘에만 초점이 맞추어지게 된다는 점에서 그렇다. 한국에서 이런 신학관에 근거하여 진행되는 잘 알려진 선교운동이 백투예루살렘(Back to Jerusalem) 운동이다. 복음이 예루살렘에서 시작해서 서쪽으로 진행하다가 세계를 한 바퀴 돌아서 다시 예루살렘으로 들어가야 한다는 주장이다. 그래서 예루살렘, 안디옥, 로마, 파리, 런던, 뉴욕, 서울, 베이징이라는, 각 시대에 특별히 선택받은 국가와 도시를 거점으로 복음운동이 일어나 결국은 기독교 신앙에 의한 예루살렘의 물리적 탈환이 일어나야 한다는 것이다. 이런 운동에서 가장 많이 쓰이는 표현이 '복음의 서진'이다. 현재 복음 선교의 주도권이 한국에 있으므로, 가장 서쪽에 있는 이스라엘을 복음화하기 위해 동쪽에 있는 나라를 활용한다는 생각도 여기서 나온다. 이스라엘을 복음화하기 위한 나라로 중국을 설정하고, 중국을 복음화하기 위해 한국을 설정하는 것이다.

신학적으로 건전한 선교학이나 선교운동에서는 이런 표현을 쓰지 않는다. 신학적으로 오류가 있을 뿐 아니라 사실 관계도 맞지 않기 때문이다. 실제로 오늘날 세계 선교를 주도하는 가장 강력한 세력은 한국과 중국 교회가 아니다. 오히려 남반구에 있는 기독교화된 국가들이다. 예를 들어, 사하라 이남 아프리카에 있는 사람들은 자신이 사는 지역 사람들을 복음화하고, 북쪽에 있는 사람들, 곧 아프리카의 무슬림 지역과 세속화된 유럽을 복음화하는 것이 목표다. 남아메리카에 있는 사람들은 전 세계로 나가서 복음을 전하는 비율이 높지 않지만, 남아메리카 대륙 내에 있는 명목상의 로마가톨릭 신자들을 복음화하거나 정글 부족에게 복음을 전하는 것을 목표로 한다. 이미 대륙 내에 전도할 사람이 많기 때문에 굳이 밖으로 나가지 않는다. 지금 외부로 선교를 나가는 통계를 보면 한국의 선교사들이 전 세계로 진출하며 세계 선교를 주도하는 것처럼 보인다. 한국이 주요 선교사 파송국인 것은 맞다. 하지만 한국에서 나타나는 흐름은 하나의 국지적인 흐름일 뿐 전 세계의 선교 흐름을 좌우지할 만큼 영향력이 큰 것은 아니다.

# III

성경과 신학 : 복음주의자는 성경을 어떻게 읽었나

3부에서는 20세기 복음주의의 성경관과 성경해석에 대해 다룬다. 1부와 2부에서 반복해서 설명했듯이, 복음주의가 무엇인지를 물었을 때 이 용어가 얼마나 복잡하고 다양한 의미를 가진 용어인지 알아야 하고, 또한 복잡한 논쟁 중에 흐름을 잡을 수 있는 네 가지 요소를 염두에 두어야 한다고 했다. 베빙턴의 사각형 꼭짓점 중 성경주의가 가장 먼저 왼쪽 위 꼭짓점에 있고, 이어서 회심주의, 십자가 중심주의, 행동주의를 나머지 세 꼭짓점에 놓고 이해해야 한다고 했다. 네 가지가 다 중요해서, 어느 하나라도 없으면 복음주의에 대한 종합적인 정의가 성립하지 않는다. 그럼에도 이 네 가지를 전체적으로 아울러서 이끌어 가는 가장 선두에 선 요소는 성경에 대한 믿음, 곧 성경주의다.

그렇다면 성경주의가 도대체 무엇일까? 가장 기본적인 내용은 성경 자체를 하나님의 말씀으로 믿는 것이다. 여기에 대한 다양한 논의가 있지만, 일반적으로 많이 알려진 세 가지 분류법을 들어 설명하면 다음과 같다. ① 성경 자체가 하나님의 말씀인가? ② 성경에 하나님의 말씀이 포함되어 있는가? ③ 성경이 하나님의 말씀이 되는가? 기본적으로 이 세 가지 견해가 역사비평이 등장한 이후 20세기 신학계에서 논의되었다. 전통적인 복음주의 입장은 이 중 첫 번째에 해당한다. 기본적으로 하나님의 말씀과 성경이 동일선상에 있다고 보는 것, 곧 성경이 하나님의 말씀이라고 믿는 것이 복음주의 입장이다. 그런데 이 '-이다'라는 의미가 정확히 무엇이냐 했을 때, 여기에 대해서도 많은 내부 논의가 있다. 예컨대 과학에 대한 내용, 역사적 사건 등을 모두 포함하는지, 또는 복음주의권 내부의 가장 보수적인 진영에서 주장하는 것처럼 문자하나하나(축자)에까지 영감된 하나님의 말씀이라고 규정해야만 진짜 복음주의가 될 수 있는지와 같은 영감의 범위 및 성격에 대한 많은 논의가 있었다. 이번에 다룰 내용이 바로 그것이다. 먼저 전제해야 할 것은 이 주제를 역사학적으로 다룬다는 것이다. 조직신학처럼 각 신학적 주장의 내용을 세세하게 전달하는 것이 목적이 아니다. 어떤 흐름과 틀을 중심으로 논쟁이 진행되어 왔는지, 그 논쟁이 교회에서 어떻게 흐름을 만들어 냈는지, 그래서 어떤 방식으로 연합시키고 한편으로는 분열시켜 적과 동료 관계를 형성했는지를 이야기로 풀어 역사적으로 해설하려고 한다.

# 1.

# 20세기 영미 복음주의의 역사적 발전

## 미국 (신)복음주의의 시작과 기원

### 신학자: 칼 헨리

앞서 한 이야기를 반복하는 것이지만, 그 내용을 복기한 후에 이어서 더 자세한 이야기를 해보자. 1945년이 중요하다고 언급했다. 왜 1945년이 그렇게 중요한가? 전쟁이라는 분수령을 기점으로 세계의 사조가 바뀌었기 때문이라는 이야기를 이미 했다. 본 장의 주제와 관련하여 미국 복음주의 역사에서 분수령이 되는 기점은 1947년이다. 이때 미국 복음주의 역사에서 중요한 여러 사건이 동시다발로 일어났다.

    당시 미국 내 근본주의 진영이 세상으로부터 고립되어 게토로만 존재하며 공격적이고 전투적으로 바뀌는 것을 지켜보던 젊은 복음주의자 일부가 '이것은 참된 기독교가 아니다'라는 각성을 하며 일종의 연대를 형성했다. 이들은 고립형 근본주의의 반문화 · 반지성 · 반학문 풍토에 반대하면서 세상에 나가 학문과 지성과 문화를 주도하겠다고 선언했다. 이 젊은 근본주의자들을 '신복음주의자'neo-evangelicals라고 부른다. 이들이 자기 선언을 하면서 세상으로 나온 기점이 되는 시기를 학계에서는 1947년으로 잡는다. 당시 노던 침례신학교Northern Baptist Theological Seminary 교수였던 칼 헨리가 쓴, 우리말로 『복음주의자의 불편한 양심』The Uneasy Conscience of Modern Fundamentalism이라고 번역된 책이 바로 이 해에 출간되었기 때문이다.[1] 이 책의 원서 제목을 직역하면 '현대 근본주의의 불편한 양심'이다. 우리말 번역서의 제목과는 다른 이 책의 원제를 주목할 필요가 있다. '현대 근본주의의 불편한 양심'이라는 제목에서 헨리가 의도한 것이 있다. 자신은 기본적으로 근본주의자이지만, 이 현대 근본주의 진영에서 그대로 살아가는 것이 양심상 너무도 불편해서 견딜 수 없다는 것이다. 그러므로 이제 새로운 강령manifesto을 선언하면서, 근본주의적 신앙을 유지하면서도 이 불편한 양심을 해소하기 위해 좀 더 적극적이고 진취적이고 희망적이며, 사회에 대한 의식 있는 책임을 망각하지 않는 기독교를 추구하겠다는 것이다. 이것이 신복음주의라는 새로운 사조의 색깔이었다. 이 책의 출판과 함께 일종의 선전포고가 이루어졌다. "나와 내 동료들은 이제 더 이상 근본주의 진영이라는 고립된 게토 안에 머물러 있지 않겠다!" 헨리는 근본주의와 자유주의 양 진영에 전쟁을 선포했다.[2]

헨리는 1913년 1월 22일에 뉴욕에서 독일계 이민자 집안의 장남으로 태어났다. 아버지는 루터교 신자였고, 어머니는 로마가톨릭 신자였다. 이런 교파를 초월한 조합으로 결혼이 성사된 가정에서는 대개 어머니가 뜨거운 신앙인일 경우 자녀들이 어머니의 신앙을 따라 성장하거나, 그렇

성경과 신학: 복음주의자는 성경을 어떻게 읽었나

지 않으면 신앙에 대한 열의 없이 비종교적으로 성장하게 마련이다. 헨리의 경우는 후자였다. 헨리의 회심은 가정이 아니라, 십대 후반이던 1933년 6월 10일에 외부 자극을 통해 이루어졌다. 그를 자극한 요인은 거듭나야 한다고 그를 설득한 한 감리교인 친구, 변화된 삶을 살아야 한다고 도전한 지역 옥스퍼드 그룹, 성공회 기도서를 읽으며 느낀 감흥 등이었다. 헨리의 회심은 전형적인 복음주의적 회심이었다. 죄 용서, 하나님의 임재에 대한 열망, 죄 사함에 대한 내적 확신, 예수를 개인의 구주로 영접하며 갖게 된 확신, 하나님의 인도를 따라 부르신 곳 어디든 가겠다는 강렬한 소명 의식, 자기가 경험한 회심의 은혜를 다른 이들과 나누고자 하는 열정이 이 회심의 특징이었다. 이때 확신한 소명의식을 가지고 그는 1935년에 휘튼 칼리지Wheaton College에 들어갔고, 거기서 복음주의 신학계의 주요 인물들의 가르침에 심취했다. 특히 4부에서 다룰 변증학 교수 고든 클락Gordon Clark이 헨리에게 극적인 영향을 끼쳤다.

졸업 후 휘튼 칼리지에서 석사과정까지 마친 그는 노던 침례신학교로 들어가 공식 신학교육을 받기 시작했다. 노던 침례신학교는 북침례교가 전반적으로 자유주의화되던 상황에서, 이 자유주의 첨단 학문의 중심지였던 시카고 대학University of Chicago 신학부에 대한 대안으로 북침례교 근본주의자들이 세운 학교였다. 이 학교에서 1941년 신학사B.D., 1942년 박사Th.D.를 받은 그는 졸업 후 모교의 교수로 임용되었다. 당시 근본주의 진영에서 교수가 되기 위해서는 종합대학이나 주류 교단의 유명 신학교 대신, 근본주의적 성경학교나 아주 보수적인 신학교에서 공부해서 받은 학위가 있어야 했다. 19세기 말부터 20세기 초까지 대부분의 종합대학 신학과는 근본주의의 시각으로 보았을 때 이미 자유주의화되어 있었기에, 근본주의자들은 이런 학교에서 공부하는 사람에 대해 그가 원래 자유주의자였거나, 아니면 한때 정통 신앙을 갖고 있었다고 하더라도 결국에는 배교를 피할 수 없으리라 믿었다. 그래서 종합대학에서 신학 공부하는 것을 원천봉쇄하려 했다.

그러나 이미 휘튼 칼리지에 있는 동안 당대 근본주의의 지적·문화적 취약성을 인식했던 헨리는 노던 침례신학교에서의 교육으로는 학계에서 지적 전문성을 유지하며, 근본주의의 고립성을 극복할 수 없다고 일찌감치 판단한 것 같다. 헨리는 복음주의가 보수주의 신앙을 견지하면서도 학문적으로도 지적 정합성이 있고, 시대를 선도하는 첨단 학문을 펼치는 학자들에 뒤떨어지지 않는다는 것을 보여주어야 한다고 생각했다. 그래서 이런 유명 종합대학에서 복음주의 신앙을 바탕으로 탁월한 논문을 써내며 학위를 받아, 복음주의자도 지적으로 탁월할 수 있음을 보여주어야 한다고 믿었던 것이다. 따라서 헨리는 풀러 신학교로 교수직을 옮긴 이후 교수 활동을 하면서 보스턴 대학에서 두 번째 박사학위 과정을 밟았다.

오늘날에는 미국 복음주의권 신학교 교수 대부분이 박사학위를 영국이나 미국의 종합대학에서 취득하는 것이 보편화되었지만, 1940년대 후반만 하더라도 헨리의 이런 행보는 극히 예외적이었다. 헨리는 당대 풍토에 대한 일종의 저항자인 동시에, 근본주의 진영 내 지적 수월성 운동의 선구자였던 것이다. 이 당시 보스턴 대학은 1839년에 미국 감리교 최초의 신학교로 시작되었다가 1871년에 종합대학으로 전환한 후, 이미 1930년대가 되면 하버드Harvard University, 예일, 시카고 대학 등과 함께 미국 최첨단 진보 신학의 메카가 된다. 결국 당대 근본주의에 대한 헨리의 양심과 의식이 점점 불편해지다가, 그것이 무르익어 강렬한 선언문으로 터져 나온 해가 바로 1947년이었다.

## 목회자: 해럴드 오켕가

신복음주의에 대해 이야기할 때 가장 먼저 나오는 이름이 칼 헨리다. 미국 신복음주의 운동의 대부인 헨리는 그런 영예를 누릴 만한 인물이다. 그런데 이 운동을 언급할 때 헨리와 함께 항상 쌍두마차로 언급되는 다른 인물이 있다. 바로 해럴드 오켕가Harold Ockenga다. 헨리가 신학자로 신복음주의 운동을 대표했다면, 오켕가는 신학자라기보다는 목회자로서 이 운동의 구심점이 된 인물이다. 목회 정신과 의식 역시 복음주의의 특징이다. 복음주의는 일종의 목회적 마인드를 가진 신앙이다. 행동주의, 회심주의는 아주 목회적인 특징이다. 복음주의자는 교회를 살리고 일으키는 신앙을 지키는 교회 중심적인 사람이므로, 학문에 대한 진지한 관심을 가지는 경우에도 늘 경건과 목회와 교회를 생각한다. 복음주의 운동을 유지하기 위해 학교와 학자가 있고, 학계가 소홀히 할 수 있는 다른 영역을 메우는 사람이 목회자와 전도자다.

오켕가는 보스턴 파크스트리트교회Park Street Church의 담임목사였다. 오늘날에도 이 교회는 보스턴 시내 한복판에 있는 유명한 교회로, 진보와 자유의 메카라 불리는 보스턴 지역에서 복음주의를 유지하는 대표적인 교회다. 특히 차로 한 시간 정도 걸리는 북쪽 사우스해밀턴에 소재한 고든-콘웰 신학교Gordon-Conwell Theological Seminary와 연대해서 미국 동북부 복음주의를 이끄는 중요한 기능을 하고 있다.

## 교회기관: 전미복음주의협회

오켕가는 파크스트리트교회 담임 목사로 사역하면서 칼 헨리 등의 지지를 받아 1942년에 복음주의를 대표하는 연합단체인 전미복음주의협회 NAE 를 만들었다. 헨리가 책을 쓰면서 반대 진영으로 설정한 집단이 하나는 근본주의, 하나는 자유주의였듯이, 이 단체의 존재 목적도 거의 동일했다. NAE는 1950년대 한국개신교회 분열사에도 큰 책임이 있는 미국기독교회협의회 American Council of Christian Churches, ACCC 와 ACCC의 국제단체인 국제기독교회협의회 International Council of Christian Churches, ICCC 로 대변되는 극단적 근본주의 진영과, 세계교회협의회 World Council of Churches, WCC 의 미국 지부인 연방교회협의회 Federal Council of Churches, FCC 로 대변되는 자유주의적 에큐메니컬 진영을 모두 반대했다.

　　ACCC와 ICCC를 창립한 인물은 칼 매킨타이어 Carl McIntyre 였는데, 그는 1929년에 그레셤 메이첸 Gresham Machen 이 프린스턴 신학교를 떠나 웨스트민스터 신학교를 설립했을 때 따라 나온 학생이었다. 그런데 이렇게 태동된 웨스트민스터 신학교와 이후 정통장로교회 Orthodox Presbyterian Church, OPC 교단이 탄생한 지 얼마 되지 않아, 메이첸 및 그의 지지자들과 매킨타이어 사이에 갈등이 생겼다. 결국 매킨타이어는 페이스 신학교 Faith Theological Seminary 와 성경장로교회 Bible Presbyterian Church, BPC 를 설립한다. 이들이 정통장로교회와 메이첸 그룹을 반대한 가장 큰 요인은 종말론과 주초(술·담배) 문제였다. 매킨타이어는 장로교 근본주의자라면 반드시 전천년설 종말론을 믿어야 하고, 술과 담배를 철저하게 금해야 한다고 주장했다.[3] 메이첸보다 더 보수적이고 근본주의적인 신앙 유형을 가졌던 매킨타이어와 ACCC는 이 두 요소에 철저한 반공주의를 가미하면서, 정통장로교회가 지역교회와 학문 영역에서 자기 기반을 쌓았던 것과는 달리, 미국 사회 전반에서 아주 극단적인 보수 정치·사회적 행동을 표방하는 운동체로 발전했다. 당시 소련이 미국과 대립각을 세운 냉전 상대로 부상한 상황에서, 기독교 신앙과 반공 사상을 하나로 결합하고, 기독교인을 자유주의와 좌파 사상, 세속화에 맞서는 공격적 반대운동으로 규합하며, 기독교인의 생활양식을 일종의 전쟁처럼 만든 분리주의적 근본주의 그룹이었다.

해방 후 1950년대에 한국 장로교회에서 고신이 분립되고 합동이 통합과 갈라지는 모든 과정에서 늘 더 보수적인 진영을 후원하면서, 한국 교회의 보수 장로교 신앙이 분리주의 및 반공주의로 확립되도록 하는 데 크게 기여한 인물이 바로 매킨타이어였다. 1950년대에 조금이라도 사회주의적인 사상을 갖고 있는 이들은 누구나 간첩이나 빨갱이로 몰려 마녀사냥을 당하던 매카시 열풍McCarthyism이라는 정치 사회적 환경에서, 매킨타이어는 매카시가 했던 것과 같은 역할을 기독교계에서 담당했다. 그는 1930-40년대 이래 보수 진영의 지도적 인사로 부상하며 근본주의자들을 자기 날개 아래로 모았다. 오켕가는 이런 매킨타이어와 ACCC의 행보에 대항하여 지성과 문화에서 더 적극적이고 세련된 보수 신앙을 지향하고자 했다. 결국 신학에서 칼 헨리가 걸었던 길을 목회와 교회 연합 활동에서 걸었던 인물이 오켕가였다.

## 신학기관: 풀러 신학교

이제 복음주의는 그들의 활동을 대변하는 신학자와 목회자 대표를 확보했다. 그러나 두 사람의 합의만으로는 품은 대의를 완수할 수 없었다. 헨리와 오켕가는 자신들과 같은 꿈과 이상을 가진 실력 있는 후세대를 키우기 위해서는 학교가 필요하다는 데 동의했다. 그래서 생긴 학교가 1947년에 캘리포니아 주 패서디나에 세워진 풀러 신학교였다. 1947년이 중요하다는 이유가 또 여기에 있다.

원래 이 기관은 처음에는 복음주의학문연구소라는 이름으로 시작했다.[4] 그러나 당시 전국구 유명 인사였던 라디오 전도자 찰스 풀러Charles Fuller가 넉넉한 자금 지원과 함께 합류하면서 작은 연구소가 학교로 발전하게 된다. 풀러는 TV가 개발되기 이전 라디오 방송 세대의 전도자였는데, 라디오로 복음을 전하며 넉넉한 재정도 확보하고 있었다. 덕분에 찰스 풀러가 이 학교의 이사장으로 임명되면서, 학교 이름도 풀러 신학교가 된다.

이렇게 시작된 풀러 신학교는 같은 뜻을 가진 이들을 불러 모아 신생 학교의 운영진과 교수진을 구성한다. 찰스 풀러(창립자이자 이사장), 해럴드 오켕가(총장), 칼 헨리(조직/윤리), 해럴드 린셀Harold Lindsell(교무/역사), 윌버 스미스Wilbur Smith(변증), 에버릿 해리슨Everett Harrison(신약) 등이 창립 교수로 참여했다. 얼마 후에는 신약학자 조지 래드George E. Ladd 같은 학자도 합류했다. 한국의 총신대학교, 고신대학교, 합동신학대학원대학교, 아세아연합 신학대학교 같은 학교에서 2000년대 초반까지 신학을 공부한 이들이라면 이들의 이름을 쉽게 기억할 것이다. 이들 한국 신학대학 및 신학교의 구약개론, 신약개론 과목 교과서 중 다수를 주로 풀러 신학교나 웨스트민스터 신학교 교수들이 집필했기 때문이다. 풀러 신학교 초기 교수진의 학문 풍토는 이처럼 한국 보수 신학의 형성에도 상당부분 기여했다.

**부흥사: 빌리 그레이엄**

이렇게 해서 대표 신학자도, 대표 목회자도, 대표 교회 연합 기관도, 대표

신학교도 생겼다. 하지만 이것으로도 충분치 않았다. 헨리는 학자였기 때문에 대중성과 대외 활동이 약했다. 오켕가는 유명했지만 미국 북동부 끝 보스턴의 지역 교회 목회자라는 한계가 있었다. 보스턴이 중요한 도시라 해도 전국에 영향력을 미치기는 힘들었다. 풀러는 라디오 방송 설교로 유명했지만 새로 부상하는 세대가 아니라 은퇴를 준비하는 황혼기에 접어든 인물이었다. 일종의 얼굴마담이 되어 이 운동을 전국, 전 세계로 선양할 인물이 있어야 했다. 이렇게 해서 영입된 인물이 20세기 미국 복음주의 부흥 및 전도운동의 아이콘 빌리 그레이엄이었다.

그는 실제로 처음 예상했던 것보다 그 역할을 더 잘했다. 사실 어떤 면에서 보면, 복음주의 신앙이 빠른 속도로 전 세계화되는 데 가장 크게 기여한 인물이 그레이엄이었다. 그러나 그레이엄이 지성적인 복음주의를 추구한 것은 아니었다. 복음주의가 근본주의를 떠난 주요 이유 중 하나가 근본주의의 학문성, 지성 결핍이었음에도 그레이엄은 복음주의의 지성 발전에 특별한 역할을 하지는 않았다. 그가 굳이 그런 역할을 할 필요는 없었다. 풀러 신학교 교수진을 비롯하여, 헨리의 길을 따르는 학자 후계자들이 시간이 지나면서 풍성하게 배출되었기 때문이다. 그레이엄의 고유한 역할은 복음주의의 대중화였다.

그레이엄이 가진 수많은 장단점을 이야기할 수 있겠지만, 20세기 미국 부흥사 전통에서 보았을 때 그가 가진 가장 특별한 점은 그가 지금까지 지상에 존재한 그 어떤 인물보다 많은 이들에게 복음을 전했다는 것이다. 집회마다 최소한 수만 명이 모였다는 것만으로도, 그는 이전 시대의 선도적 부흥사 무디나 피니, 윗필드보다 더 많은 사람에게 복음을 전했다. 물론 20세기의 새로운 기술 발전으로 인한 미디어, 홍보, 방송 장비,

라디오, 텔레비전, 위성, 교통의 도움이 있었기 때문이었다. 또한 지난 100년 정도의 시기만으로 한정했을 때, 20세기에 외부에 노출된 수많은 유명 대중 전도자 중에 죽을 때까지 윤리적 문제로 넘어지지 않은 사람이 거의 없었다. 그는 이 점에서 독보적인 인물이었다. 그만큼 외부로 많이 노출될 뿐더러, 젊은 시절에 조각같이 잘생기고 영화배우 같은 외모를 지녀 유혹에 넘어가기 쉬운 배경을 지닌 부흥사도 없었다. 그러나 수많은 부흥사들이 스캔들로 무너진 것과는 대조적으로, 그에게는 재정적·성적·윤리적 스캔들이 없었다. 자기 관리를 아주 잘했던 것이다. 이 점에서 복음주의 간판 역할을 나름대로 잘 감당하며 복음주의 확장에 기여했다. 물론 부흥사가 윤리적 문제가 없다는 것이 예외적인 것으로 취급받는 상황은 분명 비극이다. 또한 그레이엄의 신학적·정치적 행보에 많은 이들이 우려의 목소리를 낸 것도 사실이다. 이 점에서 그레이엄 한 사람만 다루는 데도 수많은 책, 논문, 다큐멘터리 제작이 필요하다. 그레이엄이 1918년에 태어났기 때문에 2018년이 되면 100세가 된다. 그때까지 그가 살아 있을지는 알 수 없지만 100세가 되든 그 이전에 사망하든, 그레이엄에 대한 보고서와 연구서가 수없이 쏟아져 나올 것이다.

그레이엄은 원래 근본주의 진영에서 자라났다. 미국 남부에 있는 유명한 근본주의 학교인 밥존스 대학Bob Jones College, 지금은 University 출신이었다. 1927년에 설립된 밥존스 대학은 캠퍼스에서 반드시 정장을 하고, 단정한 옷을 입고, 철저하게 전통적인 남녀 관계 질서를 가르치고, 술·담배 문제나 여러 윤리 문제에서 지금도 아주 보수적인 질서를 유지하고 있는, 대표적인 남부 유형의 근본주의 학교다. 단순히 신학이나 윤리적인 면에서 보수를 지향하는 것은 입장에 따라 큰 문제가 아닐 수 있다. 하지만 실제로 외부인이 보기에 가장 큰 문제가 된 것은 이 학교가 성경과 전통을 근거로 내세운 인종차별이었다. 지금은 꽤 너그러워졌다고 하지만, 1960년대 민권운동 덕에 흑인 입학을 거부할 수 없는 분위기가 미국 전체에 퍼진 이후에도 인종 분리주의가 오래도록 유지되었던 학교였다. 지금도 이 학교에 흑인은 거의 없다. 다른 인종 간 데이트를 금하는 규정도 2000년이 되어서야 겨우 폐지됐다.

그런데 이 학교에 다니던 그레이엄은 원래 모험심과 반항심도 있고 연예인 기질도 있는 활발한 성품을 가졌기 때문에, 전투적이고 배타적인 근본주의 분위기에 쉽게 적응하기가 어려웠다. 그래서 그레이엄은 밥존스 대학을 중퇴한 후 복음주의권 대학인 시카고 근교 휘튼 칼리지로 학교를 옮긴다. 그레이엄이 신복음주의의 대표자인 헨리나 린셀 등과 친밀한 관계를 맺고 강력한 복음주의 네트워크를 형성할 수 있었던 기반은 휘튼 칼리지에서 마련된 것이다. 졸업 후 그레이엄은 처음에는 십대선교회Youth For Christ, YFC 소속으로 전도 집회를 시작했고, 역량을 인정받은 후 1948년에 자신의 독립 선교단인 빌리 그레이엄 전도협회Billy Graham Evangelistic Association, BGEA를 창설했다.

그가 전국적인 명사로 거듭나게 된 계기는 1949년에 열린 LA집회(국내)였다. 이전의 유명한 부흥사 계보를 이을 만한 재능과 은사를 과시한 데뷔전이었다. 하지만 이것으로 끝났으면 그는 미국의 유명 부흥사 정도로 마무리되었을 것이다. 그런데 그 다음 단계로 그레이엄은 과감하게 영국으로 건너가 1954년 런던집회(해외)를 열면서 세계의 본 무대에 등장했다. 특히 이 해외 데뷔 무대 지역이 영국이었다는 것이 중요했다. 원래 미국 기독교 신앙이 유래한 곳이 영국이었다. 그레이엄의 집회가 영국에서 성공했다는 것은 그가 강조한 신앙의 유산이 유럽과 다른 세계로 퍼져 나갈 인증과 동력을 확보했다는 것이었다. 런던 집회는 통계와 영향력의 측면에서 성공적인 집회였다. 당시 많은 이들은 그의 런던 성공을 예상하지 못했다. 영국이 전통적으로 미국식 전도 및 부흥집회에 대한 경멸감을 가졌기 때문이었다.

이어서 미국으로 돌아와 1955년에 연 뉴욕집회(에큐메니컬 협력)도 그레이엄에게 중요한 의미를 부여한 대회였다. 뉴욕은 세속화의 중심지이고, 모든 도시와 자본과 첨단 사상의 전시장이라는 의미가 있었다. 기독교인이 많았지만, 이들 중 다수는 에큐메니컬 진영에 속한 진보적인 신앙인이었다. 그런데 그레이엄은 이 집회를 준비하면서 대중 부흥집회를 대체로 탐탁지 않게 생각했던 이들 주류 교회 지도자들과 좋은 관계를 맺고, 심지어 이들로부터 재정과 인적 지원까지 끌어내는 데 성공했다. 그는 집회에서 복음의 내용 자체를 직설적으로 제시하는 형식을 타협하지 않으면서도, 집회에서 회심한 사람들이 이 진보적인 지역 교회에 등록해서 다닐 수 있도록 후속 조치를 취했다.

LA, 런던, 뉴욕 세 집회를 성공적으로 치러낸 것은 단계별 의미가 있다. 원래 근본주의자였던 인물이 복음주의의 대표 인사로 한 단계 뛰어올라, 먼저 미국 집회에서 성공하고 그다음에는 해외로 건너가 런던에서 국제적인 인물로 부상했으며, 이어서 복음주의 진영을 뛰어넘어 진보적이고 자유주의적인 진영의 사람들을 포용할 수 있는 에큐메니컬 인사로 부상한 과정을 의미한다. 이런 과정을 통해 그레이엄은 대통령이나 영화배우 등을 제외하고는, 당대 미국에서 가장 유명한 인사 중 하나로 부상한다. 그레이엄이 이처럼 단계별 부상을 하는 데 걸린 시간이 10년이 채 되지 않았다. 그레이엄은 1970년대에 한국 여의도에서 100만 명을 동원하는 대집회를 열기도 했다. 종교 영역에서든 정치 영역에서든, 이 세상에 지금껏 열린 모든 집회 중 가장 많은 인파가 모인 기록을 세움으로써, 그는 세계에서 가장 유명한 인물 가운데 하나가 되었다.

**언론: 「크리스채너티 투데이」**

신학자 대표 칼 헨리, 목회자 대표 해럴드 오켕가, 조직 대표 NAE, 부흥사 대표 빌리 그레이엄에 이어, 신복음주의 운동을 선전하고 전파하기 위한 언론 매체 역할을 할 대변지로 탄생된 것이 월간지 「크리스채너티 투데이」였다. 「크리스채너티 투데이」는 1956년에 발간된 이후 오늘날까지 전세계에서 나온 모든 기독교 잡지 가운데 가장 발행 부수가 높은 잡지로 성장했다. 「크리스채너티 투데이」의 목표는 성경에 근거한 신앙을 유지하면서도 현대성, 곧 당대의 이슈를 무시하지 않고 탁월한 학자를 동원하여 학문적 변증을 할 수 있는 글을 만들어 내고, 특정 교단이나 전통의 신학이 아니라 균형 잡히고 총체적이고 포괄적인 복음을 제시하는 것이었다. 그러면서도 많은 진영에 속한 사람들로부터 초교파적인 의견을 수렴해서 수정의 가능성도 늘 열어 놓았다.

창립자는 빌리 그레이엄, 초대 편집장이 해럴드 오켕가, 두 번째 편집장이 칼 헨리였고, 재정을 후원하는 가장 중요한 인사가 하워드 퓨J. Howard Pew였다. 오늘날 퓨포럼Pew Forum이라는 이름의 종교 상황 데이터베이스를 제공하는 중요 연구기관이 있는데, 이 재단의 이름이 하워드 퓨에서 유래했다. 퓨는 당시 유명한 석유재벌이었다. 퓨는 이 잡지를 후원하기는 했지만, 주요 신복음주의 인사들보다는 정치·경제적으로 더 보수적인 인물이었고 공화당의 주요 후원자였기 때문에, 잡지의 편집 방향을 둘러싸고 이후 이런저런 내부 갈등이 있기도 했다. 그럼에도 퓨 덕에 이 잡지는 초기부터 재정적으로 큰 어려움을 겪지 않고 오래도록 명성을 유지하며 영향을 끼칠 수 있었다.

## 영국 복음주의의 다양성

### 영국 복음주의의 특징: 중도

지금까지는 주로 미국 이야기를 나누었다. 한국 기독교인은 대체로 미국 기독교에 더 익숙하기 때문에 그 외 다른 나라에서 일어난 이야기는 거의 모른다고 해도 과언이 아니다. '신복음주의'는 기본적으로 미국 20세기 기독교 역사에서 나온 용어다. 영국에서는 미국과는 달리 복음주의와 근본주의, 복음주의와 자유주의를 날카롭게 분리하는 분위기가 강하지 않다. 근본 이유는 영국인은 거의 모든 면에서 전반적으로 온건하고 중도적via media이기 때문이다.

먼저, 지리적 이유가 있다. 영국은 유럽 대륙과 북미, 특히 미국 사이에 있다. 19세기 후반 영국은 세계를 지배하는 대영제국으로 전 세계로 뻗어 나가면서, 유럽의 다른 국가와는 다른 정책을 추진하며 유럽 대륙의 일에 관여하지 않는, 이른바 '영광된 고립'splendid isolation을 선언했다. 16세기 종교개혁 과정에서도 잉글랜드에서 일어난 종교개혁은 대륙에 비해 그리 급진적이지 않았다. 잉글랜드국교회가 된 성공회는 대륙의 종교개혁 신학을 도입하면서도, 가톨릭의 성직 계층질서제도는 그대로 유지하고, 대신

성공회의 수장을 교황 대신에 왕으로 세우는 개혁에 머물렀다. 반면에 대륙 종교개혁 신학에 더 충실했던 청교도 같은 비국교도는 이 개혁을 미완성으로 보고 수 세기 동안 투쟁하거나, 잉글랜드 내에서 이를 실현하는 것이 어렵다고 생각한 일부가 신대륙 등으로 종교적 이민을 떠났다. 정치·사회적인 면에서도, 신학적인 면에서도 성공회는 가톨릭과 대륙 개혁자 사이에 선 중도적 입장을 취해 왔다. 그래서 19세기 후반에 현대주의 신학이 독일에서부터 유입되어 소개되고, 다윈의 진화론이 영국 사회에 충격을 주는 등 과격한 자유주의 사상이 유럽 지성계를 뒤엎는 상황에서도, 영국은 독일과는 달리 이 흐름에 급진적으로 휘둘리지는 않았다. 오히려 이를 포용하지만 격렬하지 않고 은근하게, 유화된 형태로 수용했다.

유럽 대륙을 휩쓴 사상을 영국인들이 소화한 후 이를 미국에 소개했을 때, 미국은 대부분 이에 대해 아주 뜨겁게 반응했다. 이 뜨거운 반응의 양상은 언제나 양극단으로 나타났다. 극단적으로 반대하거나, 아니면 완전히 수용하며 자유주의자가 되는 반응을 보이면서, 근본주의와 자유주의로 날카롭게 갈라졌다. 남북전쟁 이후 나라의 혼란기에 유럽에서 유입된 각종 사상이 미국 지성계를 강타하면서, 미국 종교계는 확연하게 두 진영으로 갈라졌다. 1890년대부터 분명해지고 1920년대에 정점에 이른 후, 1940년대에 반성하는 분위기가 일어났음에도 그 여파는 지금도 여전히 남아있다. 그래서 심지어 일부 집단이나 지역에서는 오늘날까지도 한 진영에 속한 이는 다른 진영에 속한 이와 교제할 수 없고, 중간에 서면 회색분자 취급을 받으며, 반드시 어느 한 편에 서야 하는 것이 미국 분위기였다. 마치 정치·경제·사회·종교 영역에서 좌파와 우파, 진보와 보수, 종북과 친일, 에큐메니컬과 복음주의라는 극단적 분열 프레임에 갇혀서, 어느 한 편에 서지 않으면 처신이 어려운 한국 상황과 비슷하다. 한국 사회와 교회의 현대 지형은 미국의 지배적인 영향하에 있기 때문이다.

이와는 달리, 영국은 신학으로도 정치로도 거의 모든 면에서 중도의 길을 걸었다. 따라서 비평신학과 신앙, 철학이 들어오면서 미국 교회를 갈라놓은 그 뜨겁고 쓰라린 갈등이 영국에서는 상대적으로 심하지 않았다. 주로 자유주의와 근본주의 사이의 갈등이 만들어 내는 최종 결과는 교회의 분열이다. 이것은 근본적으로 어떤 교회론을 지향하느냐에 달린 문제다. 기존의 더 큰 교단이 자유주의로 물들었다는 판단하에, 진리를 보수하여 교회의 '순결'purity을 지킨다는 명목으로 교단에서 나와서 새로운 교단을 만드는 현상이 미국식 기독교 문화에서는 보편적인 것으로, 근본주의/복음주의권에서는 심지어 절대적인 선택으로 여겨졌다. 프린스턴 신학교에서 1929년에 웨스트민스터 신학교가 나오고, 북장로교Presbyterian Church in the United States of America, PCUSA에서 1936년에 정통장로교회가 분열한 현상이 대표적이다. 이른바 자유주의화되고 좌경화되고 배교하고 오염된 무리를 떠나, 순결하고 바르고 순전하고[5] 정통하고[6] 성경적이고[7] 신앙과[8] 신학을 보수한다는[9] 것에 방점을 찍는다. 미국 교회는 이런 식으로 끊임없는 분열을 경험했다. 우리도 이 영향을 지속적으로 받았기 때문에, 해방 이후 한국 교회사를 표현하는 가장 중요한 단어는 '분열'이다.

그러나 잉글랜드나 스코틀랜드의 교회는 같은 신학적 위협에 대해서 미국과는 다른 반응을 보였다. 이들은 별로 갈라지지 않았고 교단을 많이 떠나지도 않았다. 예컨대, 오늘날 잉글랜드의 국교인 성공회에는 잉글랜드와 웨일스 국민의 약 절반인 2,500만 명이 교인으로 등록되어 있다. 이 교단 안에 앵글로-가톨릭Anglo-Catholics이라 불리는 고교회파, 곧 예배하는 모습을 보면 가톨릭과 구별이 없어 보이는 이들이 있고, 신학적으로 자유롭고 넓은 광교회파, 그리고 저교회파 복음주의자들이 있다. 성공회 복음주의 신학자들은 각각 신학적 입장이 다른 경우에도 교단 내에서 공존한다. 제2차 세계대전 이후 성공회 복음주의권 내에서 좀 더 진보적인 목소리를 내던 자유주의적 복음주의 세력이 이탈한 1950년대 이후에, 이들은 신학적으로 보수적이면서도 지적이고 세련된 복음주의 이미지를 형성한다.

이것이 만약 미국이나 한국 상황이었다면, 이른바 복음주의자는 이 교단 안에 남아 있지 않았을 것이다. 교회의 순결과 진리를 지키기 위해서는 교회를 나와 우리만의 교단을 만드는 것이 미국과 한국식 복음주의 문화의 전형이다. 우리 식으로 표현하자면, 잉글랜드국교회Church of England에서 나와 잉글랜드복음주의교회Evangelical Church of England가 탄생해야 한다는 것이다. 그런데 영국인들은 그렇게 하지 않았다. 교단을 떠나지 않고 내부에 공존하면서 복음주의의 영향과 목소리를 유지하려고 한다.

이런 태도에는 장단점이 공존한다. 거대한 덩어리 모체를 놓치지 않고 하나 되어 내부 존재감을 유지하려 한다는 면은 긍정적이다. 하지만 한편으로는 공존해야 하기 때문에 강한 주장을 할 수 없게 된다. 서로 통하는 이야기를 하고, 어느 정도 대화를 통해 풀고 타협해야 하며, 속이야 어떻든 간에 예의와 존경심을 보여주어야 하기 때문에, 성공회 복음주의 신학은 미국의 근본주의 같은 극단적 보수성을 띠거나 수구적일 수 없다. 이는 교단 내 자유주의자도 마찬가지다. 교단 내 저교회 복음주의자를 의식해야 하기 때문에 극단적으로 진보적인 이야기를 할 수 없다. 그래서 성공회 내 진보와 보수는 모두 덜 자유주의적이고, 덜 보수주의적이다.

예컨대, 성공회 복음주의자 중 근래에 한국인들에게 가장 많이 알려진 옥스퍼드 대학의 신학자 알리스터 맥그래스Alister E. McGrath를 생각해 보자.[10] 그가 쓴 책을 읽으면서 어떤 이들은 그의 엄청나게 방대한 정보력과 그 많은 내용을 엮어 내는 능력을 보고 감탄하며, 왜 우리에게는 이런 학자가 나오지 않는지 아쉬워하며 영국 학계를 부러워한다. 그런데 한국의 많은 보수 진영, 특히 장로교 개혁파 학자들은 맥그래스에 대해 다르게 평가하기도 한다. "왜 그는 여기까지만 이야기하고 말까?", "더 확실하게 교리적으로 엄밀하게 개혁파적으로 이야기하지 않고 두루뭉술하게 이야기하고 마칠까?" 등의 의문을 던지며 맥그래스의 책을 아예 치워 놓는다. 실제로 우리 주위에 이런 사람들이 꽤 있다. 이런 반응이 나타나는 이유는 단순하다. 성공회 복음주의를 대표하는 중도성 때문이다. 이런 특징이 잉글랜드 내에서 20세기에 복음주의가 성장하는 과정에서도 그대로 유지되었다.

좀 더 세밀하게 말하자면, 1945년 이후에 성공회 복음주의권 내에서도 더 진보적인 사람이 있는 반면 더 보수적인 사람이 있는데, 이들 중 더 진보적인 성향을 가진 복음주의자들이 아예 저교회파에서 이탈해서 광교회파 자유주의로 넘어가 버린 경우가 많았다. 그래서 우리에게 유명한 존 스토트와 제임스 패커James I. Packer, 웨남 부자John, Gordon, David Wenham, 이후의 맥그래스, 크리스토퍼 라이트Christopher Wright 등이 등장하며 성공회 복음주의 계보가 형성되면서, 이들이 보수 복음주의자를 대표하는 인사가 되었다. 그러나 이들의 글은 미국 복음주의자, 특히 개혁파 신학자가 쓴 글에 비해 온건하고, 극단적으로 보수적이지 않으며, 지적으로도 훨씬 온화하고 세련된 느낌을 준다. 단정적으로 내뱉듯이 말하면서 상대를 날카롭게 공격하는 논조는 주로 미국 신학자의 글에서 많이 발견된다. 코넬리어스 반틸Cornelius Van Til이나 R. C. 스프롤Sproul, 존 맥아더John McArthur, 존 파이퍼John Piper 등의 책을 읽어 보면 알 수 있다. 영국은 대체로 그렇지 않다. 스토트나 패커를 보라. 로이드 존스는 이들보다 더 강한 면이 있기는 하지만, 그는 성공회 신자가 아니라 독립파, 그것도 개혁파라는 점에서 잉글랜드나 영연방의 성공회 복음주의자보다는 미국 복음주의자를 더 많이 닮았다. 그럼에도 로이드 존스마저도 반틸만큼 강하지는 않다.

## 잉글랜드성공회와 비국교도 복음주의

이제 대표적인 잉글랜드성공회 복음주의자 두 사람을 살펴 보자. 1947년이 미국 복음주의 역사에서 중요한 시점이라면, 영국은 1950년이 중요하다. 그해 6월에 올소울즈All Souls라는 이름의 런던의 주요 성공회 교회에 교구 사제로 존 스토트가 취임한다.[11] 원래는 동사사제로 주임사제와 함께 일하다가 담당사제로 임명된 것이다.

존 스토트는 교구 사제로 취임한 후 1956년에 『근본주의와 전도』 Fundamentalism and Evangelism라는 책자를 출간한다. 영국판 신복음주의 설계도라고 할 수 있다. 그런데 '근본주의와 전도'라는 제목만 보면 보수적인 기독교인이 영혼 구원을 위해 공격적으로 전도하자는 내용이라고 생각하기 쉽다. 그러나 사실은 그런 내용이라기보다는, 교회와 사회의 중심부로 침투한 후 이를 개혁하는 지적·문화적으로 균형 잡힌 형태의 전도를 주창하고 있다. 세상은 악하고 이미 타락했으므로 이 세상에서 사람들을 건져내서 선하고 거룩한 교회로 데려오자는 영지주의적 복음주의와는 다른 내용이다.

목회자 스토트에 이어서, 『하나님을 아는 지식』Knowing God으로 유명한 조직신학자 제임스 패커는 복음주의 신학자 대표로서, 1958년에 『근본주의와 성경의 권위』*Fundamentalism and the Word of God*라는 책을 출간한다. 여기서 패커가 말하는 근본주의는 미국식의 분리주의적 근본주의가 아니라 복음주의와 상호 교차하여 사용될 수 있는 표현으로, 성경적인 역사적 정통으로서의 근본주의를 의미한다. 역사적 복음주의가 성경을 얼마나 가치 있게 강조했는가 하는 것이 이 책의 논지다.

다시 말하지만, 영국 복음주의는 정교분리 분위기의 미국과는 달리 잉글랜드성공회와 스코틀랜드 장로회를 중심으로 발달했다. 이것이 아주 중요하다. 이들이 국교회라는 것이 갖는 의미가 크기 때문이다. 그런데 이런 국교회와는 달리, 비국교도 내에도 복음주의 흐름이 있었다. 역사적으로 잉글랜드를 중심으로 발전한 청교도는 국교도인 성공회의 개혁이 너무 온건하고 중도적이라고 생각했기 때문에 국교에 합류하지 않고 저항하는 비국교도로 남아 있었다. 종교개혁은 기존 질서에 저항하면서 나온 것인데, 잉글랜드에서 기존 질서를 지키면서 개혁을 하기를 원하는 성공회와 달리 청교도들은 좀 더 개혁적인 성향을 가지고 있었다. 그래서 이런 비국교도를 영어로 'Dissenters', 또는 'Non-Conformists'라 한다. 즉 동의하지 않고 반대하는 사람들, 순응하지 않고 순응을 거부하는 사람들이다. 회중교회, 침례교회, 잉글랜드장로교회, 퀘이커 등이 16세기 잉글랜드 종교개혁에서 파생된 주요 비국교파 교회였다.

18세기까지만 하더라도 이들은 강력한 세력이었다. 특히 18세기에 감리교가 성장하면서 세력을 더 확장했다. 그러나 19세기가 지나면서 특이한 현상이 발생한다. 이전에는 가장 보수적이고 가장 종교개혁 정신에 충실한 신앙을 가지려 했던 이들이 19세기에는 오히려 새로운 사상을 받

성경과 신학: 복음주의자는 성경을 어떻게 읽었나

아들이는 데 가장 앞선 자들로 변한다. 종교개혁 당시부터 비국교도들은 기존 권력과 기득권을 장악한 보수적인 제도권의 바깥에서 개혁하는 사람들이었다. 따라서 개혁에 더 열린 이들이 자연스럽게 자유민주주의나 국가에 대한 저항 및 사회혁명 같은 새로운 사고를 받아들이는 데에 익숙했다.

이런 개혁 성향은 19세기 이후 진보적 사상을 빠르게 수용하는 방향으로 작용했다. 이런 자유사상을 제어할 수 있는 강력한 장치, 예컨대 강력한 신앙고백이나 교회 제도가 없거나 붕괴되면 자연스럽게 진보사상의 온상이 될 수밖에 없다. 특히 개교회 중심의 자유로운 교회와 개인주의를 주창하는 교회론을 지지하는 그룹은 이런 새로운 것에 더 열려 있었다. 따라서 16-17세기에는 영국 내에서 가장 철저한 종교개혁 운동을 펼치던 비국교도인 청교도 회중교회와 장로교회 집단이 20세기가 되면 영국 전체에서 가장 진보적인 그룹으로 바뀐다. 이 중 가장 대표적인 교단이 연합개혁교회United Reformed Church, URC인데, 잉글랜드장로교회와 청교도의 후손인 회중교회가 1972년에 연합하여 형성된 교단으로, 동성애 등의 문화에 아주 진보적인 목소리를 낼 뿐만 아니라 거의 종교다원주의적 색깔을 갖고 있는 교단이다.

이는 미국도 마찬가지다. 하버드 대학이 있는 보스턴 중심의 뉴잉글랜드에서 번성한 청교도 회중교회의 후손들은 오늘날 미국에서 가장 진보적인 기독교인이다. 이들은 삼위일체를 부인하는 유니테리언교회를 이미 18세기에 탄생시켰고, 이후 이에 반대하며 기존 정통 회중교회를 유지했던 청교도 주류 집단도 1957년에 복음주의개혁교회Evangelical and Reformed Church와 합쳐서 연합그리스도의교회UCC를 형성했다. 미국 UCC는 영국의 URC와 쌍벽을 이루는 미국의 대표적인 진보, 에큐메니컬, 다원주의 교단이다. 결국 종교개혁 시대와 18세기 초기 복음주의를 이끌었던 잉글랜드의 청교도 회중교회와 웨슬리파 감리교회 진영은 20세기가 되면서 복음주의권을 떠나 진보적 자유주의 집단이 된다. 보수와 진보, 수구와 개혁의 얼굴이 상황과 맥락에 따라 수시로 바뀔 수 있다는 역사의 아이러니를 보여주는 흥미로운 사례다.

영국 내에서 진보적 인사들인 모인 청년학생단체로 학생기독운동 Student Christian Movement, SCM이라는 조직이 있다. 원래는 1889년에 복음주의적인 해외 선교운동으로 시작되었는데, 이후 급속히 자유주의화되었다. 이 단체가 자유주의화된 상황에 대한 반발로, 1928년에 주로 성공회 복음주의자 중심으로, 대학을 활동무대로 한 기독학생회InterVarsity(Christian) Fellowship, IVF가 형성되었다. IVF의 기원이 된 조직은 원래 1877년에 케임브리지 대학University of Cambridge에서 시작된 케임브리지학생기독인연합Cambridge Inter-Collegiate Christian Union, CICCU으로, 2년 후에는 이 조직의 옥스퍼드 대학 지부인 옥스퍼드학생기독인연합Oxford Inter-Collegiate Christian Union, OICCU이 형성되었다. IVF가 성공회 복음주의자 중심 모임이 된 이유는 다음과 같다. 원래 옥스브리지Oxbridge(옥스퍼드와 케임브리지의 합성어)는 국가에서 관리하고 재정을 대는 국립대학이었기 때문에, 신학부도 국가 소속으로 국교회 목회자를 양성하기 위해 세워진 국교회 신학 기관이었다. 그러다 보니 이 학교에 들어가 공부할 수 있는 학생은 모두 국교회 소속이어야 했다. 이런 입학 제한 규정은 19세기까지 지속되었다. 따라서 신학이 영국 내 국립 종합대학을 중심으로 발전할 수밖에 없었고, 복음주의권 학생단체 역시 당연히 옥스브리지 중심으로 형성되었다.

결국 이렇게 명문 국립대학들이 비국교도에게 열려 있지 않았기 때문에, 처음부터 기원이 비국교적이었던 SCM은 20세기에도 계속해서 자유교회Free Churches(국가의 간섭에서 '자유롭다'는 의미의 교회), 곧 비국교도 중심으로 활동하며, 친親국교회적인 IVF의 대척점의 위치에서 신학적 진보로 남아 있게 된다. 이런 이유로 영국에서는 침례교연합Baptist Union을 제외한 비국교회는 전반적으로 진보적이며, 따라서 비국교회 소속 학생들은 IVF가 아니라 SCM을 중심으로 활동하는 선례가 형성되었다.

## 스토트와 로이드 존스

비국교도 중 마틴 로이드 존스는 중요한 예외다. 한국에서 강해설교나 개혁신학에 처음 입문하는 이들에게 가장 중요한 영감의 근원이 된 인물이 의사이자 목사였던 로이드 존스다. 로이드 존스는 주로 신학 자체보다는 설교를 통해 개혁신학을 소개하는 사람이었기 때문에, 일반 성도도 쉽게 접근할 수 있는 유형의 개혁신학을 제시한다. 이 때문에 신학생이나 목회자 범위를 넘어 많은 이들이 그의 설교를 읽고 감동하고 "개혁신학과 복음의 진수가 이런 것이구나!" 하고 탄복하곤 한다. 로이드 존스가 한국 보수 장로교 진영에 끼친 영향은 지대하다. 주로 책으로 출판된 강해설교집을 통해서 이런 영향을 끼쳤다. 아마도 전 세계를 통틀어 로이드 존스가 가장 큰 영향을 끼친 나라는 한국일 것이다.

그렇다면 로이드 존스가 본국 영국에 끼친 영향은 어느 정도였을까? 영국에서도 로이드 존스의 무게감은 막대하다. 이를 수치로 계산하는 것은 불가능하다. 그러나 영국에서는 로이드 존스 열풍에 오랫동안 빠져 있던 우리 한국 기독교인이 예상하는 것과는 조금 다른 현상이 벌어졌다. 20세기 중반까지 영국 복음주의를 이끈 두 대표자는 비국교도 독립교회 목사

마틴 로이드 존스와 성공회 사제 존 스토트였다. 당시에는 로이드 존스의 영향력이 스토트보다 더 컸다고 할 수 있다. 일차적인 이유는 로이드 존스가 스토트보다 나이가 훨씬 많았기 때문이다. 로이드 존스는 1899년생이고, 스토트는 1921년생이다. 나이차가 22살이다. 이렇게 나이차가 많은 경우라면, 젊은 시절의 스토트가 아무리 탁월하다고 해도 로이드 존스의 원숙한 영향력을 넘어설 수는 없었다. 이 두 집단은 역사적으로 불편한 긴장 관계를 감안하면서도, 자유주의에 저항한다는 공통의 목표 아래 우호적 동반자 의식으로 복음주의 연합대회를 결성했다. 이 조직은 미국에서 NAE가 했던 것과 비슷한 역할을 맡았다.

그러나 1966년이 되면 로이드 존스가 일종의 사상적 변화를 겪는다. 물론 이 변화는 그 이전부터 진행되고 있었겠지만, 이것이 공적으로 단호하게 표현된 해가 1966년이었다. 로이드 존스가 목사로 책임지고 있던 웨스트민스터채플은 독립교회였다. 그는 원래 의사이기도 했지만, 그보다 주로 존경의 의미로 '독터'Doctor라는 호칭으로 불렸다.[12] 비국교도라는 정체성과 함께, 그의 신앙과 가치관이 형성되는 데 가장 중요한 역할을 했던 배경은 웨일스인으로서의 민족적 정체성이었다. 웨일스는 18세기 감리교 탄생기에 잉글랜드 중부를 중심으로 성장한 웨슬리 형제의 아르미니우스주의 감리교와는 달리, 조지 윗필드나 헌팅턴 백작부인Selina Hastings, Countess of Huntingdon, 하월 해리스Howell Harris를 중심으로 칼뱅주의 감리교가 태동한 지역이었다. 로이드 존스 역시 칼뱅주의 감리교인으로서의 자신의 역사적 유산과 전통에 대해 엄청난 자긍심을 가졌다. 칼뱅주의의 중심지였음에도 웨일스에서는 이 개혁신학이 신앙 갱신과 연결된 부흥으로 자주 나타났기 때문에, 이 지역 출신인 로이드 존스도 부흥에 열려 있었다. 부흥을 늘 갈

망했던 그는, 성령론을 주로 구원론과 교회론에 종속된 체계 속에서 다루며 성령세례, 은사, 기름부음 등을 무시하거나 혹은 별 관심을 보이지 않았던 전통적인 개혁신학자들과는 다른 성령 이해를 가지고 있었다. 어쨌든 그는 잉글랜드인도 아니고 성공회 신자도 아니었기 때문에, 이 두 정체성에 대해 일종의 저항의식이 있었다. 또한 로이드 존스는 신학을 종합대학 내 신학부나 신학대학에서 공부한 것이 아니라 독학으로 공부했다.

로이드 존스의 분리주의 성향에 대해서는 오늘날 많은 이들이 알고 있지만, 1940년대까지만 해도 사실상 그는 분리주의에 그리 강한 애착을 보이지 않았다. 비록 성공회 중심이긴 했지만, 공식적으로는 초교파 조직인 IVF 전국대표를 수차례 역임했고, 호주 등을 방문하며 영연방 복음주의권의 어른 역할을 활발하게 수행하기도 했다. 그런데 1950년대를 지나면서 로이드 존스의 신앙, 특히 교회론과 영국 교회 인식에 변화가 생겼다. 1950-60년대는 영국에 진보적인 신학 및 사회사상이 밀려오던 시기였는데, 로이드 존스는 성공회가 중심이 되어 있던 영국 복음주의가 더 이상 이전과 같은 신학과 구조로 유지되는 것이 어렵다고 판단했다. 특히 그의 눈에는 성공회 복음주의자가 이런 자유주의 사상에 적극적으로 대응하지 않는 것으로 보였다. 말하자면, 그는 1920년대에 그레셤 메이첸을 비롯한 미국 장로교 근본주의자들과 비슷한 판단을 내린 것이다. 결국 1966년 2차 복음주의자대회에서 로이드 존스는 모여 있는 사람들에게 기존의 혼합주의 교단에서 나와 복음주의자만의 새로운 연합체를 만들자고 선언하기에 이른다.

당시 로이드 존스가 한 연설이 분리를 종용하는 뉘앙스가 아니었다고 주장하는 이들이 있다. 그러나 오늘날 다수의 역사가들은 로이드 존스의 발언을, 성공회 내 복음주의자가 자기 교단을 이탈하고 나와서 자신과 같은 비국교도 복음주의자와 연합함으로써 순전한 복음을 전하는 연합된 새 복음주의 교단을 만들자고 의도한 것이었다고 인정한다.[13] 만약 미국에서 이러한 선언이 있었다면, 엄청난 폭발력을 일으키면서 순식간에 구성원이 100만 명쯤 되는 대형 복음주의 교단 하나가 탄생했을지도 모른다.

그러나 영국은 분리주의 나무가 자라기에 좋은 땅이 아니었다. 많은 성공회 복음주의자들은 로이드 존스의 생각에 반대했다. 그중 한 사람이 존 스토트다. 결국 성공회 복음주의의 대표자 스토트의 길을 따라 대다수 성공회 복음주의자가 로이드 존스의 발언을 불편하게 여겼다. 이로써 영국 복음주의권 내에 분열이 일어났다. 성공회 복음주의자의 지지를 받지 못한 로이드 존스는 영국 복음주의 진영에서 고립된 소수파로 전락하고 말았다. 20년 뒤 1981년에 사망하게 되는 로이드 존스의 유산은 설교를 통해서는 계속 살아남았지만, 영국 복음주의 전체를 이끄는 영향력은 이때 이후 사실상 붕괴되었다. 더구나 그의 웨스트민스터채플 후계자 R. T. 켄달Kendall이 신학적으로 로이드 존스의 개혁파 신학 전반을 정확히 계승하지 못한 측면이 있기 때문에, 결국 로이드 존스는 자기 교회에서도 서서히 유산을 상실했다. 로이드 존스의 유산은 오히려 주로 배너 오브 트루스 Banner of Truth Trust 출판사와 이 출판사 대표인 이안 머리Iain H. Murray를 통해 계승되었다고 할 수 있다. 한국에서는 이 출판사에서 출간한 로이드 존스의 설교집과 청교도 저작 및 관련 서적이 활발히 번역·출간되면서, 한국 보수 장로교 개혁파 진영의 정신을 지배하다시피 했다. 그러나 오히려 이들의 고향 영국에서는 이 흐름이 대하大河였다기보다는 지류支流였다고 보는 것이 정직한 평가다. 교회론에서 분리주의를 높이 평가하는 분위기가 보편적이지 않았기 때문이다.

이 시기 이후 영국 복음주의의 흐름은 성공회 복음주의자 존 스토트와 그의 협력자들이 주도하게 된다. 스토트는 영국과 영연방 여러 나라에서 옥스브리지 및 여러 신학 기관을 통해 인재를 키워 나가며 성공회 복음주의가 학문적으로 탄탄하고 지적으로 정합성이 있으며, 문화적으로 개혁할 힘을 갖도록 이끌었다. 이를 통해 영국 교회가 전반적으로 몰락한 것으로 보이는 상황 속에서도, 영국 복음주의 신학이 전 영국뿐 아니라 전 세계적으로 여전히 영향력을 유지할 수 있는 계기가 마련되었다. 물론 이런 역사와 분위기, 결과에 대한 평가는 한국과 미국, 영국 내에서 각기 다를 것이고 앞으로도 달라질 수 있다.

# 2.

# 복음주의 성경관 및 성경연구

## 영국의 경우

만약 우리가 경제 용어를 사용해서 복음주의권을 하나의 시장으로 표현
한다면, 복음주의가 수용되고 소비되는 최대 시장과 전파되는 주요 통로
는 미국이다. 나라의 인구와 크기뿐 아니라, 복음주의자의 수와 규모로 볼
때도 미국은 가장 크고 활발한 시장이다. 그런데 복음주의를 근본주의의
반지성주의와 반문화주의에 반대한 운동이자, 보수적이기는 하지만 문화
적·사회적·지적 침투를 강조하는 기독교 신앙이라고 보았을 때, 미국 복
음주의는 이 점에서 생산력이 탁월했다고 보기는 힘들다. 전반적으로 미
국 복음주의는 진보와 에큐메니컬 사상의 대척점에 서 있는 사상이기 때
문에, 무언가 새로운 것을 추진하고 생산해 낸다고 하더라도 결국 반대편
진영이 창조해 낸 더 많은 것들에 가까스로 반대하는 저항군이거나 자기

진영이 무너지지 않도록 근근이 지켜 내는 방어군 역할을 하는 수준에 머물 수밖에 없다. 저항군으로 저항만 하는 이들은 적극적 침투보다는 소극적 방어에 집중하기 때문에, 결국 이 한계로 전투력이 약해질 수밖에 없다.

영국은 이와는 달랐다. 특히 잉글랜드에서는 복음주의자가 주류 교단이자 국교회인 성공회 내에 존재했다. 복음주의 학자들을 배출해 내는 옥스퍼드 대학, 케임브리지 대학, 더럼 대학Durham University, 맨체스터 대학University of Manchester 등의 명문 국립 종합대학이 있고, 이 학자들이 계속 적극적으로 자기 목소리를 낼 수 있는 IVP나 성서유니온, 파터노스터Paternoster 등의 복음주의 출판사를 거의 100여 년 동안 주도해 왔다. 스코틀랜드도 마찬가지다. 스코틀랜드 복음주의자들이 스코틀랜드의 국교인 장로교회 안에 있었고, 이들도 에든버러 대학, 세인트앤드루스 대학University of St Andrews, 애버딘 대학, 글래스고 대학University of Glasgow을 나왔기 때문에, 지성의 최고봉을 계속 유지할 수 있었다. 스코틀랜드자유교회 같은 비국교도가 있었지만, 이들 역시 개혁파의 지성을 강조하는 전통에 속한 장로교인이기 때문에, 개인 신앙과 경건에만 집중하는 고립된 근본주의자로 머무르지 않았다. 영국 복음주의자들은 자신들의 이야기를 적극적으로 할 수 있는 통로를 계속해서 확보하고 있었던 것이다.

### 틴들성경연구회

이러한 통로 가운데 가장 큰 기여를 한 곳이 IVF에서 시작한 틴들성경연구회Tyndale Fellowship와 틴들하우스Tyndale House다. 영국 복음주의는 사실상 IVF를 빼고는 이야기가 거의 불가능하다. 한국에는 캠퍼스 선교단체가 아주 많다. 외국에서 도입된 IVF, CCCCampus Crusade for Christ(대학생

선교회), YWAM<sup>Youth with a Mission</sup>(예수전도단), 네비게이토<sup>Navigator</sup>, 한국에서 자생한 JOY(죠이선교회), UBF<sup>University Bible Fellowship</sup>(대학생성경읽기선교회), DFC<sup>Disciples for Christ</sup>(제자들선교회), ESF<sup>Evangelical Student Fellowship</sup>(기독대학인회) 등이 대표적이다. 그런데 외국 단체 중 다른 단체들은 미국 기원인데 반해, IVF는 영국에서 시작되었다. 이들은 모두 복음주의 선교단체라는 공통점이 있지만, 이름을 들었을 때 떠오르는 각 단체의 이미지는 각기 다르다. IVF 외의 다른 선교단체들은 주로 복음주의의 행동주의적 요소인 전도에 집중한다. YWAM은 오순절 계열이라 늘 예배하며 찬양하는 데 집중하고, JOY는 예수님과 이웃과 자신을 사랑하라(Jesus First, Others Second, You Third)고 가르치면서 전반적으로 밝고 유쾌하고 활동적인 단체라는 느낌을 준다. CCC는 헝그리 정신이 강하다고 느껴지는데, 주로 거지 전도여행이 그런 이미지 형성에 중요한 역할을 했다. IVF를 떠올리면 떠오르는 단어는 '지성'이다. 세계관을 연구하면서 토론하고 공부하는 모임이라는 인상이 강하다.

이렇듯 IVF는 지성을 강조한다. IVP에서 나온 책의 속지에 있는 저작권 관련 페이지를 보면, 예전에는 "IVP는 IVF의 출판부로 주로 '지성사회의 복음화'를 꿈꾼다"는 강령이 적혀 있었다. 요즘은 조금 달라져서 "캠퍼스와 세상 속의 하나님 나라 운동을 지향하는 IVF의 출판부로서 생각하는 그리스도인을 위한 문서운동을 실천합니다"라고 나온다. '하나님 나라' 신학에 입각한 좀 더 포괄적인 선언을 하는데, '생각하는 그리스도인'이라는 표현에서 볼 수 있듯 지성을 중요시한다는 사실은 여전히 변함이 없다. IVF가 처음부터 옥스브리지라는 최고의 학문기관에서 시작한 데다 영국 복음주의라는 강력한 기반이 있었기 때문에 행동주의, 회심주의를

성경과 신학: 복음주의자는 성경을 어떻게 읽었나

강조하는 미국 복음주의 단체들에 비해 지성과 학문 지향성이 있는 복음주의를 탄생시켰다.

틴들연구회가 IVF에서 출발했다는 것도 비슷한 맥락에서 영국 복음주의의 학문성과 지성을 보여주는 증거다. 1938년에 IVF에서 성경연구회가 시작된 후, 1942년에 연례 신구약 연구 강연이 만들어졌다. 이후 1944년에 케임브리지에 틴들하우스가 생기고, 1945년에 틴들성경연구회가 생기면서 복음주의적 관점으로 성경을 연구하는 운동이 뿌리를 내린다. 이 시기 영국 복음주의와 틴들연구회의 관심 주제는 "잉글랜드에서 복음주의는 어떻게 반계몽, 반지성 딱지를 뗄 수 있을까?"였다. 영국에서도 이 시기에 미국의 신복음주의자들과 같은 고민을 했던 것이다. 영국 복음주의자들은 대서양 양편에서 대학이 빠른 속도로 진보화되고 세속화되면서 복음주의 신앙이 생명력을 잃어 간다고 판단했다. 그럼에도 이들은 미국 복음주의자처럼 고립주의로 갈 수만은 없다고 생각했다. 어떻게 하면 학문적으로, 지성을 희생시키지 않으면서도 성경의 가치와 메시지를 그대로 선언하는 연구를 할 수 있는지가 이들의 고민이었다. 그래서 조직신학보다는 성서학이 발달했다. 이것은 성경이 무너지면 모든 것이 무너진다고 생각하는 복음주의의 '성경주의' 특징을 나타내는 것이기도 하고, 19세기 이후 교회에 들어온 성서비평학에 대한 직접적인 대응이기도 했다. 그러면서 이 그룹을 통해 복음주의권의 대표적인 성서학자들이 속속 등장한다.

## 성서학 부흥

이 중 가장 유명한 인물이 F. F. 브루스Bruce다. 브루스는 원래 형제단Brethren

출신으로 리즈 대학University of Leeds의 고전 언어학 교수로 활동했는데, 맨체스터 대학으로 옮기면서 대학자로 명성을 얻는다. 이어서 브루스를 시작으로, 그의 제자였거나 그의 영향을 받은 이들이 다른 학교에서 교수로 활동한다. 리버풀 대학University of Liverpool의 W. J. 마틴Martin, 애버딘 대학의 하워드 마셜Howard Marshall, 한국에서는 복음주의자인지 아닌지를 놓고 논란이 있기는 하지만 영국에서는 대체로 복음주의자로 평가받는 성공회 주교인 세인트앤드루스 대학의 N. T. 라이트Wright, 그리고 호주와 뉴질랜드 등의 영연방에서 활동한 데이비드 브러턴 녹스David Broughton Knox, 레온 모리스Leon Morris, 그레이엄 스탠턴Graham Stanton, 미국의 조지 래드, 브루스 메츠거Bruce M. Metzger 등이다. 이들의 배경에는 모두 틴들성경연구회가 있다.

## 영국 신학의 미국 주도

이는 현대 복음주의 신학, 현대 복음주의 지성의 선두주자 가운데 지도자급 인사 다수가 영국에서 나왔다는 것을 의미한다. 영국이 세계 복음주의 학문을 주도한 이러한 현상은 30-40년 전 이야기이다. 그러면 지금은 어떤가? 영국 주도의 이 현상이 오늘날에도 여전히 지속되고 있을까, 아니면 이제는 미국이 영국을 넘어서서 주도권을 이어받았을까?

대답은, 미국은 여전히 영국을 좇아가는 입장에 있다는 것이다. 사례를 하나 들어보겠다. 필자는 2013년 7월까지 스코틀랜드 에든버러 대학에 소속되어 박사과정을 밟았다. 학위 과정에 있던 2008년부터 2013년까지 매년 숫자가 조금씩 변하기는 했지만, 박사과정Ph.D.과 연구석사과정MTh을 비롯한 상위 석사학위 과정에 있는 학생 전체 숫자가 약 80명에서 100명이었던 것으로 기억한다. 에든버러 대학은 옥스퍼드 대학, 케임브리지 대학과 함께 영국에서 박사과정 학생이 가장 많은 학교에 속한다. 그런데 그 학생 100명 중 약 60명이 미국에서 유학 온 학생들이었다. 나머지 40명 중 약 20명은 영국 본토, 캐나다, 호주, 뉴질랜드 등 영연방 학생들이 대부분이고, 나머지 20명 학생들이 세계 다른 지역에서 온 이들이었다.

에든버러 대학의 사례만을 들었지만, 영국 내 종합대학의 현상은 전반적으로 대동소이하다. 이런 통계가 나오는 이유가 있다. 미국의 보수 복음주의권에서 자란 학생들은 주로 종합대학이나 지역 인문대학college에서 일반전공으로 학부 과정을 마친 다음, 목회학석사M.Div. 과정을 밟기 위해 주로 복음주의권 신학교로 진학한다. 웨스트민스터 신학교, 풀러 신학교, 트리니티 신학교Trinity Evangelical Divinity School, 커버넌트 신학교Covenant Theological Seminary, 고든-콘웰 신학교, 칼빈 신학교Calvin Theological Seminary, 리폼드 신학교Reformed Theological Seminary, 애즈베리 신학교Asbury Theological Seminary, 남침례교 계열의 여러 신학교 등이 가장 유명하고 인기 있는 학교다. 그리고 이들 중 공부를 더 해서 학자가 되고 싶은 이들은 박사과정을 지원한다. 그런데 대체로 하버드 대학이나 예일 대학, 에모리 대학Emory University, 밴더빌트 대학Vanderbilt University, 듀크 대학Duke University, 시카고 대학, 보스턴 대학 등 미국 종합대학 신학과나 종교학과 박사과정에 복음주의권 학생이 입학하기는 매우 어렵다.

왜 그럴까? 먼저 미국 신학계는 보수권과 진보권이 날카롭게 분화되어 있기 때문이다. 미국에서 복음주의 신학을 전수하는 학교는 '신학교'이다. 신학교도 복음주의를 지향하는 신학교와 그렇지 않은 학교가 분화되어 있다. 보수 복음주의 신학을 배우고 목회를 하려는 이들은 보수적인 신학교로 간다. 종합대학 신학과에 있는 이들은 자기 소속 교단이 원래 진보적이거나, 아니면 스스로 신학적으로 진보적인 사상을 갖고 있다. 그런데 진보적인 종합대 신학과든 진보적인 신학교든 보수적인 신학교든, 학교의 교수가 되기 위해서는 종합대학에서 공부를 해서 박사학위를 받아야 한다는 것이 지금은 거의 보편적인 현상이다. 이 때문에 복음주의권 학생도 명문 종합대학에 지원을 할 수밖에 없다. 그러나 이런 학교에는 복음주의 학생만 지원하는 것이 아니라 원래의 진보 주류교단 학생, 그리고 외국인 유학생이 동시에 지원한다. 따라서 복음주의권 학생들의 입학은 극히 어렵다. 따라서 이들은 대안으로 잉글랜드의 옥스퍼드 대학, 케임브리지 대학, 더럼 대학, 맨체스터 대학, 글로스터 대학University of Gloucestershire, 런던 킹스 칼리지King's College London, 스코틀랜드의 에든버러 대학, 세인트앤드루스 대학, 애버딘 대학, 글래스고 대학 등의 학교에도 동시에 지원한다. 그리고 이 중 다수가 영국의 학교에 합격한다. 영국 학교 박사과정 학생의 50-80%가 미국 학생으로 채워지는 이유가 바로 여기에 있다.

그렇다면 이 학생들은 박사학위를 받은 후 어디서 교수생활을 할까? 주로 이들이 원래 기반을 두었던 모국의 복음주의 신학교 교수가 된다. 이 현상은 위에서 언급한 미국 복음주의 신학교 홈페이지의 교수faculty 소개 항목을 보면 거의 분명히 증명된다. 고든-콘웰 신학교나 커버넌트 신학교, 웨스트민스터 신학교, 트리니티 신학교의 홈페이지를 방문해서 교수진을 한번 검색해 보라. 남침례교 계열 여섯 개 신학교에는 여전히 자기 교단 신학교 박사학위 출신 교수들이 많다는 예외가 적용되지만,[14] 이들 남침례교 학교 중에서도 지역 기반이 남부가 아니라 중부인 미드웨스턴 침례신학교Midwestern Baptist Theological Seminary 같은 경우는 이론신학의 경우 영국 의존 대세가 확고하게 적용된다.[15] 점점 더 미국 출신 비율이 높아지고는 있지만, 여전히 성서학에서는 상당수 교수가 영국 출신이고, 특히 큰 학문적 성과를 낸 교수들 가운데 영국 출신이 많다.[16] 진보적인 종합대학 신학과, 종교학과 교수진의 절대 다수가 미국 종합대학 학위인 것과는 완전히 대조되는 흐름이다.[17]

이런 현상에는 여러 의미가 있다. 영국인은 이제 거의 신학을 공부하지 않는다. 세속화 시대 이후 무신론이 영국을 지배하면서, 영국 학교에서 신학을 공부하고 목회자가 되고자 하는 영국인이 점점 사라지고 있다. 그렇기에 신학과정 박사학생 정원을 채우기 위해 이 학교들은 북미와 오세아니아의 복음주의권 유학생들에게 의존할 수밖에 없다. 여기서 이들이 배운 영국 학문이 미국의 신학교에서 교수되고, 이를 미국 학자들이 자기 방식으로 발전시키는 것이다. 그럼에도 우리가 배운 복음주의 신학이 보편적인 신학계에서 상당히 높은 위상을 가질 수 있도록 한 이들이 영국인들이고, 그중에서 가장 중요한 기반이 바로 틴들성경연구회였다는 사실을 기억할 필요가 있다.

세련되고 지성적이며, 문화적으로 고립되지 않은 영국 복음주의는 교회의 순전성을 지킨다는 명목으로 사회와 문화와 학문, 대학을 포기한 적이 없다. 복음주의 학회와 에큐메니컬 학회가 두 개로 확연히 구분된 미국과 한국의 신학회와는 달리, 영국에서는 스스로 복음주의 학자임에도 종합대학에서 학문적으로 탁월하게 연구하고 교수하면서, 세속주의의 풍조에 저항하며 자기 이야기를 하는 이들의 강력한 유산이 여전히 지속되고 있다. 이 점에서 비록 영국의 교회는 유럽 전체의 세속화의 흐름에 따라 교인이 줄어드는 상황이지만, 영국 복음주의 신학의 전 세계적 위상은 여전하며, 당분간 지속될 전망이다.

## 풀러 신학교 논쟁

풀러 신학교가 복음주의 대표 학교로 시작된 것이 1947년이었다. 그런데 현재 풀러 신학교는 설립 당시 설립자들이 기대했던 방향과는 조금 다르게, 다른 말로 하면 더 다채롭고, 더 역동적이고, 더 국제적이고, 더 다원적인 방향으로 발전했다. 선교대학원과 심리학대학원이 추가되면서, 기존의 신학대학원이 약화된 것은 아니지만 신학이 학교에서 차지하던 무게 중심이 분산된 측면도 있다. 풀러 신학교의 지난 70년간의 행보를 비판하는 이들 중 일부는 피터 와그너Peter Wagner나 도널드 맥가브란Donald McGavran의 교회성장학이 학교를 주도하게 되면서, 풀러 신학교가 원래 추진했던 복음주의 신학의 교리적 중심이 무너지고 이어서 와그너나 존 윔버John Wimber 등을 통해 은사주의나 신사도운동 등이 학교에 들어옴으로써, 신학이 지나치게 자본화·실용주의화·오순절주의화되었다고 평가한다. 물론 이런 주장은 주로 더 엄정한 교리적 일치와 고백에 근거한 신학을 강조하는 이들, 특히 개혁파에 속한 이들의 평가다.

이와는 반대로, 풀러 신학교의 선교대학원과 심리학대학원 설치가 오히려 복음주의 지성과 학문의 영역을 더 크게 확장하고 다원화하는 데 긍정적으로 기여했다는 주장도 있다. 모두 나름의 설득력이 있는 이야기다. 실제로 영적 전쟁이나 미전도종족같이, 대중화되었지만 한편으로 크게 비판받는 선교 개념을 확산시킨 것이 풀러 신학교였다. 그러나 선교학을 단지 전도 중심의 복음전파 이해를 넘어서, 타문화 또는 문화 간 관계inter-cultural 학문으로 발전시키고, 근래에는 여러 학문의 통섭inter-disciplinary을 지향하는 세계기독교학의 중심지 중 하나로 성장시킨 것은, 필자가 보기에 선교학의 발전 과정에서 크게 칭찬할 만한 열매다.

그러나 복음주의의 네 가지 특징 가운데 출발점에 해당하는 성경주의라는 측면에서 보았을 때, 풀러 신학교가 설립 당시 지향하고자 했던 신복음주의의 원래 가치에 대한 이해와 해석, 지향성이 이전과는 달라졌다는 점을 부인할 수는 없다. 이와 관련된 가장 큰 사건이 1960년대에 일어났다. 이때 이후 풀러 신학교는 초기 복음주의 운동을 전개하면서 최전방에 내세운 선언적 구호와 무기로서의 '성경무오'에 대한 공식 선언을 서서히 포기했다.

1947년 헤럴드 오켕가가 초대 총장에 취임하면서 시작된 풀러 신학교는 1954년에 에드워드 카넬Edward John Carnell을 2대 총장으로 세운다. 에드워드 카넬 역시 아주 보수적인 학자였고, 모든 면에서 분명한 복음주의자였다. 그런데 그에게는 풀러의 전환기가 시작되는 문을 연 인물이라는 평가도 가능하다. 먼저는 신복음주의에서 '신'新이 가진 부정적이거나 뿌리가 없는 듯한 뉘앙스를 제거하기 위해 단순히 '복음주의'라고만 부르자고 주장하고, 이를 확정했다. 이것이 큰 문제는 아니다. 실제 변화의 계기는 한국에서 『정통주의신학』이라는 제목으로 번역된 1959년 작품 *The Case for Orthodox Theology* 및 다른 논문에서 근본주의를 비판하면서 나타났다. 특별한 점은 이때 그가 그레셤 메이첸까지 비판했다는 것이다. 칼 헨리나 헤럴드 오켕가는 근본주의를 비판하긴 해도 메이첸을 비판하지는 않았다. 사실 메이첸은 교회론에서 분리주의를 취했다는 면에서는 근본주의자라 불릴 수 있지만, 학문적인 면에서 보면 복음과 지성을 분리시키지 않았기에 근본주의자로만 불리기는 애매하다. 메이첸은 지적으로 탁월한 독일 유학파로, 지도력과 실력을 동시에 갖춘 신학자였다. 그런데 카넬은 일종의 뜨거운 감자이자 자기 진영의 성인이라 할 수 있는 메이첸이 가진 신학 체계나 교회론 체계를 비판했다. 한마디로 성역을 건드린 것이다. 풀러 신학교가 출발과 함께 모델로 삼았던 것은 보수성과 학문성을 동시에 구현하고 있다고 여겼던 웨스트민스터 신학교와 그레셤 메이첸이었다. 그런데 이제 풀러 신학교가 자기 모델을 비판하면서, 이들을 본받아야 할 모델만이 아니라 이제는 극복해야 할 대상으로도 인식하는 새로운 전환기를 맞은 것이다.

이어서 1962년에 찰스 풀러의 아들인 대니얼 풀러[Daniel Fuller]가 스위스 바젤 대학[Universität Basel]으로 유학을 떠나, 칼 바르트에게 배운 후 박사학위를 받고 들어와 학감이 되었다. 대니얼 풀러는 아버지가 세운 학교의 학감으로 영입되었기 때문에 힘 있게 학교에 영향을 끼치기 시작했다. 그러나 그는 복음주의자라고 보기에는 성경관이 애매했다. 이듬해 1963년, 데이비드 허바드[David Hubbard]가 총장으로 취임하고 난 후 풀러 신학교는 이전의 성경관을 더 이상 지지하지 않게 된다. 그 다음 해에는 보수적인 성경관을 가졌던 부총장 해럴드 린셀이 사임한다. 교수진 내부에 갈등이 일어난 것이다. 이어서 1972년에 풀러 신학교에서 학교의 공식 신앙선언문을 개정하면서, 성경 관련 항목의 내용을 축소하고 "성경은 신앙과 실천의 유일 무오한 법칙"이라는 구절만 남겨 두게 된다.

앞서 언급한 것처럼, 근본주의 논쟁이 19세기 후반부터 1920-30년대까지 이어지면서 신앙고백서에 일련의 변화가 있었다. 그런데 그 당시 변화는 내용의 변화보다는 순서의 변화였다. 16-17세기 신앙고백서는 주로 첫 주제를 신론 곧 삼위일체 하나님이 누구인가에 대한 교훈과 문답으로 시작한다. 하지만 근본주의 논쟁 이후에는 방어 차원에서 모든 선언문에 성경에 대한 신앙고백이 모든 항목의 가장 위에 위치한다. 이 논쟁의 근원이 성경관에서 시작된 것이기 때문이었다. 그래서 근본주의, 복음주의 학교의 공식 신앙선언문의 1항은 거의 예외 없이 성경에 대한 선언이었다. "성경은 하나님의 말씀으로, 일점일획도 오류가 없으며, 신앙과 행위의 유일무오한 법칙이다." 대체로 이와 비슷한 표현으로 성경관을 표현하고 있다. 이 표현은 1940-50년대까지 대부분의 학교에서 사용했고, 여전히 이 표현을 고수하는 학교가 많다.

그러나 1960년대 이후부터는 "성경은 하나님의 말씀으로 신앙과 행위의 유일한 법칙이다" 정도로 축소된 고백만을 남기는 사례가 많아졌다. 즉, '일점일획도 오류가 없는' 같은 구절을 삭제하면서 완전영감, 축자영감에 대한 이전의 명시적 고백을 애매모호하게 바꾸고 다른 해석의 가능성을 열어 둔 것이다. "성경은 신앙과 실천의 유일무오한 법칙"이라는 표현 자체로만 보면 '무오'라는 단어를 여전히 포함하고 있기 때문에, 가장 보수적인 입장을 견지하는 것으로 보일 수 있다. 그러나 성경에 대한 선언을 이전 시기에 어떻게 표현하고 있었는지를 알면 이것이 어떤 변화를 의미하는지 확인할 수 있다. 사실 이런 변화된 표현은 19세기 후반에 많은 주류 교회 신학교나 신학자들이 자유주의로 전환하는 과정에서 표방한 내용과 거의 흡사하기 때문에, 보수주의자들의 의문과 두려움이 무엇이었는지 쉽게 예측할 수 있다. 이런 축소된 표현으로는 성경을 제1순위로 내세운 풀러 신학교 복음주의 신학의 초기 특징을 독특하게 드러내기 어렵게 되었다는 의미다.

이런 이유로, 초대교수 가운데 하나였다가 1964년에 사임한 린셀은

1976년에『교회와 성경무오성』이라는 제목의 책을 출간해서, 전 소속 학교를 대상으로 투쟁을 벌인다.[18] 이 투쟁은 정말로 전투였다. 원제가 *The Battle for the Bible*이기 때문이다. '성경을 위한, 성경에 대한 전투'가 원제목이다.[19] 린셀은 이 책에서 풀러 신학교 주요 인사 및 그들과 관련된 사건을 일일이 거명하며 비판한다. 린셀의 주장을 액면 그대로 받아들이면, 1970년대 풀러 신학교는 이 학교가 원래 지향했던 성경에 대한 관점에서 크게 이탈한 학교로서, 복음주의 정체성을 상당 부분 상실한 타락한 기관이었다. 따라서 린셀은 1978년에 제임스 패커, 프란시스 쉐퍼Francis Schaeffer와 함께 '시카고성경무오선언'The Chicago Statement on Biblical Inerrancy이라는 선언문을 내놓으면서, 초기 복음주의가 가졌던 성경론을 고수하고자 하는 의지를 확고하게 표명한다.

**사태의 확산**

하지만 한번 터진 둑을 막아 사태를 진정시키거나 과거로 회귀시킬 수는 없었다. 1983년에는 미국복음주의신학회에서 개혁파 신학자 로버트 건드리Robert Gundry를 성경관 문제로 제명하는 사건이 있었고, 1985년에는 남침례교단Southern Baptist Church이 그들의 판단에 성경관이 충분히 보수적이지 않았던 학자들을 축출했다. 1980년대 이후에는 전반적인 분위기에 따라, 대부분의 복음주의 학교들이 여전히 보수적이기는 하지만 성경관에서는 어느 정도 융통성 있는 입장을 취한다. 그런데 남침례교단은 1985년에 교단 내 온건파 인사 대부분을 제거하는 데 성공함으로써, 이후 남침례교회는 오늘날 미국에서 가장 보수적인 교단의 지배적 위상을 유지하고 있다.

성경관에서 보수적인 입장을 취한다는 것은 성경 영감의 범위 문제로 종결되지 않는다. 성경관의 보수성은 대체로 사회 이슈에서의 보수성까지 포괄한다. 예컨대, 성경을 일점일획도 오류 없는 하나님의 말씀으로 인정하고, 이를 확장하여 고대에 기록된 성경의 문화적 표현까지도 시대를 초월하여 변치 않고 오류 없는 하나님의 말씀으로 이해하고 적용할 경우, "여성은 교회에서 잠잠하라"고전 14:34; 딤전 2:11라는 구절을 시대와 문화의 제한성을 가진 말씀으로 보는 해석이 어려워진다. 문화적 상황과 배경에 입각하여 기록된 말씀이 그 시대와 다른 문화 상황에 처한 오늘날에는 다르게 적용될 수 있다는 인식을 배제하면, 문자 그대로 교회에서 여성이 입을 다물어야 한다는 입장을 취할 수밖에 없게 된다. 사실상 남침례교 및 아주 보수적인 다른 교단 일부에서는 이런 해석이 여전히 지배적이다.

"남편은 아내를 사랑하고 아내는 남편에게 복종하라"엡 5:22, 25; 골 3:18-19는 바울의 메시지를 문자 그대로 적용할 경우 어떤 일이 생기는지 보여주는 흥미로운 사례가 있다. 물론 성경을 하나님의 말씀으로 문자 그대로 믿는 모든 교단과 그 교단 지도자가 적용을 이와 똑같은 방식으로 하는 것은 아니다. 그러나 다음 사례는 성경의 문자적 수용이 특정 지역의 지배적 문화 전통과 만날 때 나타날 수 있는 독특한 사례라는 점에서 소개할 가치가 있다. 2007년 10월이었다. 남침례교회 신학교 중 하나인 텍사스 소재 사우스웨스턴 침례신학교Southwestern Baptist Seminary는 학부 프로그램도 운영하고 있다. 당시 이 학교 학부에서 '가정과 가족의 성경적 모델'Biblical Model for the Home and Family이라는 제목의 과목이 생겼다. 전통적인 남녀 구별에 근거하여 여학생에게 요리, 육아, 세탁 등을 가르치는 과목이었다. 학교 당국은 여학생에게 이 과목을 듣게 했는데, 이 일이 미국 전역에 대서특필되었다. 미국에서 가장 진보적인 신문 중 하나인 보스턴의 대표신문

「보스턴 글로브」*Boston Globe* 등은 이 일을 소개하면서, 마치 명예살인을 저지르는 무슬림이 이 시대에 여전히 존재하는 것처럼, 신학교의 이 조치를 남녀유별과 차별을 조장하는 시대착오적 행위라고 조롱했다.[20] 그런데 이 기사에 의하면, 이 학교에 다닌 학생과 부모가 이 과목에 보인 반응이 놀라울 정도로 긍정적이었다. 무려 300명의 학생들이 해당 과목에 등록했고, 어떤 학생은 인원이 다 차서 과목을 못 들을까봐 노심초사했다. 과목에 대한 기대감과 만족감이 아주 커서, "지금껏 내가 생각해 온 것과 달리 성경이 말하는 여성의 역할이 뭔지 깨달았다"는 식의 인터뷰도 등장했다. 부모와 친지의 반응도 열렬했다.

이미 언급했듯이, 미국의 모든 보수 복음주의자가 성경을 이런 식으로 해석하는 것은 아니다. 이는 정치·경제·사회문화·종교의 거의 모든 영역에서 보수적인 입장을 취하는 오늘날 남침례교, 그중에서도 가장 보수적인 텍사스 지역 복음주의자의 한 유형을 제시할 뿐이다. 그러나 성경을 신학적으로 보수한다는 태도의 사회문화적 파급력이 어떻게 확장될 수 있는지를 잘 보여준 사례로 기억될 만하다. 이러한 보수주의는 대체로 대부분의 모든 사회 문제에 대한 입장이 보수 지향으로 나타나서, 거의 모든 인권 논의를 거부하고, 의료보험제도 등의 복지정책을 일종의 마르크스주의 사상의 침투에 의한 것으로 여기면서 열렬히 거부하는 현상으로 연결되기도 한다. 어쨌든 이는 남침례교가 1985년에 교단 내부의 이른바 온건파를 제거함으로써 생겨난 현상이지만, 이런 일의 복잡한 다층현상을 단순히 해석하기는 쉽지 않다. 성경영감설을 믿는다고 할 때, 그 범위와 한계는 어디까지인가? 한계를 둔다고 할 때, 그것은 사회문화적 주제에 대한 시공간의 제한을 포함하는 것인가? 그렇다면 그 제한의 기준은 무엇인가? 성경해석학이라는 영역이 선교학·조직신학·역사학·성서학·고대근동학·철학 등의 학문을 포괄하는 종합적인 학문이 될 수밖에 없는 이유가 여기에 있다.

이런 점에서 신복음주의의 대표자로 자칭하며 탄생한 풀러 신학교는 이러한 일련의 사태를 겪으면서 원래 초기 신복음주의 운동의 거의 유일한 대표자 혹은 선도자의 역할을 서서히 다른 학교와 공유하고, 한편으로는 내어줄 수밖에 없게 되었다. 물론 풀러 신학교의 학문의 깊이와 넓이는 이전보다 훨씬 더해져서, 이 학교에 소속된 일부 학자들의 명성은 종합대학의 유명 학자와 경쟁하는 수준에 이르기도 했다. 그러나 오늘날 풀러 신학교는 더 이상 미국 복음주의 운동의 독보적인 대표자라 불릴 수 없다. 현재 미국 내에서 초기 풀러 신학교에 가까운 신학적·역사적 흐름을 계승하는 학교는 트리니티 신학교, 고든-콘웰 신학교 같은 학교다. 한국에서도 총신대학교 등 보수 장로교 계열에 속한 많은 학생들이 이전에는 공식적으로 개혁파 장로교 신학을 표방하는 웨스트민스터 신학교와 같은 학교에만 주로 유학을 갔지만, 이제는 학문 수준이 높은 복음주의권 학교로 더 많이 몰리면서, 현재 이들 학교의 외국인 유학생의 60-80%가량이 한국인으로 채워지는 기현상이 벌어지고 있다.

# IV

지성과 변증 : 복음주의자는 어떻게 자기 신앙을 변호했나

20세기 복음주의가 다른 시대와 달랐던 주요 특징 중 하나는, 이전 시대보다 세계화의 범위가 훨씬 넓어졌다는 것이다. '복음주의의 세계확산'이라는 주제를 2부에서 집중적으로 다루었다. 3부에서는 성경관을 다루었지만, 성경해석이라는 주제는 2부에서 다룬 아프리카 기독교인의 성경해석이라는 주제와도 관련되어 있기에, 이 역시 큰 그림을 늘 염두에 두고 보아야 한다. 5부에서 다룰 로잔언약 이야기, 6부에서 다룰 오순절 이야기는 모두 지리적으로 거대한 담론이다. 로잔대회는 참여한 이들의 숫자와 분포도를 볼 때 영미권 백인에게 제한된 운동이 아닌 국제적인 다인종 행사였고, 오순절은 말할 것도 없이 전 세계적인 운동이다. 지금껏 다룬 모든 주제, 그리고 앞으로 다룰 주제는 모두 그 지형이 크고 넓을 수밖에 없다.

그러나 4부에서 다루는 주제는 다른 주제와 비교할 때, 다루는 영역이 지역적으로 가장 좁다. 변증학은 주로 서양에서 발달한 학문이기 때문이다. 변증학은 18세기 이후 서양 사회 내에서 계몽주의 사조와 연관된 지성운동에서 파생한 학문이다. 그래서 이 주제를 다룰 때 필자는 거의 전적으로 영어권에 국한된, 심지어는 영어권 내에서도 호주나 뉴질랜드, 캐나다에서 일어난 이야기를 거의 생략한 채, 주로 영국과 미국 내 이슈를 다룰 것이다. 이 책이 다루는 여섯 주제 중 가장 학문적이고 이론적인 주제로 논의를 이끌어갈 것이므로, 이 주제에 관심이 없는 이들에게는 조금 지루할 수도 있다. 그러나 신학을 공부했거나 관심이 있는 이들에게는 재미있고 흥미로운 주제일 것이다. 오늘의 논의를 통해 새로운 정보를 습득할 수도 있고, 이미 알고 있는 사실을 더 분명히 알게 되면서 본인이 갖고 있던 특정한 이해와 믿음을 비평적으로 점검하고 확인하게 되는 경우도 있을 수 있다.

4부는 두 부분으로 나뉘는데, 후반부에는 브라이언 스탠리가 자신의 책에서 언급한 여섯 명의 20세기 대표적인 복음주의 학자, 혹은 복음주의 관련 변증학자에 대한 이야기를 할 것이다. 이 부분의 논의 역시 스탠리의 책에 많이 의존했으므로, 본서를 읽은 후 더 관심이 있는 독자는 스탠리의 책과 더불어, 두 책에 인용된 각 변증가의 주요 저술을 읽으면 더 상세한 지식을 얻을 수 있을 것이다. 첫 장에서는 먼저 복음주의 변증학이라는 학문이 탄생하는 배경이 된, 약 200년간의 유럽 계몽주의 지성사를 다루려고 한다.

# 1.

## 계몽주의는 어떻게
## 복음주의의 적대적 동반자가 되었나[1]

: 20세기 복음주의 변증학 태동의 역사적 배경

### 계몽주의의 전제: 데카르트의 인본주의 선언 ─────────

계몽주의 또는 계몽사상을 영어로는 'Enlightenment'로 표기한다. 이 단어는 세 개의 몸으로 분리된다. En-lighten-ment. '-ment'는 명사형 어미이고, 'lighten'은 동사로 '빛을 비춘다'는 뜻이다. 'light'에 'en-'이라는 접두어가 붙으면서 결국 '빛이 있게 하는 것'이라는 원래 의미가 드러난다. 그런데 이 영어 단어가 생성된 기원이 있다. 바로 성경, 그중에서도 창세기 1:3이다. "빛이 있으라!" 영어로는 "Let there be light!"이다.

서양 철학 사상의 원조가 되는 지역은 고대 그리스의 아테네다. 그런데 서양 역사 속에서 그리스와 주요 중심지인 아테네 등이 몰락한 이후, 철학과 사상의 중심으로서의 아테네의 역할을 계승한 지역이 여럿 탄생했다. 그중 아테네를 가장 잘 계승했다고 평가받으며 '새로운 아테네'라는 별칭을 얻은 두 지역이 있었다. 하나는 미국의 보스턴, 다른 하나는 스코틀랜드의 에든버러다.

하버드 대학, 매사추세츠 공과대학Massachusetts Institute of Technology, MIT, 보스턴 대학, 보스턴 칼리지Boston College, 브랜다이스 대학Brandeis University, 터프스 대학Tufts University 등의 명문 대학이 몰려 있는 미국 지성의 전당이 보스턴이다.[2] 이 때문에 보스턴은 자주 '미국의 아테네'라는 별명으로 불린다. 또한 17-18세기에 영국이 세계 지성계를 주도하는 계몽주의 철학 체계를 형성하는 과정에서, 이 역할을 가장 탁월하게 해낸 지역이 스코틀랜드였다. 15-16세기에 설립된 스코틀랜드의 4대 고대 대학four ancient universities(세인트앤드루스, 글래스고, 애버딘, 에든버러)이 공동으로 그 역할을 감당했지만, 특히 에든버러 대학이 그 중심에 있었다. 국부론을 쓴 아담 스미스Adam Smith나 회의론자 데이비드 흄David Hume, 상식철학자 듀걸드 스튜어트Dugald Stewart, 토머스 리드Thomas Reid 등 18세기 철학계의 거물이 성장하거나 활동한 지역이 에든버러였다. 그래서 당시 에든버러는 '북부의 아테네'라 불렸다.[3] 에든버러시립도서관Edinburgh City Libraries은 전 세계에서 가장 먼저 생긴 공공도서관 중 하나다.

에든버러 시에서 운영하는 이 도서관의 본부Central Library가 필자가 살던 집과 에든버러 대학 신학부 사이에 있었기 때문에, 필자는 거의 매일 이 도서관 옆을 지나쳐 등교하곤 했다. 이 학교의 정문 입구 위에는 부조 형태로 새겨진 문구가 지금도 있다. "Let There Be Light!" 대부분은 이 도서관에 이런 문구가 있다는 사실조차 모르지만, 우연히 이를 처음 본 사람들 특히 기독교인은 이곳이 옛날에 교회 건물이었다고 생각할 가능성이 있다. 요즘 많은 영국 교회가 공연장, 커피숍, 클럽, 술집이나 극장, 심지어 모스크로도 바뀌고 있기 때문에, 이 도서관도 교회가 용도를 변경한 경우라고 생각할 수 있다는 것이다. 그런데 이 도서관 건물의 경우는 그렇지 않다. 이 건물은 처음부터 도서관 용도로 지어졌다. 18세기에 계몽주의가 유럽을 휩쓸었을 때, 이 사상을 전파하는 가장 중요한 수단은 책이었고 또한 책을 모아놓은 도서관이었다. 18세기에 스코틀랜드 에든버러가 계몽주의 철학이 번성하고 전파되는 중심지였기 때문에, 당시에 이 건물을 지을 때부터 에든버러 시민들은 지성세계에서의 자신들의 지위를 자랑스러워하면서 이 구절을 여기에 새긴 것이다. "이곳에 들어오는 모든 사람들이 책을 통해 빛을 보게 될 것이다", 곧 "계몽될 것이다"라고 선언하는 의미였다는 것이다.

그러나 우리가 잘 알듯이, 17-18세기 계몽주의의 시조 곧 계몽주의가 가장 먼저 시작된 지역이 스코틀랜드나 미국은 아니다. 계몽주의는 프랑스에서 르네 데카르트<sup>René Descartes</sup>에 의해 시작되었다. 그가 한 중요한 발언이 우리에게 널리 알려졌는데, 이 표현이 결국 서양에서 그 이전 시대와 이후 시대를 가르는 결정적인 전환점이 된다. 데카르트의 "나는 생각한다. 고로 나는 존재한다"<sup>Cogito ergo sum, I think therefore I am</sup>가 바로 그것이다. 그런데 "Let There Be Light!"가 성경에 나온 표현의 차용인 것처럼, "I think therefore I am" 역시 출애굽기에서 모세가 자신을 부르는 신과 만났을 때 그 신이 계시한 자기 이름, 곧 "여호와"(야훼)의 자기 선언인 "I am that[who] I am"(나는 나다/나는 스스로 있는 자다)의 인본주의적 변형이었다. 성경에 나오는 하나님의 자기 선언의 가장 중요한 내용은 "내가 스스로 존재하는 자"이고, 모든 것의 창조주이자 근원이고 시작이라는, "나는 바로 나다"라는 자기규정의 신본주의 체계다. 그런데 데카르트의 "*Cogito ergo sum*" 이후에는 사상의 체계가 바뀐다. 여기서 '나'는 더 이상 '신'이 아니라 '인간'이다. 주체의 변혁이 일어나 신본주의에서 인본주의 체계로 바뀌게 된다. 사람이라는 존재가 하나님을 대체하는데, 그중에서도 특히 '생각하는 나'라는 인간, 곧 이성을 가진 인간이 신을 대신해서 세상을 지배하는 존재가 되겠다는 자기선언이 바로 데카르트 시대 이후 계몽주의의 가장 중요한 내용이다.

데카르트가 사망한 17세기 후반 이후, 그리고 18세기에 더 왕성하게 발전하고, 19세기에는 세상을 완전히 지배하게 되는 계몽주의 시대는 '이성의 시대'였다. 세상을 이끌어 가는 원리의 기저에는 인간의 이성이 있다는 것이다. 이 체계는 세상에 존재하는 모든 것을 주체(인간)-객체(사물) 구조로 분석한다. 이전까지는 인간이 신에게 종속된 존재였다면, 이 시대 이후는 인간, 특히 인간 이성이 하나님 대신에 주체로 서서, 인간을 포함한 모든 존재를 분석하고 조사할 힘을 갖는 것이다. 자연, 우주, 사회, 인간 자신을, 마지막으로 신을 객체로 놓고 연구하는 체계다. 여기에 추가로 기계론적 인과율을 도입한다. 이는 세상의 모든 존재와 사건에 원인과 결과가 있다는 생각이다. 물론 이전 시기에도 인과율이 있었지만, 이전 시기 인과율이 계몽주의 인과율과 달랐던 것은 모든 것의 원인에는 근원적 원인자, 곧 신이 있다는 신적 인과율이라는 점이었다. 창조와 섭리의 역사를 행하시는 신이 모든 것의 원인이라는 신적이고 목적론적인 인과율이었다. 그러나 데카르트 이후의 인과율은 하나님 대신에 기계적 법칙만이 있는 인과율로 전환되었다.

진보에 대한 확고한 믿음은 계몽주의의 또 하나의 특징이었다. 이는 앞으로 점점 더 나아질 것이라는 믿음이었다. 이를 다른 말로 진보사상이라 한다. 물론 오늘날의 좌파를 지칭하는 진보사상이 아니라, 모든 것이 발전하고 성장하여 현재는 과거보다 낫고 현재보다는 미래가 나을 것이라는 낙관주의 사상이다. 우리 시대는 이전의 오류와 결핍을 극복한 시대이고 다음 시대는 오늘날의 오류와 결핍을 극복하는 시대일 것이라는, 인간의 진보에 대한 긍정적 믿음이다.

다음으로는, 모든 지식 곧 과학적 지식이 종교적·주관적 편견을 배제하여 사실에 근거하고, 가치를 배제하고, 냉정하고 중립적이고 객관적인 지식을 결국에는 발굴해 낼 것이라는 믿음이었다. 특히 종교성, 곧 신적 개입과 그것에 근거한 편협함을 제거한 완벽하고 객관적인 지식을 확보할 수 있다고 믿었다. 또한 세상의 모든 문제는 결국 원칙적으로 해결 가능한 것이라는 인식이 있었다. 인류는 진보할 것이기 때문이다. 지금 해결이 안 되는 문제는 앞으로 인류가 발전하고 진보하고 더 유능해지면서 언젠가는 필연적으로 해결하는, 예컨대 지금 고치지 못하는 병은 미래에 언젠가는 고친다는 식의 사고방식이었다. 마지막으로, 사람을 신과 자연과 운명을 극복하고 지배하며, 이것들로부터 해방되는 자율적 주체로 규정한다.

이 모든 특징은 서로 다 연결된 것이지만, 이것이 18세기 이후 서양 세계를 지배하는 이념이 된다. 이후 산업혁명과 과학혁명에 성공한 서양이 동양을 포함한 세계를 지배하는 제국주의 활동을 지원하고 정당화하는 사상이 된 후, 계몽주의는 사회진화론 등의 형태로 전 세계로 퍼진다. 즉, 사상의 세계화가 일어난다.

그렇다면 인본주의 체계로 정착한 계몽주의에 대해 기독교는 어떤 반응을 보였는가? 계몽주의라는 철학사상이 등장한 것이 데카르트 이후라면, 이 사상이 현실에 적용되어 혁명사상과 사회체제로 발전하게 된 결정적인 사건은 잉글랜드 혁명(청교도혁명/명예혁명), 미국 혁명(독립전쟁), 그리고 그 절정은 프랑스 대혁명이었다. 혁명과 전쟁을 통해 구체제가 붕괴되고 새로운 체제가 등장했다. 이런 일들이 일어날 때 기독교는 어떻게 반응했을까?

계몽사상은 전반적으로 기독교적이지 않다. 이전까지 유럽과 북미는 세상의 중심에 하나님이 있다고 믿는 신본주의 사회였는데, 계몽주의는 하나님 대신에 인간이 중심을 차지하는 인본주의 체계였기 때문에 기독교인은 계몽주의에 반감을 가졌다. 특히 프랑스 대혁명은 이런 반감을 더 부추긴 사건이었다. 프랑스 대혁명을 주도한 이들이 이성을 강조하는 구호를 들고 시위하면서 교회를 파괴하고 성직자를 공격하는 일이 일어났다. 그래서 프랑스는 말할 것도 없고 다른 나라 기독교인들도 어느 정도는 계몽주의에 적개심을 가질 수밖에 없었다. 그럼에도 200여 년 동안 계몽주의가 완전히 서양을 지배하는 체계로 정착하게 되자, 기독교는 이 사상과 체제에 대해서 기독교가 보여준 초기 단계의 일방적인 반대를 넘어 다양한 대응법을 찾을 수밖에 없었다. 그 다양한 반응의 양상을 네 가지로 나누어서 사례를 들기로 한다.

먼저, 계몽주의의 인간 이성 중심 사상이 사람과 세상을 지배하고 교회를 무너뜨리는 방향으로 작용했기 때문에, 이성을 기독교의 적으로 보고 이성을 포기하거나 혹은 종교와 분리시키고자 한 운동이 있다. 이런 운동 중 하나가 경건주의 운동이다. 독일 루터파에서 시작해 유럽으로 퍼진 경건주의 운동은 다양한 평가가 가능한 운동이다. 원래 경건주의자는 루터파 정통주의가 차갑고 지성적이기만 한 '죽은 정통'의 형태로 발전했다고 판단했기에, 가슴과 열정을 일깨우는 부흥운동 형태의 신앙을 표현하고자 했다. 따라서 경건주의는 일반적으로 정통주의에 대응하는 신앙운동으로 평가된다. 이렇게 교회의 시각으로 볼 때는 정통주의 대 경건주의의 대결구도로만 보인다. 하지만 경건주의를 교회 밖 세계의 사회문화적 배경에서 보면, 이성주의에 대응하는 차원에서 나타났다고도 볼 수 있다. 이 점에서 경건주의는 이성이 지배하는 세상으로부터 도피해 경건과 경험과 감정에 근거한 신앙을 추구한다. 이들은 일종의 분리주의·고립주의의 태도를 취하는데, 세상에 대한 태도의 측면에서 이후에 등장하는 20세기 미국 근본주의자들의 종교문화적 선구자라 할 수 있다.

한편으로는 복음주의 부흥 내에서도 이런 유형이 있을 수 있다. 예컨대, 한국에서 1907년에 평양대부흥이 일어났다. 이 부흥에 대한 해석이 여러 가지 있다. 가장 전형적이고 널리 받아들이는 해석은, 교회를 살리고 뜨겁게 만들어 성장시킨 일종의 신앙 갱신운동이라는 적극적이고 긍정적인 해석이다. 그러나 어떤 학자들은 이 운동을 일종의 경건주의적 타계운동으로 본다. 당시 일본이 한국을 지배하는 것이 확고해진 상황에서, 만약 한국인 기독교인과 선교사가 이 상황을 반대하며 저항하거나 민족주의 의식을 깨우치려 했다면 교회 자체가 핍박받아 붕괴될 수 있었다. 따라서 교회 지도자들이 신자의 관심을 세상 문제에서 완전히 돌려서 오직 경건과 신앙에만 집중하게 하려고 부흥을 '조작'했다는 것이다. 물론 부흥의 배경에 이런 정치·사회적 요소가 전혀 없었다고는 할 수 없다. 그러나 의도적으로 부흥을 조작했다는 견해는 필자 개인적으로는 받아들이기 힘들다. 부흥이 의도한다고 인위적으로 일어날 수 있다고 말하기도 어렵거니와, 부흥 전후의 여러 사건들을 포괄적으로 관찰했을 때 이런 해석은 지나치다. 그러나 실제로 한국 부흥운동의 배경이 이런 틀에서 등장한 것이라면, 이 부흥은 이 세상을 떠나 타계적이고 도피적인 공동체를 형성하려던 극단적 경건주의 운동에 포함될 수도 있다.

계몽주의에 대한 두 번째 대응은 종교의 사유화 및 고립주의 지향이었다. 이 대응은 경건주의 유형과 연결된다. 이성주의·세속주의 물결에서 기독교 신앙을 순수한 형태로 유지하고 지켜 내기 위해 외부와의 접촉을 단절하는 것, 다시 말해 신앙을 공공화하지 않고 사유화하는 것이다. 20세기 유형의 근본주의자나 종교개혁 시기의 일부 아나뱁티스트 그룹이 여기에 해당한다. 지금도 미국의 펜실베이니아 랭카스터 지역의 아미쉬 공동체는 17세기 모습 그대로, 전기나 자동차도 없이 마차를 타고 호롱불을 이용하며, 단추 없는 검은 옷을 입고 살아가고 있다. 산상수훈의 말씀 하나하나를 문자 그대로 지키려는 절대 비폭력 평화주의자인 이들은 실제로 오른뺨을 맞으면 왼뺨을 돌려댈 정도의 비폭력 무저항 정신을 실천한다. 이런 급진적 제자도는 우리가 죽었다 깨어나도 따라가기 힘들 만큼 탁월한 것이지만, 궁극적으로는 세상을 버렸다는 면에서 종교적 고립주의에 해당한다.

세 번째 대응이 우리에게 가장 중요하다. 우리가 이번에 다루는 변증학의 내용이 이와 관련되어 있기 때문이다. 세상의 모든 사고와 가치관이 계몽주의로 인해 바뀌면서 우리 신앙도 살아남기 위해, 강력하게 침투하며 기독교 신앙을 붕괴시키는 이성주의·합리주의에 대항하기 위해 이성이라는 무기를 취하자는 것이다. 요점은 신앙을 계몽화하고, 신학을 과학화한다는 것이다. 이런 신학의 한 분과를 일반적으로 '변증학'apologetics이라고 한다. 세상의 사상에 대응해 기독교 신앙과 신학을 변증하고 대응하겠다는 것이다. 이성 자체가 전적으로 타락해서 전혀 사용할 수 없는 무기가 아니므로 상대가 이성이라는 첨단 무기로 우리를 무너뜨리려 한다면, 이 무기에 화살로 대응할 수는 없기에 결국 같은 첨단 무기로 맞대응하는 체계를 만들어야 한다고 본 것이다. 물론 개신교 변증학 내에서도 이런 무기 체계를 어디서 가져오고, 어떻게 구축하며, 어느 정도까지 활용이 가능한지에 대한 논쟁이 있다.

복음주의 변증학을 대표하는 체계로, 계몽주의 발전이 최고조에 이른 19세기에 미국 프린스턴 신학교를 중심으로 발전한 개혁파 변증학 체계가 있다. 이 체계는 구프린스턴 신학으로 불리는, 오늘날 미국 및 한국의 보수 장로교의 원전 형태라 할 수 있는 신학 체계다. 찰스 하지Charles Hodge나 벤저민 워필드Benjamin B. Warfield 등의 변증학과 신학이 여기에 해당한다. 이들은 오늘날까지도 칼뱅주의 역사에서 가장 위대한 신학자라 불리는 사람들이다. 이들은 19세기 계몽주의 시대를 살았기 때문에 계몽주의 이전 시대 사람이었던 칼뱅John Calvin이 취한 것과는 다른 방법론을 취할 수밖에 없었다. 두 시대의 사람들이 주장하는 내용 사이에 큰 차이가 있다고 말하기는 어렵지만, 방법론은 분명히 달랐다.

구프린스턴 신학자들이 행한 방법론은 신앙을 과학적 체계로 환원한 것이다. 하지의 조직신학 서론에는 "성경은 모든 정보의 창고"라는 말이 나온다. 성경이 모든 것에 대한 정보와 지식이 다 저장된 완전한 창고와 같은 일종의 백과사전이므로, 계몽주의 시대에 발전한 각 학문의 모든 정보 또한 그 안에 담겨 있다. 따라서 외부의 어떤 학문이 기독교를 공격한다 해도 성경에서 대응의 논리를 하나하나 꺼낸 후 조합해서 각 학문에 각각 대응할 수 있는 체계로서의 기독교 변증학을 주조해 낼 수 있다. 계몽주의에 저항하기 위해 계몽주의 방법론을 빌려 와서, 기독교 신학이 계몽주의 체계하에서 자기 역할을 하도록 한 것이다.

네 번째 대응 유형은 대세에 굴복한 흐름이다. 즉, 기독교 신앙을 계몽주의에 적응시킨 것이다. 17세기 당시 처음 계몽주의가 나왔을 때, 데카르트 등 초기 계몽주의 철학자들은 이성을 중심으로 체계를 세웠다고 해도 급진적 무신론자는 아니었다. 정통 기독교 유신론과는 다르지만 이신론Deism, 곧 자연신론 체계까지는 인정하는 분위기였다. 이신론은 기본적으로 하나님의 존재를 긍정하는 체계였다. 신이 존재하지만 이 세상에 개입하지는 않는 신, '눈먼 시계공'으로 표현되는 신, 창조는 하지만 섭리하지는 않고 만들어 놓은 후 이성과 기계적 설계도에 의해 시계처럼 돌아가도록 만들어 놓은 신이 이신론의 대표적인 신 이해였다. 계몽사상이지만 유신론적이었다.

하지만 18세기 중후반이 되면 상황이 달라진다. 개입도 하지 않을 신을 군이 모셔 놓을 필요가 없다는 것이다. 그러면서 신이 서서히 사라지게 되고 18세기 후반, 19세기가 되면 대부분의 철학 체계 내에서 신이 사라지고 그 자리를 인간이나 자연이 대신한다. 기독교 신학 내에서도 이 대세의 흐름에 저항하기보다는 순응하고 따르자는 운동이 생겨난다. 유신론 체계하에 있기는 하지만 이 계몽주의에 완전히 순응한 사상으로는, 잉글랜드에서 먼저 등장했다가 미국으로 건너가 뉴잉글랜드에서 하버드 대학을 중심으로 널리 퍼진 유니테리언주의Unitarianism가 대표적이다.[4] 이는 기독교 신론을 계몽주의 체계에 종속시킨 것이었다. 혹은 19세기 중반 이후 독일에서 고등비평이 등장하면서, 성경이 하나님의 계시된 말씀이 아니라 고대 근동의 다른 종교 문서와 같은 종류의 신화적 문서이므로 객관적으로 분석하고 비평할 수 있다고 보는 이들, 또한 이후에는 성경에 등장하는 창조 내러티브가 다윈의 진화론과 조화될 수 없다고 보고 창조를 신화로 취급하며 버린 이들이 나타났다. 이런 이들이 계몽주의적 기독교인이었다. 정도에는 차이가 있지만, 자유주의 기독교 사상의 탄생 배경에는 바로 이런 계몽주의에 순응하는 관계가 설정되어 있었다.

## 복음주의와 계몽주의의 관계: 적과의 동침?

계몽주의에 대한 기독교의 대응 체계로 이러한 네 유형이 있었다. 일반적으로 기독교 신앙을 계몽주의와 조화시킬 수 없을 것 같지만, 실제로는 계몽주의가 기독교세계 체제 내에서 나타났다는 사실을 우선 인식해야 한다. 모든 용어와 사고 체계가 서구의 기독교세계 안에 뿌리를 두고 있기 때문에, 이들은 처음부터 상호 관계를 맺고 있었다. 그러다 시간이 갈수록 계몽주의라는 체계 자체가 시대정신이 되었기 때문에, 이 시대정신 내에서 기독교적 반응이 나타났다. 결국 반대한 사람도 수용한 사람도 일부 타협한 사람도, 이 시대정신 내에서 시대정신에 근거해 기독교 신앙을 대응시켰다. 지난 300년간의 근대 서양 기독교 역사는 우리의 일반적인 상식이나 기대와는 달리 계몽주의와 동침한 역사였다. 계몽주의와 기독교 관계는 적과의 동침, 곧 적대적 동반자 관계였다. 우리가 알았든 몰랐든 간에 둘은 늘 함께했다.

신학도 마찬가지다. 오늘날 국내와 해외의 신학생 대부분은 일반 학문과 거의 동일한 유형의 교육부 제도에 따라 학위를 수여하는 신학교 체계 내에서 신학을 공부하고 학위를 수여받는다. 이는 우리가 일종의 계몽주의 체계 안에 있다는 것을 방증한다. 신학 공부를 하러 산이나 광야에 들어가서 몇 년간 세상과 단절하는 훈련을 하는 것이 아니다. 우리는 신학을 하기 위해 원어를 공부하고 엄밀한 학문적 방법론을 배우며, 그에 근거해 논문을 작성하고 출판한다. 이 틀 안에서 신학을 한다.

복음주의는 기독교 체계 내에서도 보수적인 형태이자 성경을 중시하는 신앙이다. 성경과 회심과 십자가와 전도를 통해, 행동하여 신앙을 증언하는 것이 복음주의다. 이런 점은 얼핏 보아 별로 지적인 것 같지는 않다. 복음주의를 탄생시킨 기원과 배경을 생각해 보자. 18세기 이래 영미 복음주의는 일련의 부흥을 통해 발흥하고 성장했다. 그런데 이 부흥운동이 이성적이거나 사상적인 운동으로 보이지는 않는다. 부흥은 사람이 회개하고 돌아오기를 기대하는 것인데, 여기서는 감정과 체험이 강조될 수밖에 없다. 부흥이 일어나는 현상을 보면서 지적이고 합리적이고 이성적이고 냉철하다고 생각하는 사람은 거의 없다. 부흥운동은 경건주의 체계와 깊은 연관이 있고, 지성보다는 감정과 체험과 더 관련이 있으며 외면보다는 내면과 관련된 것, 학교보다는 교회와 관련된 것으로 보인다. 세상을 지배하는 계몽주의·인본주의 체계에 대해 복음주의야말로 이에 대한 가장 강력한 저항군이 되어야 하는 것이 아닌가 생각할지도 모른다. 그렇다면 복음주의는 계몽주의와 늘 적대적 관계에 있었을까? 정말로 그랬을까?

## 18세기 복음주의: 1차 대각성과 감리교 운동

그렇지만은 않았다는 것이 답이다. 현대 복음주의의 기원인 18세기 복음주의, 곧 1차 대각성과 감리교 운동을 대표하는 네 사람은 조나단 에드워즈와 존 웨슬리, 찰스 웨슬리, 그리고 조지 윗필드다. 이 운동은 의식적이지는 않았지만 무의식적으로 계몽주의 사상 체계 안에서 이루어졌다고보는 것이 복음주의 역사를 연구하는 전문 학자들이 공통으로 인정하는정설이다.

조나단 에드워즈를 보자. 에드워즈는 칼뱅주의 신학자로 가장 잘 알려져 있다. 칼뱅주의 신학자는 일반적으로 신앙에 대한 지적이고 이성적인 이해를 감성적 체험보다 강조하는 경향이 있다. 조나단 에드워즈의 가장 유명한 책 중 하나인 『신앙감정론』*Religious Affection*을 사례로 들어 보자.[5] 감정을 무시했던 대부분의 정통주의 신학자들의 입장에 비하면, 에드워즈가 칼뱅주의자로서 감정을 강조한 것은 일종의 혁명으로 보인다. 대각성에서 일어난 지나친 감정 분출을 죄악이나 사탄이 주는 것이라 멸시했던 이들이 당시에 아주 많았기 때문이다. '신앙감정론'이라는 책 제목만보면, 감정에 대한 책이니 아주 감동적이어서 읽을 때마다 눈물이 나고,마치 우리의 감정을 고양시켜 천상으로 이끌 것만 같은 느낌을 준다. 그런데 책을 편 후 세 쪽 정도 읽으면 책을 덮고 싶은 충동을 느낀다. 대부분의 내용이 그렇다. 감정을 다루지만, 다루는 내용을 감정으로 느끼도록 이끄는 책이 아니다. 감정을 신학과 철학으로 분석하는 책이다. 에드워즈는신앙에서의 감정의 위치를 강조하고 이것이 얼마나 중요한 것인지 가르치는 목회자, 부흥사, 설교자였고 실제로 이 감정을 고양시키기 위해 노력했다. 그럼에도 이것을 표현하는 방법은 철저하게 이성적이었다. 철저하게 계몽주의적 틀을 가지고 감정적 신앙을 변증하기 위해 노력한 것이다. 일종의 변증가로서의 에드워즈는 계몽주의적 틀을 가지고 당시 유행하던 많은 계몽주의 철학에 저항하며, 감정을 아주 이성적인 방식으로 변호한다. 에드워즈 스스로는 계몽주의자가 아니라고 말할지 모르지만, 사실은 계몽주의의 영향하에 있었다. "경험 없는 성경은 공허하고 성경 없는 경험은 맹목"이라는 그의 발언은 이를 대변한다.

웨슬리 형제와 윗필드는 어땠을까? 이들이 옥스퍼드 출신이라는 것이 논의의 출발점이다. 이들이 창시한 운동을 지칭하는 표현이 한국에서는 '감리교'監理教로 번역되었다. 원래의 영어 표현 'Methodist'와는 전혀 다른 이름이 사용되었다. 이 '감리교'는 한편으로는 '진리를 감독한다'는 뜻이 있지만, 다른 의미로는 감독제의 원리로 세워진 교회라는 교회 정치 체계를 반영하는 뜻도 있다. 그러니까 한국에서 사용하는 '감리'교라는 이름은 장로가 다스리는 교회라는 이름의 '장로'교에 대응하는 이름이라 할 수 있다. 루터교Lutheran의 경우 교파 이름을 정할 때 창시자의 이름을 따왔다. 루터가 이것을 원하지는 않았을 것이다. 칼뱅주의의 경우, '칼뱅주의자'라는 표현은 있지만 이 표현이 교파 이름으로 사용되지는 않았고, 오히려 대륙에서는 개혁파Reformed, 영국으로 넘어가서는 장로교Presbyterian가 되었다. 그리고 이런 대부분 영어 이름이 번역된 한글 이름에도 글자 그대로 번역되었다. 그런데 영어로 'Methodism'이라고 쓰인 교파의 이름은 흥미롭게도 이 영어의 원래 의미를 살린 방법론자주의, 방법교, 규칙교 등으로 번역되지 않았다. 옥스퍼드에서 존 웨슬리와 동료들은 '홀리클럽'Holy Club이라는 모임을 조직해서 철저하게 경건생활을 하고, 성경말씀을 읽고, 기도하고, 자기를 부인하는 규율과 훈련의 체계를 만들어 냈다. 이런 식으로 철저하게 훈련하는 것을 보고, 주변에 있던 분방한 학생들은 이들이 마치 군인처럼 너무 지나치게 자기를 몰아붙인다는 뜻에서 '규칙론자', '방법론자'라는 이름을 붙여주었다.

웨슬리 형제와 윗필드가 옥스퍼드에서 홀리클럽을 조직했을 때 기저에 깔린 사고는 당시 계몽주의 분위기와 관계가 있다. 자기절제와 금욕을 통한 신앙훈련, 자아실현의 체계로서의 경건에 대한 사고는 당시 계몽주의의 자기목표 실현 의지라는 시대의 산물이었다. 또한 이들은 옥스퍼드 출신의 수재들이자 성공회 소속의 중산층 이상 신사들gentlemen이었기 때문에, 부흥운동을 주도하면서도 우리가 일반적으로 아는 극적이고 극단적인 현상, 말이나 몸으로 나타나는 신비적인 현상에 대해 별로 강조하지 않고 오히려 많이 절제시켰다.

비교를 하면 이 강조점이 더 두드러진다. 잉글랜드 감리교는 한편으로는 감정과 체험을 강조하는 복음주의 운동의 근원지였지만, 지성인이자 중산층이 창시자였기 때문에 우리가 예상하는 것보다 훨씬 절제와 질서를 강조했다. 잘 알려진 대로, 이들은 원래 성공회를 떠날 마음이 없었다. 성공회에서 이들에게 설교 기회를 주지 않았기 때문에 야외에서 설교할 수밖에 없었으며, 당시 감리교 야외집회에 모인 이들 다수는 사회 하층민이었다. 그러나 웨슬리 형제는 야외설교를 별로 좋아하지 않았던 것으로 알려져 있다. 자신들의 체질에 맞지 않는다고 판단했기 때문이다.

그런데 이들보다 야외설교를 훨씬 잘했고 즐겼던 사람이 있었다. 조지 윗필드다. 윗필드는 시간이 지나면서 이 주류 감리교 운동에서 이탈한다. 물론 분열의 주된 이유는 신학적 차이 때문이었지만, 웨슬리 형제와는 달랐던 그의 성정도 한 이유였다. 윗필드도 웨슬리 형제와 마찬가지로 옥스퍼드 출신이었지만, 그는 웨슬리 형제보다 더 열정적이고 정력적인 인물이었다. 윗필드는 이후 미국으로 건너가서 엄청난 부흥운동과 집회를 이끌며, 실제로 당대 세계 최고의 부흥사로 우뚝 선다.

영국에서 웨슬리의 감리교가 절제된 형태로 성장한 후에, 이들이 미국으로 파송해서 순회전도와 교회 개척을 담당하는 선교사가 된 사람이 프랜시스 애즈베리Francis Asbury다. 그런데 애즈베리는 웨슬리 형제와는 기질이 많이 달랐다. 공부를 많이 한 사람도 아니었다. 그는 시골 출신의 에너지 넘치는 전도자였다. 말을 타고 다니는 순회전도자circuit rider로서, 미국 전역을 말 타고 돌아다니면서 개척지 시골 곳곳에 외따로 떨어져 사는 사람들을 모아 부흥회를 열고 교회를 개척한 인물이었다. 감정과 체험 중심의 미국 부흥신앙을 개척지 전역에 전파한 열정적인 정력가energizer였다. 이 영향을 받은 미국 감리교는 절제와 질서를 중요시하는 잉글랜드 감리교와는 전혀 다른, 뜨거운 체험과 열정을 더 강조하는 감리교로 성장한다. 또한 웨슬리 형제 이후 잉글랜드 감리교의 주류를 맡게 된 후계자들은 웨슬리 형제보다 절제와 질서를 더욱 강조하는 사람들이었다. 이 때문에 원래 형태의 순수하고 뜨거운 하층민 지향의 감리교를 원하는 이들 일부가 주류 감리교를 떠나 원시감리교회Primitive Methodist Church를 창립하기도 했다.

이런 대조된 역사적 흐름은 계몽주의가 강조하는 절제와 질서와 인간의 진보 등의 사상이 변방 식민지였던 미국보다는 지성의 중심부였던 영국에 더 뿌리박혀 있었기 때문에 가능했다. 1차 대각성이 부흥운동이었지만, 이 운동이 탄생한 지역이 양국에서 가장 지성인이 많은 지역이었던 영국의 옥스퍼드와 미국의 뉴잉글랜드였다는 사실도 바로 이런 절제된 부흥의 존재와 관계가 깊다. 즉, 이 18세기 부흥은 계몽주의의 영향하에서

지성과 변증: 복음주의자는 어떻게 자기 신앙을 변호했나

일어난 복음주의 운동이었다는 것이다.

## 19세기 복음주의: 2차 대각성과 선교·사회운동

19세기는 예일대 역사가 케네스 스코트 라투레트<sup>Kenneth Scott Latourette</sup>의 말
대로, 기독교의 '위대한 세기'<sup>The Great Century</sup>다. 이 시기는 유럽과 북미 지역
을 중심으로 존재하던 기독교가 선교를 통해 세계화되는 첫 단추가 채워
진 시기다. 물론 여기에는 오해가 있을 수 있다. 선교의 위대한 세기는 오
히려 20세기다. 세계화의 측면에서도, 신자의 숫자와 비율에서도 마찬가
지다. 그러나 19세기 후반에서 20세기 중반까지 살았던 인물인 라투레트
의 관점에서 19세기를 위대한 세기라 부른 것에 큰 문제가 있는 것은 아
니다. 이런 계기를 만든 것이 해외 선교운동이다.

　그렇다면 이 시기의 선교운동은 계몽주의 운동과 무슨 관계가 있을
까? 18-19세기 배경에서 볼 때 선교운동 역시 계몽주의 사상 아래에서
나타났다. 예를 들어 보자. 18세기 마지막 시기(1793년)부터 19세기 전반
(1834년)까지 인도에서 선교한 윌리엄 캐리<sup>William Carey</sup>라는 선교사가 있다.
그는 현대 서양 개신교 운동의 아버지라 불린다. 그런데 실제로 이것은 오
류다. 그는 최초의 영어권 국가 출신 개신교 해외 선교사이기는 했다. 그
러나 이미 그 이전에 덴마크와 독일 출신의 경건주의 선교사들이 인도에
서 100년가량 먼저 선교하면서 많은 열매를 거두었다. 그러므로 그는 최
초의 개신교인 해외 선교사가 아니다. 그러나 캐리가 현대 서양 개신교 선
교의 아버지라 불릴 만한 요소는 있었다. 즉, 개신교 해외 선교운동의 주
류는 세계를 지배한 대영제국의 확장이라는 맥락에서 영미권에서 시작되
었다. 이전 경건주의 독일어권 선교는 식민지가 없는 상태에서 개인이 각

개전투하는 방식의 어려운 선교를 했다. 독일과 덴마크가 당시 제국주의 국가도 아니었고, 경건주의자는 국교도 아닌 고립된 소수파였을 뿐이기 때문이다. 그러나 영국의 선교는 빅토리아 여왕 시대 제국주의라는 배경 하에서 정치와 경제와 군사가 함께 이동하는, 이전과는 틀이 다른 선교였다. 서양의 복합적인 영적, 사회적, 정치, 경제적 제도와 체계가 함께 가는 선교였다. 이때부터 선교의 틀이 달라진다는 점에서 19세기 전형적인 개신교 선교의 시작을 연 상징적 인물이 윌리엄 캐리다.

캐리가 외친 유명한 선교 구호는 우리가 다루는 복음주의 선교와 계몽주의와의 관계 구도에서 아주 중요하다. "하나님으로부터 위대한 일을 기대하고 하나님을 위해서 위대한 일을 시도하라!" 이 구호는 오늘날에도 선교한국 등 많은 선교집회에서 참석자에게 도전을 주어 그들이 선교사로 자원하도록 하는 구호로 쓰이기도 한다.

그런데 이 표현이 나오기 얼마 전인 1760년대부터 1779년까지 영국 탐험가 제임스 쿡James Cook 선장이 배를 타고 세계 일주를 하다가 호주, 태평양의 여러 섬, 하와이 제도 등을 발견하고, 이들을 영국령으로 선포했다. 당시 많은 영국 젊은이들의 꿈은 제임스 쿡처럼 세계를 누비는 인물이 되는 것이었다. 마치 오늘날 남자 아이들이 세계적인 축구스타를 보면서 축구선수가 되고 싶어 하고, 여자 아이들이 걸그룹 아이돌 가수가 되고 싶어 하는 것처럼, 당시 영국 아이들이 되고 싶어 했던 삶의 모델이 바로 쿡 같은 항해자들이었다. 세계로 나아가 무언가를 발견하고 인간의 발전과 성취를 과시하고자 하는 욕망이 일어난 시기였다.

이렇게 영국이 해상을 장악하며 세계로 진출하던 것과 거의 같은 시기에 캐리가 등장했다. 그는 세속적인 이들은 칼과 총을 들고 영국 왕의 영광을 위해 세상으로 나가는 것에 대비하여, 기독교인은 말씀과 복음을 들고 우주의 왕이신 하나님의 영광을 위해 세계에 나가자고 요청했다. 말하자면 당시 빅토리아 시대 중산층 계몽주의가 가진 전형적인 사고방식을 집약한 단어들인 진보, 계몽, 해방, 개척, 개발, 곧 세계를 바꾸고, 탐구하고, 더 낫게 만들 수 있고, 인간의 소망을 성취할 수 있었던 계몽주의 정신의 종교적 표현이 해외 선교였다. 물론 필자는 선교가 갖는 순수한 신앙의 요소를 폄하하는 것은 아니다. 필자는 선교를 강조했고, 지금도 강조하며, 교회의 본질로서의 선교를 복음의 가장 중요한 가치로 간주한다. 스스로 선교사가 되려고 훈련을 받기도 했고, 선교학을 연구하고 가르치는 학자이자 교수이기도 하고, 지금도 해외 선교에 직간접적으로 참여하고 있다. 그러나 선교든 목회든 신학연구든, 모든 사건의 맥락에는 시대성이 있다. 시대의 정치·사회문화적 배경에 영향을 받지 않는 사상이나 사람은 없다. 따라서 이런 요소가 있었다는 사실을 알 필요가 있다. 근대 선교는 계몽주의의 구호 아래 진행되었다고 해도 과언이 아니다.

윌리엄 캐리라는 상징적 인물을 뒤이어, 19세기 100년 동안 선교가 진행되어 선교가 정점에 이른 시대에 선교운동을 이끈 19세기 후반 인물 중에 아서 피어선Arthur T. Pierson이라는 유명한 인물이 있다. 피어선은 한국과도 관련이 있다. 한국의 평택대학교, 곧 예전 피어선성경학교는 아서 피어선이 세운 학교다. 그는 원래 장로교, 그중에서도 미국 북장로교의 신학파New School 계통의 목사였다. 그가 활동하던 시기의 동반자 가운데 가장 유명한 인물이 D. L. 무디였다. 피어선은 무디의 대형 부흥집회를 선교집회로 연결키시면서 신앙을 재결단하는 사람들을 대상으로 선교 모집을 했고, 무디가 주로 청년층을 대상으로 신앙의 각성을 도모했던 유명한 헐

몬산 집회 등의 대회에 가서 가슴이 뜨거워진 청년들을 대상으로 선교 모집 활동을 하기도 했다. 오늘날 수많은 선교단체나 교회 출신 청년들이 모인 부흥집회가 선교한국의 모체나 텃밭이 된 경우와 유사하다.

19세기 후반에 이런 부흥 집회가 선교운동인 학생자원자운동Student Volunteer Movement, SVM으로 연결된다. SVM의 여러 대표자들이 있는데, 그중 한 사람이 피어선이었다. 1888년에 시작된 이 운동은 1920년대까지 미국에서 매우 강력한 선교운동이었다. 19-20세기로 넘어가는 이 시기에 미국, 캐나다 등 북미에서 파송되어 전 세계에서 활동한 선교사의 70% 정도가 SVM 집회를 통해서 선교사가 되기로 결단한 이들이다. 이 당시, 곧 1885년 이후 1920년대까지 한국에 들어온 개신교 선교사 중에도 SVM 출신이 80% 정도였는데, 이 비율은 세계 평균보다도 높았다. 한국에는 장로교, 감리교 배경의 선교사가 전체 개신교 선교사의 70-80%에 이른다. 중국이나 인도 같은 더 큰 선교지에서는 이런 큰 교단 출신 선교사들뿐만 아니라, 이른바 믿음선교faith mission라는 유형의 초교파적, 비정치적, 독립적 선교를 지향하는 중국내지선교회China Inland Mission, 1964년 이후 Overseas Missionary Fellowship 등의 개별 독립 선교단체가 파송한 선교사도 아주 많았다. 그런데 한국에는 믿음선교 단체 출신이 거의 없이, 주로 장로교와 감리교가 주도한 교파형 선교사가 주류였다는 점에서 다른 선교지와는 달랐다.

이 선교사들이 선교를 결심하게 된 계기를 기록한 여러 문서가 있다. 개인일기나 보고서, 잡지에 기고한 글, 개인 편지 등의 원전 자료들을 꼼꼼히 찾아 읽다 보면 이들이 선교를 결심한 계기, 곧 어떤 통로를 통해 한국에서 일하는 선교사가 되었는지에 대한 기록이 나온다. 이런 자료는 주로 미국의 교단 역사 자료실에 있고, 일부는 한국의 몇 학교와 연구소에 복사본으로 들어와 있다. 그런데 이런 자료를 읽어 보면, 이 시기에 한국에 들어온 선교사의 약 80%는 장로교, 감리교 등 소속 교단에 상관없이 SVM을 통해 선교사 헌신을 했다는 사실을 알 수 있다. 이 운동은 일종의 에큐메니컬, 곧 초교파 복음주의 선교집회였다. 오늘날 한국 상황에 빗대어 말하자면, 장신이든 총신이든 합신이든 한신이든 감신이든 연신이든, 신학교를 다니거나 졸업한 후에 이들 중 누군가가 선교사가 되기로 결정할 때, 그 계기가 초교파 조직인 선교한국에 참석해서 결단을 하게 되는 사례를 생각해 보면 이해하기 쉽다. 이러한 계기를 마련해주는 것이 19세기 말과 20세기 초에는 SVM이었다. 이 운동의 대표자 아서 피어선이 1888년에 외친 아주 중요한 구호 중 하나가 "이 세대 안에 세계 복음화"World Evangelization in This Generation!다. '이 세대'라는 표현을 쓸 때 피어선의 머리에 있던 표상은 1900년이었다. 1900년이 되기 전까지 세계를 복음화하겠다고 선언한 것이다. 이러한 사상의 기저에는 낙관적인 세계관이 있었다. 물론 전 세계에 있는 모든 개인이 1900년까지 다 구원받는 것을 상정했다기보다는 전 세계의 모든 나라에 복음이 전파되는 상황을 염두에 둔 것이다. 그러면 이런 낙관적인 선교 성취 희망의 기저에 깔린 사상이 무엇이었을까? 바로 계몽주의다. '우리가 이룰 수 있다'We Can Do It!는 것, 곧 우리가 함께 뜻을 모으고 재정을 모으고 힘을 모아 함께 나가면 이 목표를 이룰 수 있다는 것이다.

1840년대에 정점에 이른 2차 대각성 시기에는 찰스 피니Charles Finney를 중심으로 퍼진 부흥운동을 통한 활력으로 인해 자원선교단체들voluntary (para-church) societies이 우후죽순처럼 탄생하고 성장한다. IVF, CCC, YWAM, 네비게이토, 십대선교회YFC 등 우리가 아는 20세기 선교단체의 역사적 뿌리가 19세기 2차 대각성이다. 노예해방협회, 성서공회, 금주협회, 주일학교협회, 남선교회, 여선교회, 기독교서회나 기독교문서선교회 같은 문서선교단체, 고아원, 장애인이나 정신병자를 위한 사업, 미망인이나 매춘부 같은 여성 지원, 해방노예 귀향 등의 사회선교 단체 및 수많은 지역별, 교단별, 성별, 특수목적별 해외 선교단체, 믿음선교 단체가 모두 2차 대각성의 여파로 등장한다. 중요한 점은 이러한 단체들이 '자원'voluntary 단체라는 것이다. 즉, 내가 스스로 원해서 세상을 변화시키겠다는 선언이 담겨 있다. 여기에도 역시 계몽주의 사상의 흔적이 담겨 있다.

신학적 차원에서 대각성 운동을 평가하는 이들은 1차 대각성에서 2차 대각성으로 이동하는 과정에서 신학적 변형이 일어났다고 보기도 한다. 1차 대각성은 하나님의 절대적 주권에 의해서 일어난 칼뱅주의적 부흥이었고, 2차 대각성부터는 피니를 중심으로 한, 인간이 개입하여 스스로 부흥을 일으킬 수 있다는 사상 곧 아르미니우스주의나 신인협력적인Semi-Pelagian 인간 주체적 운동이 주도적이었다고 본다. 이런 경우 1차 대각성에는 '운동'이라는 표현을 쓰지 않고, 2차 대각성에만 '운동'이라는 표현이 들어가야 한다고 주장할 수 있다. 더 극단적으로는 1차 대각성만 참된 부흥이고, 2차는 인위적인 가짜 부흥이라고 주장하기도 한다. 이런 평가는 일면 맞는 부분이 있다. 19세기 당시에 일어난 수많은 자원단체나 선교단체의 배경에는 인간의 가능성을 강조하고 타락 후에도 남아 있는 인간의 능력을 인정하는 신학의 영향이 다양하게 존재했다. 아르미니우스주의 사고방식에 따르면, 우리가 타락하기는 했지만 전적으로 타락하여 모든 기능을 다 잃은 것은 아니기 때문에 인간이 성화를 성취할 수 있는 여지가 많아진다.

실제 2차 대각성에는 그런 측면이 있었다. 피니와 그의 후계자들을 통해 세상을 적극적으로 변화시키고자 하는 자원단체운동이 부흥과 함께 일어났고, 그 정점에 선교운동이 있던 것은 사실이다. 아르미니우스주의 기독교의 인간에 대한 긍정적인 관점이 계몽주의의 인간 중심 사상과 결합하여 시너지 효과를 일으킨 것이라고 보는 것이 가능하다. 결국 복음주의자가 계몽주의를 반대할 수밖에 없는 종류의 사람들로 평가된다 하더라도, 복음주의가 성장한 뿌리와 배경에는 이런저런 계몽주의의 영향이 있었다. 복음주의는 시대의 아들이었다. 물론 복음주의자는 이 모든 과정에서 삼위일체 하나님의 다양하고 세밀한 역사와 개입과 주권이 있었다고 인정한다. 그럼에도 복음주의의 모든 현상이 시대의 배경과 조건 아래에서 일어났다는 사실 역시 부인할 수 없다.

또 중요한 사상 중 하나가 종말론이다. 19세기 중엽에 서구 복음주의 사상에서 종말론의 변화가 있었다. 남북전쟁이 일어나기 전까지는 후천년설이 유행했다. 후천년설은 낙관적 신학사상으로, 복음이 점점 더 왕성하게 전파되면서 이 땅이 하나님의 나라로 변해 가는 중이며, 따라서 세상이 점점 더 좋은 곳이 되어 간다는 사상이다. 이것이 선교의 열정을 일깨운 요소였다. 이것은 계몽주의의 진보사상과 연결된다. 물론 남북전쟁 이후에는 전쟁의 참사 속에서 인간의 본성과 능력에 대한 비관주의 및 이와 연결된 타계주의가 유행하게 되면서 전천년설을 통해 다른 방향성을 가진 선교가 활성화된다. 세상이 너무 악해서 하나님의 심판이 임박했기 때문에, 그 이전에 한 사람이라도 더 구해야 한다는 당위가 생긴 것이다. 모든 민족에게 복음이 전파된 후에야 종말이 올 것이라는 믿음에 바탕을 둔 무디와 피어선의 전도와 선교 집회도 전천년설의 영향을 받았다. 두 종말

론이 공히 선교를 강화하는 데 기여하지만, 전천년주의가 지배하는 선교
는 하나님 나라가 이 땅 위에 건설되리라는 낙관적인 후천년주의 희망에
근거한 남북전쟁 이전 선교와는 분위기와 지향성이 다르다.

# 2.

# 20세기 개신교 복음주의 변증학의 대표자들

변증학은 기독교 신앙을 지적·이성적·합리적으로 변증하려는 목적에서
탄생한 학문이다. 기독교 신앙이 이성적·지적으로 받아들일 만한 것이
라고 증명하고 설득하며, 이를 통해 전도의 문을 열려는 것이다. 이 작업
을 하는 사람들을 변증가apologist라 한다. 변증가가 20세기에만 있었던 것
은 아니다. 초기 기독교 시기에도 변증가가 있었다. 이때 변증가들은 당시
에 자신들을 공격했던 가장 강력한 무기인 그리스 철학을 빌려 와서 자신
들을 방어하려고 했다. 당시 그리스 철학자들이 기독교는 무식하고 덜떨
어진 야만인의 종교라고 비난한 것에 대항해서, 그리스 철학의 요소를 빌
려 와서 기독교도 그리스인과 로마인이 생각하는 것 이상으로 합리적이
고 탁월한 체계를 가지고 있다는 것을 설득하려 했다. 20세기에 변증가들
은 계몽주의 시대를 사는 사람들에게 기독교를 합리적으로 증명하기 위
하여, 기독교를 무너뜨리려 했던 강력한 무기인 계몽주의 체계를 빌려 와

이에 대응하고 역공을 가했다.

변증가에도 여러 유형이 있다. 더 학문적이고 신학적으로 진보적인 입장에서 활동한 이들이 있고, 변증이라는 표현을 사용하지는 않지만 실제로는 변증가처럼 활약한 철학자도 있다. 그러나 오늘 우리가 다루는 이들은 복음주의라는 수식어를 앞에 달고 있는 변증가이다. 변증을 통해 '전도'를 하려는 목적, 곧 복음주의의 하나의 특징인 행동주의 요소를 가진 이들이다. 복음주의 변증가를 다룬 이후에는, 반드시 복음주의적인 변증가라고 할 수는 없지만 복음주의 변증에 다양한 형태로 영향을 끼친 이들도 살펴보려 한다.[6] 우선 이들을 두 유형으로 나누는 것이 좋겠다. 나라별로, 미국과 영국으로 나누는 것이 가장 쉽고 분명하다.

## 미국 변증학과 영국 변증학의 차이

미국에서 변증가 역할을 했던 사람은 거의 예외 없이 신학적으로 개혁파혹은 칼뱅주의자였다. 19세기 프린스턴 신학교의 영향하에 있고 20세기에는 웨스트민스터 신학교로 이어지는 신학자들의 계보를 따르는 이들이 여기에 속한다. 이 그룹에 속한 이들은 다른 유형에 비해 전반적으로 더 보수적인 경향을 띤다. 비교하자면, 예컨대 영국에서 복음주의자 그룹은 대게 극단적이지 않고 온건하다. 복음주의자가 주로 성공회에 속한 이들이기 때문에, 교단을 떠나지 않고 교단 내에 있는 가톨릭파(고교회파)나 자유주의자(광교회파)와 대화하고 경쟁하면서 자기 정체성을 지켜 갔다. 변증학을 한다 하더라도 변증을 통해 우리 편이 아닌 누군가를 쳐내는 것에 집중하지 않는다. 반면 미국 복음주의 변증학은 변증을 통해 누군가를 배제하거나 분리해 내려는 경향이 있다. 이것은 미국 내 변증학이 1920년대 근본주의-현대주의 간 논쟁의 결과물로 탄생했기 때문이다. 물론 그 이전에도 프린스턴 신학교 중심의 변증학은 보수적이었지만, 1920년대 이후에 근본주의의 전투적 성향이 더 강하게 나타났다.

또 하나의 차이점은, 칼뱅주의가 갖는 기본적인 특징을 반영한 데서 나타난다. 칼뱅주의는 전반적으로 '냉정'하고 '냉철'한 느낌, 차가운 이미지를 전달한다. 이것이 좋은 면으로 나타나는 경우도 있고, 그 반대의 양상을 보일 때도 있다. 그러나 역사적으로 윗필드와 에드워즈나 로이드 존스 같은 경우를 제외하고는, 지난 500년간의 칼뱅주의 역사는 많은 경우 체험과 감정보다는 지성을 강조하는 주지주의가 강한 것이 분명하다. 따라서 미국 변증학은 냉랭한 느낌을 준다.

그러나 영국은 조금 다르다. 영국에서 변증 관련 서적으로 가장 많이 팔린 책은 존 스토트의 『기독교의 기본 진리』*Basic Christianity*다.7 이 책은 쉽다. 물론 여전히 어렵다고 느끼는 이들도 있지만 다른 변증학 저술에 비해 상대적으로 쉽다. 또한 따뜻하고 목회적이며, 설교 같은 느낌도 준다. 이는 스토트의 특징이 반영된 것이다. 스토트는 성공회 복음주의자이고 목회자이자 설교자다. 또한 균형이 잡혀 있다. 변증을 하지만 철학적으로 변증하지 않고 목회적으로 변증한다. 『기독교의 기본 진리』는 학문적으로 아주 탁월한 책은 아니지만 대중성이 있다. 레슬리 뉴비긴도 마찬가지다. 뉴비긴의 변증서는 철학적이라기보다는 문화적이고 선교적이다. 여타 변증서에 비해 상대적으로 따뜻하다. 세속화와 다원화에 의해 더 이상 기독교 색채를 갖지 않게 된 영국에 대한 애정과 염려가 묻어난다. 탕자가 된

아들을 걱정하는 아버지 같은 부성애를 보여준다. 그러면서도 신학적 색깔이 극단적이지 않다. 마지막으로 C. S. 루이스Lewis가 있다. 루이스는 정말 독특하다. 변증을 철학이나 신학으로 하지 않고 문학으로 해낸 사람이다. 칼을 휘두르지만 직접 찌르지 않고, 휘두르는 그 칼과 검술의 아름다움에 적이 매력을 느끼게 해서 어느 순간에 스스로 무장을 해제시켜 버린다. 『나니아 연대기』 같은 책을 보라.[8] 문학적 상상력을 동원해서 독자가 자연스럽게 나니아의 세계로 들어오게 한다. 글의 마력에 빠져든 독자는 어느 순간 자신이 나니아의 기독교 세계에 들어와 한 몸이 되어 있는 것을 발견하곤 한다. 이것이 영국과 미국의 결정적인 차이다.

### 미국: 칼뱅주의 개혁신학의 다양한 보수적 변용, 합리적 변증

미국에서 지적 복음주의의 좌소 역할은 칼뱅주의 개혁신학이 담당했다. 여기에 크게 두 흐름이 있었다. 하나는 스코틀랜드계 북아일랜드Scots-Irish 계열의 장로교 사상, 곧 찰스 하지나 벤저민 워필드 같은 학자들의 19세기 프린스턴 신학이다. 이들의 책은 장로교 신학교가 아닌 침례교나 다른 많은 교파 신학교에서 교과서로 쓸 정도로 보편적인 인정을 받았다. 또 하나의 시원은 네덜란드계 개혁교회였다. 이들은 앵글로색슨계가 아니기 때문에 인구에서도 소수였고, 지역적으로도 미국 중서부 지역, 특히 미시간 지역에 한정되어 살고 있었다. 네덜란드 이민자들은 이민 초기에는 뉴욕과 뉴저지 중심으로 정착을 했지만, 이후 내륙으로 더 들어가서 중서부로 이동했다. 이들이 중서부에 정착한 이유는 미국 이민사와 관련이 있다.

지성과 변증: 복음주의자는 어떻게 자기 신앙을 변호했나

19세기 초중반에 이들이 미국에 이민을 왔을 때, 뉴잉글랜드와 대서양 중부, 버지니아 등 남부의 북단 지역을 포함한 대서양 해안 지방을 이미 잉글랜드 및 스코틀랜드, 북아일랜드 출신의 영국계 사람들이 차지하고 있었다. 그래서 이들은 내륙으로 더 들어가서 오대호 주변의 중서부 지방에 점차 정착하게 된다.

그런데 이런 과정이 유익이 되기도 했다. 고유한 자기 민족 및 종교 정체성을 그대로 이식하고 전수할 수 있었던 것이다. 미국 역사를 보면 이민자들이 올 때마다 자기 종교와 언어, 전통을 가지고 온다. 미국이 그토록 많은 교파의 전시장이 된 가장 중요한 이유는 이민이다. 각 지역에 정착한 이들은 그곳에 고유한 민족 및 종교 공동체를 형성하기에, 자연스레 그 지역에는 일종의 민족 공동체별 유사 국교 체제가 형성된다. 네덜란드계 개혁파 이민자들이 가진 특징은 지성과 학문을 강조하면서 평생교육 체계를 마련하고 목회자 양성에 관심을 가졌다는 것이다. 교회를 세운 후 곧바로 초등학교, 중·고등학교, 대학교, 신학교를 세웠다. 다른 지역으로 가면 영국계 정착자들의 신앙과 정체성에 종속될 수 있기 때문에, 민족 정체성을 유지하기 위해 자신들의 고유문화를 보존하는 공동체를 만들었다. 이렇게 해서 이들이 세운 유명한 대학이, 오늘날은 뉴저지 주립대학The State University of New Jersey으로 전환된 럿거스 대학Rutgers University, 칼빈 칼리지Calvin College, 호프 칼리지Hope College, 도르트 칼리지Dordt College 등의 학교다. 이 네덜란드 이민자들이 원래 세운 도시인 뉴욕과 뉴저지 주를 중심으로 세워진 교단이 미국개혁교회Reformed Church of America, RCA였다. 그런데 교단 내부에 신학 논쟁이 벌어지면서 더 보수적인 사람들이 중서부 지역을 기반으로 북미주개혁교회Christian Reformed Church in North America, CRCNA 교단을 세운다. 이 교단을 대표하는 대학이 칼빈 칼리지, 신학교가 칼빈 신학교다.

네덜란드인들은 원래 유럽에서부터 상업에 능한 사람들로 유명했다. 17세기에 중계무역을 통해 세계의 해상무역을 주도한 이들이 네덜란드 사람들이다. 이들은 미국에 와서도 상업적으로 여러 성공을 거두는데, 그 랜드래피즈에서 네덜란드 사람들이 가장 성공한 사업 영역은 가구업과 출판업이었다. 특히 이 지역의 기독교 출판계가 처음에는 미국 복음주의 권, 이제는 범기독교권의 대표적인 출판 중심지가 된다. 어드먼스Eerdmans, 존더반Zondervan, 베이커Baker라는 3대 유명 복음주의 출판사가 그랜드래피 즈에 거점을 두고 있다.

네덜란드 개혁파의 특징은 자신의 칼뱅주의 신앙을 교회와 가정뿐 아니라 사회에도 적용하기 위한 시도를 한다는 것이다. 네덜란드의 신학 자이자 정치가, 언론인인 아브라함 카이퍼Abraham Kuyper가 주창한 신칼뱅주 의의 영향이다. 사회, 국가, 예술, 학문 등 이 세상의 모든 영역에 하나님의 주권이 임한다는 것이 신칼뱅주의의 원리다. 같은 칼뱅주의라도 프린스 턴/웨스트민스터 신학교 중심의 영미 개혁주의는 더 교회 중심적이고 교 리 중심적이다. 이들은 기독교 신앙의 사회성, 문화성에는 상대적으로 관 심이 덜하다. 하지만 이런 '삶의 체계로서의 기독교'를 주창한 네덜란드계 미국 개혁주의자라도 개혁교회가 국교인 네덜란드에서 적용된 이런 원리 를 정교분리 국가인 미국에서 완전히 적용할 수는 없었다.[9] 대신 이들은 미국이라는 다원적 종교사회 내에서 할 수 있는 한 개혁파 신앙과 신앙의 사회성의 통합을 구현하려고 노력했다. 가정과 교회에서 신앙고백적 교 육을 받으면서도, 고립주의와 분리주의에 머물지 않는 통전적 신앙과 학 문을 구현하려 노력했다.

이런 전통하에서 세워진 칼빈 칼리지가 배출한 유명 기독 지성으로 성경 주석가 윌리엄 헨드릭슨William Hendriksen, 설교학자 시드니 그레이다너스Sidney Greidanus, 신학자 코넬리어스 반틸, 역사가 조지 마스덴George Marsden, 철학자 윌리엄 젤레마William Harry Jellema, 니콜라스 월터스토프Nicholas Wolterstorff, 앨빈 플란팅가Alvin Plantinga 같은 이들이 있다. 특히 마스덴, 플란팅가, 월터스토프 같은 이들은 칼빈 칼리지에서 교육받거나 가르쳤지만, 나중에는 일반 학계로, 특히 예일 대학이나 노트르담 대학University of Notre Dame 같은 명문대학에서 교수하면서 일급학자로 인정받고, 이런 과정을 통해 개혁파의 학문성을 대외적으로 선언하는 데 크게 기여했다. 네덜란드 개혁파 신자들은 복음주의권 내에서 숫자로는 아주 적은 비주류 소수파지만 경이적일 정도로 그 영향력이 컸다. 이제 각각의 변증가들을 살펴보고자 한다.[10]

## 코넬리어스 반틸: 칼뱅주의의 합리적 변증가

코넬리어스 반틸은 학문과 신앙을 조합하여 미국 복음주의 지성의 지형을 형성한 네덜란드 개혁파 계열의 학자 가운데 하나다. 웨스트민스터 신학교에 합류하면서 네덜란드 개혁파 전통과 영미 장로교 전통이 융합되는 가교를 만드는 데 기여했다. 네덜란드 개혁파 배경에서 자랐지만 프린스턴 신학교에서 박사학위를 마치고, 프린스턴 신학교에서 교수를 하다가 1929년 웨스트민스터 신학교가 설립될 때 그레셤 메이첸을 따라 이동했다. 이러한 배경을 가졌음에도, 반틸은 네덜란드 개혁파나 심지어 전통적인 프린스턴 신학자보다도 훨씬 더 보수적인 변증학 입장을 취한다.

반틸의 변증학을 주로 '전제주의적 변증학'Presupporsitional apologetics이라

지칭한다. 반틸은 이전의 19세기 프린스턴 신학의 증거주의 혹은 명제주의적인 변증이 계몽주의 사상의 영향하에서 기독교 변증학을 전개했다고 보고 이에 동의하지 않았다. 계몽주의를 타도하기 위해 계몽주의라는 무기를 빌려 온 것에 반대했던 것이다. 그는 19세기 학자들이 계몽주의를 빌려 오면서 개혁주의 신학의 엄밀한 선언적 전제들, 특히 인간론에 대해 일종의 타협을 했다고 평가했다. 반틸에게는 인간의 전적 타락이 중요한 전제였다. 전적 타락 혹은 전적 부패 교리에 의하면 인간은 스스로 선을 행할 능력을 근본적으로 상실했고, 이 타락의 영향은 인간의 행동뿐 아니라 이성 능력이나 판단력에까지 미친다. 이런 전제로 보면 타락한 인간에게 지성을 사용해서 변증을 할 수 있는 능력 같은 것은 없다.

전통적인 칼뱅주의 변증학에서 인간의 이성에 호소하는 기독교적 변증이 가능하다고 믿는 가장 중요한 근거는 '하나님의 형상' 개념이다. 인간은 전적으로 타락했지만 하나님의 형상이 창조시에 주어졌기 때문에, 타락 이후에도 그 흔적이 남아 있고 이를 통해 하나님을 조금이라도 더듬어 알 수 있다는 것이다. 그리고 이를 일반계시 혹은 자연신학이라는 개념을 통해 설명하려 했다. 이것이 19세기 프린스턴 신학이나 20세기의 칼 헨리나 에드워드 카넬이 말하는, 모순율에 근거한 명제 중심의 증거주의 변증학의 출발점이다. 반틸의 입장에서는 이렇게 계몽주의와 기독교 칼뱅주의의 중간지대를 만들어서 타락 후에도 남아 있는 이성의 능력과 공통의 기반으로 하나님의 존재와 인격, 섭리에 대한 증거를 찾는 변증학을 한다는 것이 불가능하다. 그러므로 반틸에게 변증학은 '성경이 말하는 것을 일단 전제'로 하고 시작하는 것이다. 성경이 말하는 모든 진술을 옳다고 믿는 전제에서부터 출발해야 변증학이 가능하다. 타락한 인간 이성에 중립성/공유지대 같은 것은 없으므로, 기독교가 합리적이라는 증거를 찾아 기독교의 타당성을 논증하는 전통적 증거주의, 아르미니우스주의, 가톨릭 변증학으로 불신자를 설득하는 것은 불가능하다. 오직 삼위일체에 기반을 둔 기독교가 진리라는 것과 다른 체계가 허위라는 것을 선언적으로 전제할 때에만 참된 기독교 변증학이 성립한다고 한다.

반틸을 종합적으로 연구하는 이들은 더 상세한 해설을 할 수 있겠지만, 20세기 복음주의 변증학의 지형도를 보는 이 논의에서는 이 정도의 이해로도 충분하다. 우리에게 잘 알려진 대로, 반틸이 일평생 가장 극렬하게 반대한 당대 사상가는 칼 바르트였다. 그래서 바르트를 연구하거나 좋아하는 이들은 반틸이 바르트를 전혀 알지도 못하고 제대로 이해하지도 못하면서 바르트를 마치 20세기의 가장 사악한 이단인 양 비난했다고 생각한다.

사실이 어떠했든, 이런 반틸의 사상은 제2차 세계대전 이후 미국 개혁주의권 내에서 지배적인 사상으로 등극한다. 메이첸은 1929년에 웨스트민스터 신학교를 세운 후 몇 년 뒤에 타계했기 때문에 영속적인 영향을 끼치지 못했다. 메이첸 사후 웨스트민스터 신학교의 학풍을 주도한 인물은 반틸이었다. 당시 근본주의권은 1947년에 풀러 신학교가 등장하기 전까지는 웨스트민스터 신학교를 제외하고는 학문성이 워낙 미약했기 때문에, 또 1947년 이후에도 풀러 신학교, 트리니티 신학교, 리폼드 신학교 같은 학교의 많은 교수들이 반틸의 제자였기 때문에 오래도록 웨스트민스터 신학교와 반틸의 영향을 반영하는 신학을 할 수밖에 없었다.

한국 장로교에서는 반틸의 영향력이 미국보다 더 강했다. 이 때문에 반틸의 변증학이 지금까지도 한국 보수 장로교권을 지배하고 있다. 특히 현대신학에 대한 거의 모든 논증은 사실상 반틸이 했던 논증을 반복하는 경우가 많기에, 한국의 보수 장로교 신학교에서는 현대신학에 관심을 가지는 것만으로도 불순한 사상을 지닌 자유주의자로 매도되기 쉽다. 특히 20세기 현대신학 역사에서 사실상 가장 보수적인 인물로 평가받는 인물인 바르트를 슐라이어마허Friedrich Schleiermacher나 불트만Rudolf Bultmann, 몰트만Jürgen Moltmann, 판넨베르크Wolfhart Pannenberg보다도 더 오염된 '자유주의의 괴수'로 평가하는 한국 보수 신학계의 독특한 분위기가 형성되는 데 결정적인 기여를 한 인물이 반틸이다.

## 에드워드 카넬: 전통신학 변호자

에드워드 카넬은 침례교 신학자로, 휘튼 칼리지에서 고든 클락, 웨스트민스터 신학교에서 반틸을 사사하고, 칼 헨리처럼 보스턴 대학과 하버드 대학에서 박사를 받은 후 풀러 신학교 교수진에 합류했다. 이미 언급한 대로, 그는 풀러 신학교 초기의 성경무오 선언을 보수하는 입장을 취하다가, 1950년대 중후반 이후에 풀러 신학교가 성경무오에 대한 고백을 느슨하게 하는 입장으로 선회할 때 그 흐름의 초기 단계를 주도하는 인물이 된다. 카넬은 성경의 명제들이 그 자체로 진리라기보다는 그것을 받아들이는 이가 영적 반응을 보일 때 진리가 된다고 주장했다. 이런 성경관은 바르트의 입장과 유사한 면이 있다. 카넬은 후에 메이첸의 분리주의와 근본주의 전반을 비판하며 보수 복음주의 주류에서 이탈한다.

## 칼 헨리: 계시 지향 변증가

칼 헨리는 미국 신복음주의의 실제적인 창시자이자 지성의 대부로서, 휘튼 칼리지에서 고든 클락에게 배운 후, 인디애나 대학Indiana University과 칼빈 칼리지에서 가르친 화란 개혁파 철학자 윌리엄 젤레마와 반틸의 영향을 받았다. 이미 여러 차례 언급한 대로, 헨리는 박사학위를 노던 침례신학교에서 받았지만, 풀러 신학교에서 가르치는 동안 보스턴 대학에서 추가로 윤리학 박사학위를 받았다. 그의 필생의 역작은 6권으로 된 대작 『신, 계시, 권위』*God, Revelation and Authority, 1976-1983*로, 20세기 복음주의 최대의 신학대전이다. 그러나 이 책은 규모에 비해 당대나 이후에 널리 활용된 책은 아니었다. 칼 헨리가 탁월한 신학자이자 변증학자임에도, 그에게 주어진 가장 큰 명성은 '근본주의에 저항한 신복음주의의 창시자'였다. 이런 이유로 수천 쪽의 『신, 계시, 권위』보다는 원서로 100쪽이 채 안 되는 『복음주의자의 불편한 양심』이 역사적으로 더 중요한 책이다. 그의 변증학은 고든 클락의 모순율/비모순율, 곧 "모든 기본원리 중 가장 확실한 것은 상호모순적인 명제들이 동시에 참은 아니라는 것이다"라는 명제와 "성경은 모든 진리의 근원인 명제적 계시의 저장고"라는 선언에 근거한 증거주의 변증 전통을 계승했다.

**프란시스 쉐퍼: 세속 문화에 대한 복음주의 대중 변증가**

프란시스 쉐퍼는 미국 복음주의 변증가 중 한국 기독교인에게 가장 대중적으로 알려진 인물이다. 쉐퍼는 서양 문명과 세속 문화를 비평한 사람 정도로 알려져 있지만, 그의 인생은 세 단계로 나누어 관찰해야 더 잘 이해할 수 있다. 그는 원래 메이첸과 반틸의 웨스트민스터 신학교를 다닌 학생이었는데, 이 학교의 주요 지도자들과는 다른 신학(전천년설)과 윤리(술·담배 금지)를 주창하며 분리된 페이스 신학교와 성경장로교회[BPC]에 합류했다. 이 분리파의 대표자가 칼 매킨타이어였다. 극단적인 근본주의자이자 반공주의자였던 매킨타이어는, 분리 후에 세계교회협의회WCC의 미국지부인 연방교회협의회FCC도 반대하고 신복음주의의 전미복음주의협회NAE에도 반대하며 미국기독교회협의회ACCC를 세우고, 이어서 ACCC의 국제단체로 국제기독교회협의회ICCC를 암스테르담에 설립한다. 쉐퍼는 ACCC가 지향하는 유형의 근본주의 신앙을 전파하기 위해 선교사로 유럽에 파송된 인물이었다.

그런데 쉐퍼는 네덜란드에서 사역하면서 매킨타이어와 같은 유형의 극단적 근본주의 기독교는 유럽에서 통하지 않고, 심지어는 아예 기독교가 아닌 것으로 취급받는다는 사실을 깨달았다. 결국 쉐퍼는 스스로 지적회심을 하면서 새로운 방식의 선교를 해야 한다는 판단에 이른다. 1955년에 ICCC에서 이탈한 쉐퍼는 스위스 로잔에 라브리L'Abri('피난처'라는 뜻의 프랑스어)를 설립하여 신앙 문제로 회의에 빠져 있는 젊은 청년을 대상으로 '문화 분석'을 통해 기독교를 변증하며 선교하는 사역을 펼친다.

쉐퍼는 이전의 변증가들과는 달리 기독교 신앙을 더 대중적으로 전달할 수 있는 능력을 지닌 인물로 사랑을 받았다는 사실이 중요하다. 그러나 문제는 쉐퍼 사상의 피상성이었다. 쉐퍼는 더 복합적으로 볼 수 있는 역사와 철학, 문화 현상을 지나치게 단순화하거나 순진하게 해석하며, 거침없이 자기주장을 펼치는 인물로 평가받았다. 신학자·문화철학자·역사가들은 쉐퍼의 지적 깊이와 일관성, 정확성이 떨어진다고 평가했다. 그러나 쉐퍼는 서양 문화 분석 3부작을 통해 대중적이면서도 지적이고 합리적인 복음주의 변증가로서의 입지를 확보하며 일반 기독교 청년층에게 큰 영향을 끼쳤다.[11] 이것이 그의 생애의 두 번째 단계였다.

그러나 그의 인생 3기는 어두웠다. 노년에 은퇴하여 미국으로 귀향한 쉐퍼는 근본주의로 회귀했고, 극우 기독교 정치그룹인 신근본주의 운동 Christian Right에 합류했다. 이 때문에 노년의 쉐퍼는 젊은이들에게 외면을 받으며 영향력을 거의 상실하고 말았다.

### 앨빈 플란팅가: 개혁파 복음주의 철학자

앨빈 플란팅가는 니콜라스 월터스토프와 함께 네덜란드 개혁파의 중요한 철학자 가운데 하나다. 네이선 해치Nathan O. Hatch, 마크 놀, 조지 마스덴 등의 역사가와 마찬가지로 복음주의라는 게토에 자신을 가두지 않고, 심지어 복음주의라는 표현을 가능한 사용하지 않으면서도, 무신론 학자들에게도 개혁파 인식론의 학문적 신뢰성을 크게 고양시킨 철학자다. 이런 이들을 지칭하는 '복음주의 마피아'Evangelical Mafia의 일원이다.

## 영국: 합리적 변증보다는 포스트모던 문화에 대한 변증 ————

### 레슬리 뉴비긴: 서양 다원주의 사회에 파송된 선교사

이제 영국 이야기로 넘어가자. 먼저 레슬리 뉴비긴이다. 뉴비긴은 원래 잉글랜드 장로교인이었지만, 에큐메니컬 청년학생 선교단체인 학생기독운동SCM의 간사로 스코틀랜드에서 사역하면서 스코틀랜드와 연관을 맺는다. 이런 관계 때문에 같은 장로교인 스코틀랜드국교회 소속으로 인도에 선교사로 파송된 뉴비긴은, 1947년에 남인도 지역의 여러 교단이 통합되어 탄생한 남인도교회Church of South India 창립 주교 중 1인이 된다. 이때 선교 활동에 근거한 에큐메니컬 지도자로 유명해지면서, 1910년 에든버러선교대회 결과 탄생한 국제선교위원회International Missionary Council, IMC와 1961년에 IMC와 통합한 WCC의 세계선교와 전도 분과 총무로 활약한다.

그러나 뉴비긴은 1968년 웁살라대회 이후 WCC가 구원 문제에서 '회심'이라는 개념을 약화시키고 구원을 인권 중심의 인간화로 축소하는 것에 회의를 느끼고 WCC의 에큐메니컬 운동에서 이탈한다. 물론 뉴비긴은 극단적인 인물은 아니었기에 에큐메니컬 운동의 가치를 전면 부정하지는 않았다. 뉴비긴은 1974년에 선교 사역을 끝내고 귀국한 후, 자신을 선교사로 파송했던 기독교적이던 영국이 오히려 이제는 세속화와 다원화로 인해 새로운 선교지가 되었다고 판단하면서, 서양 문화의 세속화에 대한 응답으로 새로운 형태의 선교 사상을 발전시킨다. 뉴비긴은 일종의 문화변증·선교변증 형태의 변증학과 선교적 교회론을 전개한다. 세속화와 계몽주의 사상의 지적 토대가 얼마나 취약한가를 증명하면서 총체적 복음, 공적 진리로서의 복음, 복음의 대리자로서의 선교적 교회Missional Church를 강조한다. 뉴비긴은 전형적인 복음주의자보다는 생각과 활동의 폭이 넓었지만, 그의 선교 사상이 20세기 말에 복음주의자 사이에 큰 공감대를 형성하면서 복음주의 선교학 발전에도 크게 기여했다.

## C. S. 루이스: 기독교적 상상력의 사도

마지막으로 C. S. 루이스다. 루이스는 변증학자나 신학자가 아니라 영문학자다. 북아일랜드 출신의 옥스퍼드, 케임브리지 대학 영문학자다. 북아일랜드 출신으로 우리에게 알려진 신학계의 슈퍼스타가 여럿 있다. C. S. 루이스, 알리스터 맥그래스가 저명하고, 근래에 존 스토트의 후계자로 유명한 크리스토퍼 라이트도 북아일랜드 출신이다. 장로교와 성공회가 수

지성과 변증: 복음주의자는 어떻게 자기 신앙을 변호했나

백 년 동안 전수하고 발전시킨 탁월한 지적 유산이 이 지역에 있다.

원래 루이스는 무신론자였는데, 옥스퍼드 대학 연구원 시절(31세)에 '마지못한 회심'reluctant conversion을 한다. 의지적인 회심이 아니라 주저하며 저항하다가 마지못해 회심을 했다는 것이다. 그러다 3년가량 지나고 나서 스스로 정통 기독교인으로 귀향했다고 선언한 후, 이때부터 자신의 전공인 중세·현대 영문학의 신비적 상상력과 기독교 신앙을 결합하는 작업을 시작한다. 이런 전통은 영국에서 이미 어느 정도 기반이 있었다. 루이스의 절친한 친구이자 『반지의 제왕』과 『호빗』 시리즈로 유명한 가톨릭 문학가 J. R. R. 톨킨Tolkien이 대표적이다. 그리고 이러한 전통에 루이스가 참여하면서 독특한 기독교 변증의 영역이 더 확장되었다. 루이스는 합리적 논증보다는 상징과 은유에 담긴 메시지를 활용하는, 고도로 암시적이고 내재적인 기독교 변증을 했다.[12] 이런 전통이 전혀 없었던 북미 복음주의자에게 루이스는 20세기 최고의 인기 작가이자 변증가로 등극한다. 지적 합리성에만 의존한 미국 변증학과는 차원이 다른, 낭만적 상상력에 근거한 세련된 호소력으로 포스트모던 시대 기독교 변증의 이른 방향을 제시했다고 할 수 있다.

재미있는 사실은, 루이스는 자신을 한 번도 복음주의자라고 한 적이 없다는 것이다. 실제로 루이스는 복음주의자라고 하기에 어울리지 않는 면도 많았다. 성공회 교인이었지만, 전형적인 저교회파 복음주의자는 아니었다. 그가 다닌 교회는 저교회파 교회였던 것으로 알려졌지만, 고교회파의 예전 전통을 배격하지도 않았다. 오히려 성공회 고교회파 유산이 그에게 영향을 주었다고도 볼 수 있다. 문학적 상상력을 강조하고 시각적 효과를 강조했기 때문이다. 루이스는 신비와 시각적 효과와 신앙의 만남을 강조했다.

루이스는 영국에서도 유명했지만 그가 가장 인기를 끈 지역은 북미, 특히 미국이었다. 실제로 미국 잡지 「크리스채너티 투데이」가 2000년 4월에 20세기에 나온 최고의 기독교 서적 100권으로 선정한 책 중 1위가 그의 『순전한 기독교』*Mere Christianity*였다.[13,14] 루이스는 복음주의자도 아니었고, 미국인에게는 상대적으로 낯선 성공회 신자였으며, 성경의 무오성도 인정하지 않았다. 창세기의 초기 몇 장, 시편의 저주시편 등을 문자 그대로 믿지 않았다. 그런 점에서 엄밀한 미국 복음주의자 입장에서 루이스는 거부되어야 할 인물이었다. 그런데 그런 그가 미국 복음주의자가 가장 사랑하는 작가가 되었다. 영국에서 가장 보수적인 복음주의자에 속하는 개혁파 이안 머리는 성경무오를 믿지 않는 루이스를 강하게 비판한다. 그런데 머리보다도 더 보수적인 입장을 갖고 있는 미국 복음주의자들이 루이스를 크게 비판하지 않고 오히려 옹호하고 관용하는 특이한 분위기가 있다.

왜 그럴까? 미국인이 영국에 대해 전통적으로 경외감을 갖기 때문일 수도 있고, 미국에서는 나올 수 없는 영국식 문학을 우러르기 때문일 수도 있다. 루이스의 『나니아 연대기』나 톨킨의 『반지의 제왕』, J. K. 롤링 *Rowling*의 『해리포터』 시리즈가 가진 독특한 점, 곧 영국 배경과 전통에 근거한 신비적 상상력에 대한 미국인의 열광이 이와 관련이 있다. 지난 장에서 영국의 성서학이 오늘날에도 여전히 미국 복음주의 성서학을 주도하는 경향이 있다고 이야기했다. 이 맥락 그대로 뉴비긴이나 루이스의 변증학이 미국 변증학계에서 큰 인기를 누린다. 오늘날 미국 복음주의 변증학의 최상단에서 인기와 영광을 누리고 있는 사람은 반틸도, 카넬도, 헨리도, 쉐퍼도, 플란팅가도 아닌 영국인 루이스다.

# V

공공성 : 로잔대회 이후 복음주의는 어떻게 달라졌나

# 1.

# 복음주의 사회성의 스캔들?

## 이것이 왜 스캔들인가

스캔들이라는 단어를 이곳저곳에서 많이 듣는다. 물론 대체로 부정적인 사건에 연관되어 회자되는 소문을 가리키는 말이다. 그런데 기독교 학문 세계에서 이 표현이 가장 익숙하게 유통된 계기를 만든 기독교 서적이 있다. 마크 놀이 1994년에 쓴 『복음주의 지성의 스캔들』 *The Scandal of the Evangelical Mind*이다.[1] 실제로 20세기 영미 복음주의권 뿐만 아니라 영미권 기독교 서적 중에서 가장 중요한 책 열 권을 뽑으라고 하면 C. S. 루이스의 책이 항상 최상위를 차지하지만, 놀의 이 책 또한 자주 상위권에 포함된다. 나온 지 20년밖에 안 되었는데도 벌써 고전으로 불리는 역작이다.

놀이 이 책에서 하고 싶었던 이야기의 핵심은, 1947년에 미국 복음주의자들이 칼 헨리를 중심으로 근본주의의 반지성주의에 반대해서 지성을 강조하자고 외치며 과감한 행보를 시작했음에도, 사실상 1990년대에 이르기까지 복음주의가 반지성·반문화주의를 부수는 데 실패하고 있다는 것이다. 높은 애정을 담아 이야기하고 있지만, 무너지고 실패했다는 의미에서 '스캔들'이라는 표현을 쓰면서 미국 복음주의 지성 세계의 실상을 세세한 항목에 이르기까지 적나라하게 서술하고 고발한다. 미국 복음주의의 절대적인 영향하에 있던, 그리고 여전히 영향하에 있는 한국 복음주의 역시 이런 스캔들을 떨쳐내지 못했다. 사실 한국에서는 이러한 스캔들이 일상이기 때문에 굳이 스캔들이라 부르기도 민망한 상황이다.

이 스캔들이라는 표현이 마치 격언처럼 사용되면서, 다른 학자들도 이 유명해진 표현을 종종 차용했다. 그중 하나로 놀 이후에 이 단어를 선점해서 차용한 인물이 로널드 사이더Ronald Sider였다. 사이더는 2005년에 『그리스도인의 양심 선언』The Scandal of the Evangelical Conscience: Why Are Christians Living Just Like the Rest of the World?이라는 책을 쓴다.[2] 이 책의 원서 제목을 직역하면 "복음주의 양심의 스캔들: 왜 그리스도인들은 세계의 나머지 사람들과 똑같이 살아가는가?"다. 여기서 사이더는 왜 그리스도인의 도덕적, 윤리적 수준이 그리스도인이 아닌 사람보다 더 낮지 않은지 묻는다. 이어서 2008년에는 『복음주의 정치 스캔들』The Scandal of Evangelical Politics이라는 책도 쓴다.[3] 복음주의 정치가 지성과 마찬가지로 근본주의자의 반문화 태도에 대항하는 측면에서 나왔음에도, 여전히 근본주의의 반문화적이고 반사회적인 특징, 그리고 일방적인 극우 성향이 다분하다는 것이다. 1960년대 이후 복음주의의 사회참여 문제에 관심을 가진 학자들로 유명한 인물 다수는 남미에서 온 학자들인데, 이들을 제외하고는 캐나다 출신의 미국인 사이더가 가장 유명하다.

사이더의 대표작은 우리에게도 유명한, 1977년에 나온 『가난한 시대를 사는 부유한 그리스도인』*Rich Christians in an Age of Hunger*이다.[4] 여기서 사이더의 문제의식이 드러난다. 자본주의 시대를 사는 그리스도인들, 특히 미국 복음주의자들은 전 세계 기준으로 보면 전반적으로 부유한데, 국내외의 주변 사회는 여전히 가난하다. 그런데 이 복음주의자들에게는 가난이나 가난한 사람들이 처한 현실, 그 현실을 타개할 방책에 대한 진지한 고민과 문제의식이 거의 없다. 즉, 사회적 공감능력이 떨어진다는 것이다. 사이더가 1970년대에 다루기 시작한 이 주제를 30년간 발전시켜서 정치 및 사회 영역에까지 논의를 확장시킨 책이 『복음주의 정치 스캔들』이다. '복음주의 지성의 스캔들', '복음주의 정치 스캔들'이라는 표현처럼 '복음주의 사회성의 스캔들'이라고 하는 것도 충분히 가능하다. 복음주의가 가진 문제, 실패, 결핍에 대한 글을 쓸 수 있는데, 그중 하나가 바로 이 장에서 다룰 주제다.

  그렇다면 왜 스캔들인가? 스캔들을 한글로 표현하면 '추문'이다. 어떠한 것이 정상적인 상태로 가다가 비정상적인 사태가 벌어지면서 정로를 이탈하여 생긴 일이 바로 스캔들이다. 그렇다면 이전에는 그렇지 않았는데 지금은 이상하게 되었다는 말이 아닌가? 따라서 이것이 어떤 스캔들인지를 우선 이야기해야 한다.

  지난 네 부에 걸쳐 반복해서 한 이야기가 있었다. 19세기 말 이전까지, 특히 1890년대에 달아오르다가 1920년대에 정점에 이른 후, 1940년대에 완전히 패배할 때까지, 이 50여 년의 기간은 근본주의 기독교가 그 생명력을 여러 영역에서 상실한 시기였다. 근본주의자들은 다른 유형의 기독교인이나 세속 지성인에 대항한 지성의 싸움에서 이기지 못하며 주도권을 상실했다. 결국 근본주의-현대주의 논쟁을 통해 근본주의는 사회의 주류에서 물러나 스스로를 고립시킬 수밖에 없었다. 1920년대, 특히 1929년에 웨스트민스터 신학교가 프린스턴 신학교에서 분리하여 새로운 학교를 세운 시기는 근본주의가 후퇴하는 상징적인, 동시에 실제적인 정점이었다.

그러나 근본주의-현대주의 논쟁 이전의 19세기 복음주의 기독교는 미국에서든 영국에서든 다른 세계에서든 자기 목소리를 충분히 냈다. 또한 선교운동으로 인해 기독교가 전 세계로 확장되던 시기였고, 낙관적인 사고가 지배하던 시기였다. 이 19세기 복음주의 기독교는 오늘날 우리가 아는 기독교와 여러 면에서 달랐다. 무엇보다도 이 시기 기독교는 복음을 영적인 문제와 사회적인 문제, 교회 문제와 세속 문제로 분리하던 시기가 아니었다. 2차 대각성이 가진 가장 중요한 특징은 부흥과 갱신이다. 이것은 무엇보다도 잠들었던 경건과 신앙을 깨우는 운동이었으므로 일견 영적인 운동, 세상에는 관심 없이 내면의 영혼 문제에만 집착하는 운동처럼 들린다. 그렇지만 이 부흥을 경험한 당시 사람들은 자기 영혼을 구원하고 성화를 이루기 위해 열심히 자기를 점검하는 것으로 만족한다거나, 단순히 다른 사람을 전도하는 수준에 머무르지 않았다. 물론 복음주의의 네 요소 중 하나인 행동주의의 우선순위는 영혼 구원을 전제로 한 전도와 선교였다. 복음을 듣고 회심한 경험을 다른 사람과도 나누고 싶은 것이다. 이것이 기본적으로 전도이며, 이 전도가 문화적·지리적 경계를 넘어가는 것이 선교였다. 다른 이의 영혼을 구원하려는 결단이 행동주의의 가장 중요한 우선순위였다.

그러나 이것이 전부가 아니었다. 타락한 이후 생명을 상실한 이들이 하나님을 만나 변화된 것을 우리가 구원이라 부른다. 그러나 이를 창조의 관점에서 보았을 때는 이 구원을 '재창조'라는 표현으로 바꿀 수 있다. 하나님께서 만드신 완벽한 '세상'이 타락으로 왜곡되고 부패되었다. 타락한 사람이 구원받을 때에는, 단순히 영적으로 구원받아 하나님 자녀가 된 후 천국으로 가는 것이 아니다. 창조론의 시각으로 보면 구원받은 하나님의 자녀는 공동체로 모여 교회가 되는데, 이 공동체는 일종의 재창조 공동체이다. 죄로 인해 왜곡된 사회를 바꾸고 뒤집을 수 있는 공동체이다. 따라서 재창조에 대한 이러한 적극적인 해석은 사회 개혁운동으로 이어지는 기반이다.

이런 이유로, 2차 대각성이 진행되던 와중인 1830년대에 복음주의 운동에 참여한 이들이 일으킨 사회운동이 바로 노예제 폐지, 노예해방 운동이었다. 여기서 그 유명한 영국인 윌리엄 윌버포스와 그의 영국 및 미국 동료들이 등장한다. 윌버포스를 비롯한 선각자들은 "하나님의 형상으로 동등하게 창조된 피조물이 하나님 앞에서 구원받아 하나님께 나올 수 있다고 할 때, 내가 하나님 앞에서 선택받고 구원받을 수 있는 사람이라면 세상에 있는 모든 다른 이들도 동등하게 그런 구원을 받을 수 있는 존재가 아닌가?"라는 근본적인 질문을 던졌다. 오늘날에는 이런 인식이 너무도 당연해 보이지만 윌버포스 이전까지 이런 생각을 한 이들은 극소수에 지나지 않았다. 많은 이들이 인종의 벽을 넘어서 흑인, 인디언, 황인도 동일한 자격을 갖추었다는 사실을 믿지 않았다. 결국 노예해방 운동은 부흥을 통한 영적 각성이 인간에 대한 지적 각성, 그리고 사회적 각성으로 이어지면서 일어났다. 단지 노예들도 예수를 믿고 구원받으라는 것이 아니라, 이들이 사람으로서 누릴 수 있는 최소한의 인권에 대한 보장까지도 포함하는 것이었다.

일단 흑인과 미국 원주민 등을 이런 구원과 해방의 영역 안에 포함시키게 되자, 이어서 다른 고통받고 소외된 이들을 압박과 구속으로부터 해방시키는 방향으로 복음주의 운동의 영역이 확장되었다. 이렇게 탄생한 운동이 금주, 성경번역, 문서선교, 고아원, 장애인, 폭력가정 지원, 문맹퇴치, 해방노예 귀향, 무료학교 운동 등이다. 사람이 영적으로 구원받는다는 것이 죄, 사탄, 죽음이라는 강력한 속박으로부터의 구원을 의미하는 것처럼, 이러한 복음주의 운동 역시 사회·정치·문화적 측면에서 억압받는 이들이 해방된다는 점에서 구원론을 사회적으로 적용한 것이었다. 즉, 술의 노예, 무지와 문맹의 노예, 부모의 사랑으로부터 격리된 무관심의 노예, 폭력의 노예 등 모든 억압받아 노예가 된 이들이 압제로부터 해방되는 사회적 구원이었다. 그러므로 2차 대각성 이후의 복음주의는 20세기 복음주의와는 달리 영적인 것, 교회 내부의 것만을 강조하지 않았다. 이것을 대개 총체적 혹은 전인적 복음holistic gospel이라 한다. 1974년 로잔언약 이후 복음주의권에서 이 표현이 다시 사용되었는데, 이는 없던 것을 새로 만든 것이 아니라 잃어버린 원래의 복음주의 유산과 전통을 회복한 것이라 보아야 한다. 즉, 창조론과 연결된 구원론의 맥락에서 총체성과 전인성이 다시 강조점으로 부각된 것이다.

## 사회성 스캔들의 상징적 기원[5]

그러면 왜 20세기 복음주의는 원래 역사적 기독교 복음주의가 보유했던 총체적이고 온전하고 균형 잡힌 특징을 잃어버렸을까? 왜 이런 스캔들이 일어났을까? 우선 스캔들의 원인을 찾아야 한다. 이미 지적한 대로, 가장 큰 이유 중 하나는 근본주의와 현대주의 사이의 논쟁이다. 이 논쟁은 수십 년간에 걸쳐 일어난 큰 사건이기 때문에, 이에 대한 복잡한 논의와 연구가 이미 많이 이루어졌고 지금도 진행중이다. 따라서 설명이 쉽지 않다. 그러면 이 큰 주제 안에서, 19세기에는 총체적인 삶을 살았던 복음주의자가 과연 어떤 요소 때문에 20세기에는 사회와 세상을 떠나 스스로를 고립시키는, 근본주의자라는 다른 유형의 보수적 기독교인으로 정체를 바꾸게 되었는가? 여러 요소가 있지만, 그중 가장 영향력이 컸던 요소 하나를 꼽는다면 그것은 사회복음social gospel이다. 사회복음에 대한 두려움이 근본주의자가 사회에 대한 모든 논의에 적대감을 갖게 한 근본 원인이었다. 사회복음의 핵심 내용을 처음으로 주장한 인물은 아니지만, 이 개념을 구체화하면서 가장 널리 공론화하는 데 기여한 학자가 월터 라우셴부쉬Walter Rauschenbusch다.

## 월터 라우셴부쉬의 사회복음과 그 자유주의적 기원

이름에서 알 수 있듯이, 월터 라우셴부쉬는 독일계 미국인이다. 라우셴부쉬의 가정은 루터파 목사였던 아버지 대에 미국으로 이민을 떠나 뉴욕 주에 정착했다. 이미 언급한 대로, 19세기 미국에서 이민자들은 자기 민족의 종교 및 교파를 중심으로 민족 문화 및 언어를 이식하며 정착했다. 따라서 독일인이 모인 곳은 주로 독일어를 사용하는 루터파 지역, 일부는 독일계 개혁파 지역, 일부는 독일계 가톨릭 구역, 네덜란드인들이 모인 곳은 네덜란드어를 쓰는 개혁파 지역이 되었다. 19세기 중후반에 이민한 유럽계 민족은 한두 세대 전에 이미 자기 민족이 뿌리내린 지역으로 이민하여, 기존 이민자들로부터 생존과 생활의 도움을 받았다.

그런데 라우셴부쉬 가문은 다른 독일계 이민자들과는 다른 길을 택했다. 대개 독일계 루터파 이민자들은 중서부 지역으로 이민해서 미주리, 일리노이, 위스콘신, 미네소타 같은 주에 정착했다. 그런데 라우셴부쉬 가문은 북동부인 뉴욕 주에, 해안에 있는 뉴욕 시보다 조금 더 안쪽으로 들어가 뉴욕 주 북서부에 정착했다. 이 지역은 원래 영국계 침례교가 지배적이었기 때문에, 독일계 루터교 목회자 가문이 정착해서 목회하기는 쉽지 않았을 것이다. 그래서 이 가족은 일종의 '소속에 따른 개종'을 한다. 아버지가 소속을 북침례교로 바꾼 것이다. 아들 라우셴부쉬도 아버지의 인도에 따라 침례교 배경에서 자라다가, 장성해서는 북침례교 신학교인 로체스터 신학교Rochester Theological Seminary에 진학해서 신학 공부를 했다.

로체스터 신학교는 19-20세기 전환기에 미국 내에서 가장 진보적인 신학을 펼치는 학교 중 하나였다. 우리가 대체로 알고 있는 오늘날의 전형적인 침례교는 아주 보수적인 남침례교다. 19세기 당시 북침례교는 아주 진보적인 교단은 아니었지만, 남침례교에 비해서는 훨씬 개혁 성향이 강했다. 특히 이 교단 소속 몇 학교는 당시에 가장 선도적인 자유주의 신학을 구현하는 학교로 발전하고 있었다. 그중 로체스터 신학교는 19세기 후반 기독교 사회참여 운동의 중심지였기 때문에 다른 북침례교 신학교보다 더 진보적이었다. 라우셴부쉬는 이 학교에서 공부한 후 북침례교 목사로 안수를 받는다. 안수 후에는 뉴욕 맨해튼의 헬스키친Hell's Kitchen이라는,

당시 빈민가와 우범지역으로 유명했던 지역에서 사역을 시작했다. 이 경험을 통해 라우션부쉬는 복음의 사회성에 대한 인식을 더 키우게 된다.

30세가 된 1891년에 독일에 유학 가서 공부하면서, 라우션부쉬는 알브레히트 리츨Albrecht Ritschl과 아돌프 폰 하르낙Adolf von Harnack의 영향을 받는다. 일반적으로 리츨과 하르낙은 자유주의자로 취급된다. 자유주의 내에도 다양한 유형이 있는데, 리츨과 하르낙은 그중에서도 고전적 자유주의자로 분류된다. 고전적 자유주의는 초월적이기보다는 내재적이고 윤리적인 하나님 나라 신학을 강조한다. 특히 기독교의 윤리적 특징을 강조하는데, 예컨대 믿어서 영혼이 구원받아 천국에 가도록 하는 구속주로서의 예수에 대한 신앙보다는 이 세상을 살아가는 데 필요한 윤리적 가치를 가장 잘 구현한 인물로서의 예수를 더 강조한다. 그래서 기독교는 초월적 종교라기보다는 내재적 종교라야 한다는, 말하자면 하나님 나라를 저 천국이 아니라 이 땅에 구현해야 한다는 것이 복음의 본질적 메시지라고 주장한다. 물론 모든 학자의 사상이 다 마찬가지이듯, 리츨과 하르낙의 사상도 이렇게 단편적으로만 이야기할 수는 없다. 더 상세하고 복합적인 주장과 맥락이 있는데, 라우션부쉬와 관련해서는 기독교의 내재성, 곧 현재성에 대한 이들의 강조가 그에게 큰 영향을 끼쳤다는 것을 중심으로 기억할 필요가 있다.

이미 미국에서 기독교 신앙과 신학의 사회적 적용에 대한 고민이 깊었던 라우션부쉬는 독일에서 리츨과 하르낙을 만나면서 자신이 미국이라는 현장에서 하고자 하는 사역과 프로그램의 정당성을 대변하는 신학적 근거를 찾았다. 자신의 방향성에 대해 확신하게 된 그는, 귀국 후 1897년에 로체스터 신학교 교수가 된 후부터 미국 정황에 맞게 상황화된 기독교 사회 신학을 주창하는 책을 쏟아 낸다. 차례로『기독교와 사회 위기』*Christianity and the Social Crisis*, 1907, 『사회 질서의 기독교화』*Christianizing the Social Order*, 1912 를 써 내고, 이어서 '사회복음'이라는 표현이 공식 등장하는『사회복음을 위한 신학』*A Theology for the Social Gospel*, 1917을 써내면서 유사한 신학 주창자들의 대부로 등극한다.

기독교인이 된다는 것이 도대체 무엇일까? 일반적으로 '기독교인이 된다'는 말에 대한 전통적인 이해는, 우리가 죄인임을 고백하고 예수가 내 죄를 대신해서 죽었음을 인정함으로써 구원받아 하나님의 자녀가 되고 영원한 생명을 보장받는 것이다. 이른바 회심을 강조하는 복음주의 기독교의 기초다. 그런데 라우셴부쉬는 기독교인의 의미를 다르게 정의한다. "기독교인이 된다는 의미는 가난을 영속화하는 경제 구조의 개혁을 위해 일하는 것", "구원은 인간 사회를 하나님 나라로 변혁시키는 것"이라고 한다. 이런 정의는 복음의 사회성에 대한 주장이 보편적으로 들리는 오늘날에는 꽤 익숙하다. 만약 여기서 기독교적인 표현을 제거하면 이른바 마르크스주의 사상의 기본 틀과 큰 차이가 없다. 라우셴부쉬는 우리가 죽어서 가는 초월적 천국이나 교회보다는 오늘날 우리가 살고 있는 이 세상을 어떻게 바꾸어야 하는가에 더 관심이 있었다.

우리가 잘 알듯이, 성경이 복음의 사회 적용에 대한 이야기를 전혀 하지 않는 것이 아니다. 이런 신학은 기본적으로는 성경에서 그 원리와 적용점을 찾아서 형성된다. 우리는 오늘날 이를 균형 있게 바라볼 수 있는 시각이 있다. 과거에 이런 주장을 한 학자들이 있었고, 극단적인 주장도 있었고, 또 이 극단에 반대해서 중심을 잡아 준 신학자들이 있었기 때문이다. 그런데 라우셴부쉬가 살았던 시대에 복음의 사회 적용과 같은 주장은 아주 위험한 것으로 인식되었다. 1912년, 1917년은 근본주의-자유주의 논쟁이 아주 격화된 시기였고, 더구나 이 시기에 러시아에서는 공산혁명이 터지면서 기독교를 인민의 적이자 아편으로 보고 완전히 제거하려는 운동이 일어났다. 그러다보니 이 시기 근본주의 기독교인의 눈에는 라우셴부쉬와 같은 사상이 기독교에 근본적으로 해가 되는 신학으로 보일 수밖에 없었다. 그런데 결국 이런 태도는 기독교의 총체적이고 전인적인 성격을 급격히 훼손시켰다. 리츨이나 하르낙의 신학, 성서비평이 등장해서 기독교의 초월성을 거부하고 내재화하면서 구원을 인간화, 휴머니즘의 성취 등으로 규정하는 자유주의 신학자가 많아지자 근본주의 진영에 있는 사람들은 자유주의 신학과 비슷한 단어를 사용하는 사람들은 누구를 막론하고 경계했다. '사회', '정치', '개혁', '연대', '정의' 등의 표현이 들어가는 모든 것에 대해 경계하며, 심지어 이들을 빨갱이, 무신론자, 자유주의자, 이단으로 정죄했다.

한국의 1960-80년대 상황을 생각하면 이해하기 쉽다. 개발독재 시대였던 그때에 "우리가 사회를 바꾸자", "사회구조를 뒤집자"는 맥락의 이야기를 하면 감찰을 받아 쥐도 새도 모르게 남영동 대공분실이나 남산 안기부로 끌려가서 취조를 받고 고문당하는 경우가 많았다. 이런 폐쇄적인 시대를 살았던 많은 한국 기독교인은 실제로 사회참여 이야기를 하는 기독교인을 자유주의자나 빨갱이로 취급했다. 미국의 1910-20년대가 한국의 1970년대처럼 폐쇄적이고 극단적인 시대는 아니었지만, 보수적인 기독교가 여전히 주류였던 시기에 이전까지는 하지 않았던 방식으로 기독교를 정의하면서 사회 문제를 이야기하는 것이 수용되기는 어려웠다. 사회복음을 말하는 사람은 우리와는 다른 기독교인, 혹은 기독교인이 아닌 사람으로 비난받았다.

　이것이 '복음주의 사회성의 스캔들'이라는 표현이 나오게 된 배경이다. 물론 이미 제1차 세계대전(1914-1918년) 이후에 사회복음 사상이 부분적으로 쇠퇴하기도 했다. 신정통주의자 리처드 니버<sup>Richard Niebuhr</sup>는 "진노하지 않는 하나님은 죄 없는 인간을 십자가 없는 그리스도의 사역을 통해 심판 없는 나라로 보내셨다"는 표현으로 라우센부쉬의 사회복음주의를 비판했다.[6] 그러나 이런 쇠퇴는 신학계 내부의 논의였지 기독교계 전반이 이런 논의에 크게 영향을 받은 것은 아니다. 1890년대부터 시작된 이 상태가 1940년대까지, 곧 제2차 세계대전이 끝나는 시점인 1945년까지 여전히 기독교는 두 진영으로 완전히 갈라졌고, 사회와 세속과 인권 등에 대한 모든 발언은 현대주의자, 자유주의자의 전유물이 되었다. 당시 근본주의자는 교회, 구령(영혼 구원), 경건, 전도의 영역을 벗어나는 이야기를 전혀 하지 않았기에 두 진영의 대분열이 계속되었다.

# 2.

# 복음주의자의 반성과 변화

## 1947: 미국 신복음주의 운동의 등장과 '선구적' 복음주의 사회 양심의 표현 ──

### 칼 헨리와 『복음주의자의 불편한 양심』

앞서 20세기 복음주의 역사의 분기점이 되는 가장 중요한 연도를 반복해서 이야기했다. 1947년이다. 칼 헨리가 『복음주의자의 불편한 양심』을 쓴 해로, 복음주의가 결정적인 변화를 맞이하는 계기가 된 해다. 다른 한 해도 중요한데, 1947년을 생각하면 외우기 쉬운 숫자다. 1947년의 마지막 두 숫자를 뒤집으면 1974년이 된다. 바로 이 해에 로잔대회가 열렸다. 1947년에 헨리가 외친 선언을 더 분명하고 확고하게 인증한 사건이었다. 이 두 해가 20세기 복음주의 역사에서 획기적인 전환점이 된다. 그런데 1974년 로잔대회가 일어나기 전에 대회가 열리게 된 배경, 대회를 준비하는 과정에서 발생한 사건, 복음주의의 사회 양심을 부르짖은 예언자와도 같은 인물의 계보가 있다.

먼저 1947년에 나온 헨리의 『복음주의자의 불편한 양심』을 보자. 원래 헨리는 이를 하나의 완성된 책으로 쓰려고 의도하지 않았다. 오히려 1946년에 근본주의자들이 읽는 신문 중 하나에 기사나 칼럼 형태로 기고하려 했다. 그런데 이 칼럼이 사회적인 주제에 집중하자, 잡지 편집자는 이를 기사로 싣기 어렵다고 판단했다. 실었다가는 주 독자층인 근본주의자들의 비난을 면키 어렵기 때문이었다.[7] 결국 헨리는 이 글을 어드먼스 출판사를 통해 단행본으로 냈는데, 이것이 결과적으로 더 나은 선택이 되었다. 실제로 신문이나 잡지에 기고문 형태로 실리는 것보다는 단행본으로 발간되는 것이 더 주목을 받고 오래 남을 수 있었다. 출간된 책은 센세이션을 불러일으켰다. 그러자 헨리는 주장하는 바를 성취하기 위해, 책 출간에 이어 자기와 같은 뜻을 가진 이들과의 네트워크를 형성했다. 그중 대표적인 것이 이미 다룬 대로, 풀러 신학교, NAE, 「크리스채너티 투데이」였다.

이 책은 마크 놀의 『복음주의 지성의 스캔들』의 원형이라 할 수 있다. 핵심은 '복음주의 기독교가 복음의 사회적 측면에 대해 점점 침묵하고 있다'는 것이다. 성경 저자들이 사회 문제에 대해 예언자적인 목소리를 냈던 것처럼, 또한 19세기 복음주의자들이 노예, 술·담배, 노동, 여성, 이민 등에 관심을 가졌던 것처럼 사회 문제를 신앙의 영역에서 이원론적으로 분리하지 않는 것이 역사적 기독교인데, 오늘날 근본주의 진영에서는 사회 문제를 이야기하는 것을 무조건 자유주의나 진보주의로 취급한다는 것이다. 헨리의 가장 중요한 지지자이자 파트너였던 해럴드 오켕가 역시 "교회에는 사회에 관하여 진보적인 메시지, 진보적인 형태의 근본주의가 필요하다"며 헨리를 지원했다. 즉, 복음주의 사회성의 스캔들에 대한 인식과 반성을 기원으로 신복음주의가 등장했다.

그런데 헨리가 이런 이야기를 하게 된 신학적·사회적 배경이 있다. 헨리는 원래 북침례교 소속이었다. 19세기에 미국이 노예해방 문제를 놓고 남과 북이 적대할 때, 북부에서 노예해방의 신학적 정당성 논리를 만들어낸 학자들이 있었는데, 이들 중 여럿이 북침례교 소속이었다. 당시에 노예해방 운동을 가장 적극적으로 펼친 선구자들은 퀘이커교도였다. 역사적으로 퀘이커는 항상 핍박받는 소수였기 때문에, 핍박받는 다른 이들에 대한 깊은 예민함과 감수성이 있었다. 그래서 이 감수성을 다른 고난받는 이들을 위해 사용하는 경우가 많았는데, 노예해방이나 종교적 소수자, 여성의 인권에 대해서 퀘이커가 가장 큰 목소리를 낸 것도 바로 이런 맥락에서였다. 그럼에도 퀘이커의 영향이 제한적이었던 이유는 이 교파 교회론의 특성상, 사회에 큰 영향을 미치기 어려웠기 때문이다. 이들은 교회 조직이나 목사를 세우고 노회나 총회, 감독 제도를 만드는 등의 상하계층 질서와 조직 구조를 전적으로 거부했다. 각 개인이 절대적으로 평등한 입장에서 하나님과 만나고 스스로 목사나 사제 역할을 하는 것을 강조하는 이들이었기 때문에, 조직적으로 사회 문제에 대응하는 교단 차원의 목소리를 내기 어려웠다. 따라서 이들은 선구자였음에도 대세를 만드는 일을 할 수 없었다.

퀘이커교도를 대신해서 이 대세를 만드는 역할을 한 사람들이 바로 북침례교인이었다. 월터 라우셴부쉬는 북침례교 신학자였다. 라우셴부쉬는 좀 더 진보적인 유형의 북침례교 사상을 펼친 인물이지만, 노예 문제에 대한 입장에서는 라우셴부쉬와 헨리 사이에 큰 차이가 없었다. 헨리가 근본주의를 떠나 신복음주의 운동을 창설하면서 지성과 사회성을 강조하려고 한 데는 그가 속한 교단의 유산과 전통이 기여한 부분이 있었다. 헨리는 지성과 사회성을 동시에 강조했기 때문에, 이미 노던 침례신학교에서 박사학위를 받고 학교에서 가르치고 있었음에도 그것으로 만족하지 않고, 1940년대에 감리교 소속의 보스턴 대학에 가서 박사학위를 하나 더 취득한다. 감리교는 19세기 중반까지 주로 가난한 민중 계층이나 시골 변방에 있던 이들을 대상으로 순회전도자가 말을 타고 다니며 열정적인 전도를 하는 것으로 유명한 교단이었다. 미국 감리교의 아버지라 불리는 프란시스 애즈베리의 삶이 그 전형을 보여준다. 그런데 19세기 후반부터 미국 감리교(혹은 북감리교)는 이런 보수적인 분위기에서 이탈해 빠른 시간 안에 진보적인 자유주의 신학을 추종하는 교단으로 탈바꿈한다. 미국 감리교 최초의 신학교로 시작한 보스턴 대학은 헨리가 학위를 받으러 들어간 시기에는 미국에서 가장 진보적인 신학교 중 하나가 되어 있었다.

헨리는 근본주의의 게토를 깨기 위해서이기도 하지만, 그의 전공이 사회윤리이기도 했기 때문에 보스턴 대학에 진학했다. 헨리의 박사과정 논문을 지도한 교수는 에드가 브라이트먼Edgar S. Brightman이었다. 당시 미국에서 가장 진보적인 기독교 사회윤리학을 가르치던 학자 중 하나였다. 헨리는 브라이트먼에게서 받은 영향 때문에, 다른 영역에서는 여전히 보수적이었지만 사회윤리적인 면에서는 진보적인 입장을 취하게 된다. 브라이트먼이 학자로서 얼마나 영향력이 큰 인물인지를 보여준 에피소드는 그의 노년 시기 제자 중 한 명인 마틴 루터 킹Martin Luther King Jr.과 관련되어 있다. 킹은 보스턴 대학 출신 중 가장 유명한 인물이다. 여기서 그가 흑인이라는 사실이 중요하다. 남부 출신이었지만 흑인이었기 때문에 남부에 있는 유명 대학에서 박사학위 과정을 하기가 어려웠던 킹은 그를 받아 주는 북부의 대학으로 가야 했다. 그중에서도 특히 흑인의 사회참여를 긍정적으로 보고 지지하는 입장을 가진 학교로 가야 했다. 그에게 가장 적합한 학교와 교수는 보스턴 대학과 브라이트먼이었다. 헨리가 사회문제에 어떤 입장을 갖고 있었는지를 간접적으로 보여주는 사례다.

## 칼 헨리 이후

헨리가 근본주의 주류에서 이탈해서 신복음주의 운동을 일으키며 보수 개신교의 사회성을 고양하는 데 선구적 역할을 했지만, 헨리 이후 그의 책과 비슷한 목소리를 내는 책이 나오는 데에는 20년이 더 필요했다. 제2차 세계대전 이후 냉전이 시작되었기 때문이다. 미국은 소련과 날카롭게 갈등하며 군비경쟁을 시작했다. 더구나 한국전쟁이 정확히 미·소 양국의 대결 구도 속에서 1950년에 일어났기에, 반공주의가 당시 미국을 휩쓸고 있었다. 1950년대에는 매카시즘 열풍 등으로 인해 미국 내에서 사회성 짙은 목소리를 내기가 특히 어려웠다. 모두가 몸을 사릴 수밖에 없는 시기였다.

이런 이유로 미국에서는 1967년에 가서야 헨리의 1947년 책과 비슷한 논조의 책이 나오는데, 제목이 『복음주의자의 사회적 양심』The Social Conscience of the Evangelical 이었다.[8] 저자 셔우드 워트Sherwood E. Wirt의 이력이 흥미롭다. 그는 빌리 그레이엄 전도협회가 펴내는 잡지 「디시전」Decision의 편집자였다. 빌리 그레이엄은 신복음주의의 대표자 중 하나지만, 신복음주의가 강조한 지성운동의 대표자는 아니었다. 그렇다고 대對 문화 및 사회 사역의 대표자도 아니었다. 그는 정치적으로 보수적이었다. 이 협회가 발간하는 잡지명이 '디시전'이라는 사실은 워트의 결정이 예사롭지 않다는 사실을 보여준다. '디시전'은 '결단'이라는 뜻이다. 이 잡지가 말하는 결단은 '사회참여를 하겠다', '세상을 바꾸겠다'는 의미의 결단이 아니다. 예수를 영접하겠다는, 손들고 결단하고 앞으로 나오겠다는, 전도집회에서의 결단이다. 이런 잡지의 편집자가 복음주의의 사회적 양심에 대한 책을 쓴다는 것은 별로 어울리지 않는다. 그런데 사회성을 전혀 강조하지 않을 것처럼 보이는 잡지의 편집자마저도 사회 문제에 대한 의식을 표현한 시기가 1967년이었다. 여기에는 시대적 배경이 있다. 1950년대가 매카시즘으로 대표되는 반공의 시기였다면, 1960년대는 1950년대의 냉전 반공주의에 대한 반발에서 기인한 반전운동·히피운동·여성혁명·성혁명과 같은, 68혁명으로 대표되는 유럽 신좌파 운동의 영향이 미국에서도 두드러지게 나타나는 시기다. 미국 보수 개신교에서도 일부 지도급 인사가 진보적인 목소리를 낼 수 있는 시기가 도래한 것이다.

이어서 1971년에 중요한 인물이 등장한다. 짐 월리스Jim Wallis였다. 당시 월리스는 트리니티 신학교 재학생이었다. 1970년대에 트리니티 신학교는 아주 보수적인 신학교였다. 1947년에 풀러 신학교가 설립된 후, 1950년대 성경무오설 논쟁을 거치면서 이전의 성경관에서 조금씩 이탈하던 당시, 풀러 신학교의 초기 분위기를 거의 그대로 계승한 학교가 트리니티 신학교와 고든-콘웰 신학교였다. 따라서 복음주의권 내에서 사회성과 지성을 지향하는 분위기가 달아오르던 상황과는 달리, 1960-70년대 트리니티 신학교는 정치·사회적으로 여전히 너무도 보수적인 학교였다. 근본주의적 요소도 강해서, 사회적인 이야기를 하면 비난을 받고 심지어 사찰을 당할 수 있는 분위기였다. 이런 학교 분위기에 절망감을 느낀 월리스는 결국 학교를 자퇴하고 만다.

그런데 월리스가 학교에 있던 시기에 그와 함께 복음주의 사회운동을 펴나가던 일곱 명이 있었다. 필자는 이들에게 임의로 '트리니티 세 븐'Trinity Seven이라는 별명을 붙였다.[9] 이들 트리니티 세븐이 1971년부터 낸 잡지의 이름이 「더 포스트-아메리칸」The Post-American이었다. 잡지 이름 을 통해 이전의 미국과는 다른 길을 걷겠다는 의지를 표현하고 있다. 4년 뒤 1975년에 이 잡지의 이름은 「더 소저너스」The Sojourners로 바뀌었고, 오 늘날까지 지속되고 있다. '소저너'sojourner는 '나그네', '일시체류자'라는 뜻 으로, 이 잡지는 창간 이래 미국에서 이른바 복음주의 좌파, 진보적 복음 주의자의 가장 중요한 대변지 역할을 했다. 한국에서 이 잡지를 본따 비슷 한 목소리를 내는 간행물로 창간된 것이 「복음과 상황」이다.

1970년대의 중요한 주제였던 베트남전에 반대하고, 미국 남부를 중 심으로 여러 지역에서 여전히 자행되던 인종차별 문제와 도시의 가난과 빈부 격차에 대한 글을 자주 쓰면서, 월리스는 도시 선교와 사회적 복음주 의의 가장 중요한 대변인으로 등장한다. 그가 약 30년 동안의 자기 사상 의 발전과 사역 경험, 방향성을 집대성해서 낸 책이 『하나님의 정치』God's Politics다.[10] 오늘날 미국 진보적 복음주의자의 대부 역할을 하는 짐 월리스 가 바로 이런 배경에서 등장했다.

1972년에는 데이비드 모버그David O. Moberg가 『대반전: 전도 대 사회적 관심』The Great Reversal: Evangelism Versus Social Concern이라는 책을 냈다.[11] 지금까지 설명한 '스캔들'이라는 주제 그대로, 19세기 복음주의자는 전도와 사회참 여를 망라하는 총체적 복음주의 전통을 선언하고 지켜 왔지만, 20세기 초 에 와서 이것이 몰락했다는 것이다. 이것이 바로 '대반전'이다. 복음이 가 진 원래의 풍성하고 균형 잡히고 전인적인 내용이, 오직 전도만을 강조하 는 축소된 형태로 전해지고 있는 상황에 대한 애통을 담은 글이다.

다음으로, 로널드 사이더를 포함하여 급진적 제자도 전통에 속한 복음주의자 약 50명이 1973년에 시카고에 모여 '복음주의 사회관심 선언'A Declaration of Evangelical Social Concern을 발표했다. 이들은 사회적 관심을 무시하는 이가 복음주의자가 아니라, 총체적으로 복음을 전하는 이들이 복음주의자라 주장했다. 이때 형성된 그룹이 '사회 행동을 위한 복음주의자'Evangelicals for Social Action로, 이 그룹은 헨리의 지지를 받았다.

마지막으로 다룰 영역은 지금까지 다룬 복음주의 사회참여 전통과는 조금 다른 영역이다. 사회운동에 적극적으로 참여해서 사회를 변화시키자는 주장이 1947년 이래 복음주의 사회운동을 외치는 목소리의 중심에 있었다면, 이와는 달리 전통적인 기독교 사역 중 하나였던 구제를 통해 복음주의 활동을 전 세계적으로 정착시킨 인물이 있었다. 한국인에게 특히 중요한 밥 피어스Bob Pierce 목사였다. 피어스는 원래 십대선교회YFC 선교사였다. YFC는 한국전쟁 중에 미국 군인들을 대상으로 복음전도 활동에 열심을 내며 집중했다. 밥 피어스도 원래 복음전도를 목적으로 한국을 찾았다. 그러나 한국의 참혹한 현실을 본 뒤 군인에게 복음을 전하는 것보다 당장 더 시급한 일이 있다고 느끼고, 우선 전쟁고아를 돌보는 단체를 1950년에 세운다. 이것이 바로 월드비전World Vision으로, 오늘날 존재하는 기아대책, 굿네이버스, 컴패션 같은 기독교계 빈민 구호 단체의 시조다. 이 단체는 원래 한국에서 오랫동안 '선명회'라는 이름으로 활동하다가, 오늘날에는 '월드비전'이라는 명칭을 사용한다. 통일교의 문선명 집단과 혼동되는 일이 잦았기 때문이다.

## 영국 사례

지금까지 주로 미국을 중심으로 이야기를 진행했다. 그런데 바다 건너 영국에서는, 이런 식으로 사회적 양심을 일깨우고자 의도한 주요 사건이 발생하거나 책이 출판되지 않았다. 왜 그랬을까? 3부에서 다룬 내용, 곧 영국 복음주의와 미국 복음주의의 차이를 생각하면 답이 쉽게 떠오른다. 영국에서는 근본주의와 현대주의 사이의 간격이 그렇게 크지 않았다는 사실이 핵심이다. 특별히 이야기를 해서 각성을 시켜야 할 만큼 복음주의 사회 양심의 스캔들 상황이 심각하지 않았다. 또한 영국은 전후에 서서히 복지국가로 발전하고 있었다. 국가가 사회적인 도움을 책임지는 제도가 정착하고 있었다. 영국에서는 미국처럼 사회참여에 관심이 없는 근본주의자, 복음주의자에게 강하게 도전할 필요가 없었다. 다만 가난 구제에 대한 문제의식으로 나타나, 월드비전이 하는 것과 비슷한 일을 한 영국 단체의 이름을 기억할 필요는 있다. 대표적인 조직이 티어펀드The Evangelical Alliance Relief Fund, TEAR Fund였다.

복음주의연맹The Evangelical Alliance은 1843년에 세워진 세계 최초의 복음주의 연합 조직으로, 오늘날의 세계복음주의연맹World Evangelical Alliance, WEA나 NAE 같은 조직의 기원이라 할 수 있다. 이 단체에서 구호기금Relief Fund을 만들면서, 영문 머리글자를 따서 'TEAR Fund'라는 명칭을 사용했다. 티어펀드는 주로 이전 영국 식민지였던 아프리카 국가를 중심으로 기금을 보내고 가난을 구제하고 학교를 세우는 역할에 집중했다. 오늘날에도 아프리카 국가들에 가장 많은 구호기금을 보내는 나라는 영국이다. 이전에 아프리카의 나라들을 식민지로 삼아 착취한 일에 대한 반성 때문이다. 영국은 아프리카 출신 이민자들을 많이 받아들이는 것으로도 유명한데,

이것 역시 이런 반성, 빚 갚기의 일환으로 볼 수 있다. 실제로 잉글랜드 국가 대표팀이나 프로리그 축구선수 중에는 흑인이 아주 많은데, 이들 대부분은 예전 영국의 식민지였던 나라에서 이민 온 후 잉글랜드 국적을 획득한 이들 또는 그들의 자녀다. 티어펀드 외에, 도시 선교에 집중한 1969년의 샤프츠베리 프로젝트Shaftesbury Project 역시 이런 활동의 일환이었다.[12]

## 1974: 총체적·전 세계적·전 교회적 복음주의 신앙고백서로서의 로잔언약 ─

이제 1974년에 열린 로잔대회와 이 대회에서 작성된 로잔언약에 대해 세밀한 이야기를 나누고자 한다. 한국에서 로잔언약이 많이 회자되었음에도, 이 언약의 내용이나 가치 등이 학계에서 실제로 필요한 만큼 많이 논의되지 않거나, 거의 적용되지 않았던 이유는 무엇일까? 로잔언약 내용에 대한 공감대가 형성되어 있었음에도, 적용이 어렵거나 감히 적용을 생각해볼 수 없었던 이유는 아마도 한국이 당시 독재 정치하에 있던 시대였기 때문일 것이다. 로잔언약이 나온 1970년대에는 말할 것도 없고, 1980년대까지도 독재와 사상 검열이 지속되었기 때문에, 사회참여를 강조하는 주제를 논하는 것이 쉽지 않았다. 오히려 지금에 와서야 다시 로잔언약에 대한 논의가 되살아나는 분위기다.

　예를 들면, 근래에 새로 탄생한 여러 복음주의 기관들은 자신들이 로잔언약의 정신을 계승하며 설립되었다고 선언했다. 예컨대, 기독연구원 느헤미야의 홈페이지에 들어가 보면, 로잔언약의 정신을 계승하여 복음의 사회적 적용을 상실하지 않은 총체적 복음주의를 지향한다는 의미의 진술이 나온다. 또 한국 교회의 보수성을 대변해 왔다고 자부하는 기관으로 한국기독교총연합회(한기총)가 있지만, 사실 한기총은 필자를 포함한 대부분의 한국 복음주의자를 대변할 수 없다. 한기총 내부의 부패와 타락, 이합집산, 자리다툼이나 재정과 규모의 확대를 위해 이단적 교단을 마구잡이로 영입하는 행태는 말할 것도 없고, 이 단체의 극우 정치 성향은 마치 1950년대 미국의 칼 매킨타이어가 주도하는 ACCC/ICCC나 20세기 후반 신근본주의 극우 단체를 떠올리게 한다. 그렇다고 한국기독교교회협의회The National Council of Churches in Korea, NCCK가 우리를 대변할 수 있는 것도 아니다. 이 그룹은 복음주의의 반대편에 있는 에큐메니컬 진영을 대변하는 기관이기 때문에, 이 기관에 소속된 교단 대부분은 공식적으로는 복음주의 진영에 있다고 하기 어렵다. 물론 복음주의자 개인이 이 기관이 추진하는 활동과 목표 중 개별 사안에는 동의할 수 있고, 연합 활동을 펼칠 수도 있다.

그러나 한국 개신교 지형에서는 복음주의자이면서도 정치·사회적 사안에 대해 극단적 우편향성을 나타내기를 원하지 않는 이들을 대변할 교회연합 단체가 오래도록 없었다. 그러다가 2014년 4월 세월호 참사 와중에 복음주의교회연합이라는 모임이 생겼다. 기독연구원 느헤미야 교수진 및 관련 목회자를 포함해서, 광교산울교회 이문식 목사, 일산은혜교회 강경민 목사, 서울영동교회 정현구 목사, 찾는이광명교회 구교형 목사, 새맘교회 박득훈 목사 등이 중심이 되어 이 단체가 생겼다. 이 조직 역시 로잔언약의 정신을 계승한다는 표현을 쓰며 조직의 강령을 진술한다. 또한 로잔언약을 단지 계승한다고만 선언하는 것이 아니라, 실제 이를 적용하고자 하는 신학·교회운동인 희년함께, 성서한국 등과 연대하면서, 총체적 복음주의를 실현하고자 한다고 주장한다. 물론 기독연구원 느헤미야, 희년함께, 성서한국, 복음주의교회연합 같은 집단이 건강하고 성경적인 사회의식을 가지려고 노력하는 복음주의자 모두를 대변한다고는 할 수 없다. 이런 모임 내부에도 다양한 목소리가 있고, 각 단체가 취하는 방향성에도 조금씩 차이가 있다. 그러나 이러한 흐름이 나타나는 것을 보고 이제는 로잔대회와 언약을 더 구체적으로 이야기할 때가 왔다고 말하는 데에는 큰 무리가 없다.

한국에서 로잔언약에 대한 이야기를 하기 어려웠던 이유가 또 하나 있다. 로잔언약은 이미 1974년에 대회에 참석했던 서울신학대학교 조종남 교수가 번역하여 소개되어 있었다. 하지만 이 언약에 어떤 배경이 있는지, 이것이 어떠한 의미를 지니는지에 대한 이해가 널리 퍼지지는 않았다. 1974년 이래 선교학계와 교회사학계에서 여러 논문이 발표되었고, 「복음과 상황」 같은 정기간행물도 간헐적으로 이를 특집기사로 다뤘다. 그러나 실제로 대회와 언약이 어떤 사회문화적·세계기독교적 맥락에서 나왔는지는 학계 밖으로는 거의 알려지지 않았다. 한국 교계가 이 대회의 진행과 언약 작성, 연이은 후속 모임과 선언문 작성 과정에서 한 번도 주도적 역할을 한 적이 없었기 때문이다.

감사하게도, 최근(2014년)에 공식적인 제3차 로잔대회 Lausanne III 라고 할 수 있는 케이프타운대회가 발행한 문서 『케이프타운 서약』이 번역되었다.[13] 그리고 로잔언약에 대한 논의를 시의적절하게 만든 또 한 권의 책이 번역되었다. 20세기 복음주의 역사를 망라한 브라이언 스탠리의 『복음주의 세계확산』이다. 20세기 복음주의를 다루면서, 스탠리는 1974년 로잔언약에 한 장 전체를 할애하는데, 이 언약이 우리에게 어떤 의미가 있는

지, 회의 전, 회의 과정, 회의 후에 있었던 수많은 사건, 회의 참석자 개인 및 집단 간 상호 관계와 갈등, 타협 등을 하나의 다큐멘터리 영화처럼 보여주는 텍스트를 생산했다. 실제로 1974년 대회 이후 압축적인 동시에 균형 잡힌 내러티브를 제공하는 글이 영국과 미국에서도 거의 나오지 않았다. 이런 의미를 가진 글이 2013년에야 드디어 영미권 독자에게 소개되었고, 한국 독자도 영미권과 큰 시간차 없이, 번역을 통해 2014년에 접할 수 있게 되었다. 스탠리는 로잔대회 이후 지난 40년간 나온 자료들을 모두 발굴하여 읽어낸 후 그 배경을 해설했는데, 이것을 읽고 나면 이 문서가 나오는 것이 얼마나 어려웠는지, 이 문서가 나오기까지 얼마나 많은 긴장과 갈등이 있었는지, 또한 나오고 난 후에도 이 문서를 지켜 내기 위해, 혹은 수정하기 위해 얼마나 많은 노력과 도전과 논쟁이 있었는지를 실감나게 느낄 수 있다.

## 예비운동 및 기원: 1966 베를린 세계전도회의

1974년에 개최된 이 대회가 아무런 사전 준비 없이 갑자기 열린 것은 아니다. 1966년에 베를린에서 열린 세계전도대회는 일종의 전조가 되는 모임이었다. 베를린대회를 주최한 주체는 빌리 그레이엄 전도협회였다. 전도자이자 부흥사를 정체성으로 가진 빌리 그레이엄은 이 대회를 전도와 세계 복음화를 촉진하는 대회로 열기 원했다. 그러나 혼자 감당할 경우 미국 집중성과 지역성이 너무 강해지고 재정적으로도 부담이 되었기 때문에, 국제적인 거대 네트워크를 형성해서 대회를 실행하고자 했다. 이 대회는 원래부터 사회적 의제를 다루기 위한 모임이라기보다는 대위임령The Great Commission, 곧 마태복음 28장에 나오는 대로 전 세계로 나가 복음을 전파하라는 예수의 명령을 더욱 잘 실행하기 위한 의도로 열렸다. 대회 후 그레이엄은 이 모임에서 논의된 것들을 더 잘 적용하고 확산시키기 위한 후속 모임이 필요하다고 생각했다.

그런데 이 모임이 열리고 난 후 후속대회가 열리기 전에 세계 교계 상황에 변수가 생긴다. 1968년에 스웨덴 웁살라에서 WCC 대회가 열렸다. 이 대회는 복음화·회심·구원이라는 개념을 정의하면서, 이를 회심하여 예수를 믿고 하나님의 자녀가 되는 것으로 정의하는 전통적인 견해 대신에 '인간화'humanization라는 개념을 적용했다. 오늘날 산업화된 물질주의 사회에서 인류는 인간성의 위기에 직면해 있다. 도시에서는 소외와 비인간적 오용에 시달려 인간이기를 위협받고 있고, 양심의 자유는 대중매체의 억압을 당하고 있다. 이 같은 위기 상황 속에서도 하나님이 인류에 거는 기대가 있는데, 이는 하나님이 인간을 우주에서 그의 대리자로 부르셨기 때문이다. 따라서 인류는 하나님의 대리자로서, 신음하는 인류를 위해, 하나님의 아들을 기다리는 피조 세계를 위해 헌신해야 한다. 결국 웁살라 대회에서는, 비인간화의 문제를 해결하기 위해서는 영적 빈곤 해결뿐만 아니라 물질적 빈곤도 동일한 수준으로 해결해야 한다고 주장한다. 이는 선교를 수직적 차원의 복음화보다는 수평적 차원의 인간화로 이해한 결과였다.

물론 WCC가 의도한 의미는 더 깊고 신중한 것이었겠지만, 보수적인 복음주의 진영에서는 이런 이해를 인본주의 휴머니즘에 근거해 구원을 정의한 결과로 해석할 수밖에 없었다. 이 일이 1968년에 일어났다는 사실이 중요하다. 1960년대는 유럽과 미국에서 진보적인 사회운동, 정치문화적 해방운동이 활발하던 시기였다. 모든 종류의 억압으로부터 고통받는 이들이 해방된다는 주제가 가장 중요하게 부각되던 시기였기에, 1968년 웁살라대회는 이런 사회 분위기를 전반적으로 반영한 대회였다고 볼 수 있다.

## 로잔대회 기획

빌리 그레이엄 등의 복음주의자가 보기에, 인간의 정치적 해방으로서의 구원과 선교 개념은 결국 우리가 복음을 전해야 한다는 당위를 포기하게 만들 수밖에 없었다. 그레이엄은 이에 대한 반동으로 복음전도에 중점을 둔 선교대회를 열어 전도운동을 전개하고자 했다. 1920년대에 근본주의자가 자유주의자에 대응한 것과 비슷한 양상이 1960-70년대에 나타난 것이다. 이런 인식하에 그레이엄은 새로운 대회를 기획하는데, 진행할 운영위원을 전 세계에서 끌어모은다. 자신이 새로운 대회의 대회위원장이 된다거나, 자기 사람만 모을 경우에는 이 대회가 미국대회로 제한될 수밖에 없기 때문에 운영위원의 청빙 범위를 전 세계로 확장한 것이다.

이렇게 해서 최종 선택된 대회기획 및 운영위원장이 잭 데인 주교 Bishop Arthur John "Jack" Dain였다.[14] 데인은 우리에게는 거의 알려지지 않은 사람이다. 당시 잉글랜드성공회 사제로서, 이후에는 호주에 가서 호주성공회 복음주의 지도부에서 IVF, CMS 등을 이끈 존경받는 활동가였다. 데인과 더불어 레이턴 포드 Leighton Ford, 폴 리틀 Paul Little, 해럴드 린셀 등의 미국인이 기획위원회에 포진했다. 당시 포드는 빌리 그레이엄 전도협회 소속이었고, 리틀은 미국 IVF, 린셀은 「크리스채너티 투데이」에서 각각 일하고 있었다. 이렇게 여러 인적 자원들이 모여 대회 기획을 시작했다.

## 영국 및 유럽의 반응

대회를 열기 위해서 기획위원회는 가장 먼저 세계 각국의 주요 기독교 지도자들에게 공식 초대장을 보내 참석 여부를 물었다. 답장에 따라 참석자 규모를 정하고 대회 일정과 형식, 숙소 등을 미리 준비해야 했기 때문이다. 대회는 1974년 7월로 예정되었는데, 개회까지 3개월 남은 시점인 1974년 4월까지 전 세계 복음주의자 대부분이 열정적으로 반응했다. 행사를 미국이 주도하는 것에 대한 제3세계 국가의 저항은 별로 크지 않았다. 당시까지 전 세계 다수의 복음주의 선교단체가 미국에서 유래했고, 지금도 거의 미국에서 지원하였기 때문에 따로 반대할 이유가 없었다. 제3세계 국가 참석자에게 스위스까지 오는 항공료를 지원한 데다 숙박도 제공했으니, 오히려 다들 참석하고 싶어 했을 것이다.

하지만 별로 탐탁지 않게 생각한 이들도 있었다. 주로 유럽인이었다. 4월 23일 현재까지 참석 의사를 밝힌 이들의 대륙별 통계는 다음과 같다. 아시아 96%, 북미 90%, 중미 88%, 아프리카 86%, 남미 85%, 오세아니아 85%. 통계에서 볼 수 있듯이, 유럽을 제외하면 참석 요청을 받은 세계 복음주의자의 약 90%가 참석 의사를 밝혔다. 불참을 통보한 소수는 주로 일정이 맞지 않거나, 건강이 나쁘거나, 자국 정치 상황 때문에 나올 수 없는 경우였을 것이다. 그런데 유럽은 참석 희망률이 51%밖에 되지 않았다. 주된 이유는 영국인들이 주저하며 의혹을 제기했기 때문이었다. 다른 유럽인들의 참석 희망률은 영국만큼 낮지 않았다.[15]

이유가 무엇이었을까? 당시 영국 복음주의의 대부 역할을 한 인물은 존 스토트였다. 스토트의 참석 여부로 대회의 성패가 좌우될 수 있었다. 스토트는 영국 내에만 영향이 있는 인물이 아니라, IVF의 지도자로서 전

공공성: 로잔대회 이후 복음주의는 어떻게 달라졌나

세계 IVF를 다 묶어 연결할 수 있었고, 성공회 사제였기 때문에 전 세계에 퍼진 영연방 기독교인이 이 대회를 어떻게 바라볼지 결정하는 데 엄청난 영향력을 끼칠 수 있는 인물이었다. 그런데 이런 스토트를 포함하여 고든 랜드레스Gordon Landreth, 존 레어드John Laird, 데이비드 윈터David Winter, 마이클 하퍼Michael Harper 등 저명한 성공회 복음주의자들이 대회에 의혹을 나타내며 뜨뜻미지근한 반응을 보였다. 그 이유는 우선 영국과 미국은 근본적으로 복음주의 문화의 차이가 있고, 영국인은 미국인을 폄하하는 경향이 있었기 때문이었다. 미국인을 갑자기 부자가 된 졸부 나라의 경박한 인종이라 생각하며 폄하하는 유럽 전반의 인식을 제일 강하게 유지한 사람들이 영국인이었다. 1945년 제2차 세계대전이 종결될 때까지만 하더라도 영국은 스스로 여전히 세계 제일의 나라라는 자존심을 유지하고 있었다. 그러나 종전 후 유럽이 전반적으로 몰락하면서 미국이 세계를 홀로 장악하는 나라로 등장하고, 1970년대가 되면 이 구도는 변경할 수 없는 틀이 된다. 지난 삼사백년 동안 세계를 지배해온 영국인의 입장에서는 미국인이 세계의 주도권을 쥔 것처럼 나서는 상황이 꼴불견이었을 것이다.

그런데 이런 대회를 치르려면 엄청난 재정이 투자되어야 하기 때문에 미국이 주도하지 않는 상황에서는 이런 대회를 열 수 없었다. 그럼에도 재정을 영국인이 대면서 주도할 수 없다는 사실 때문에 자존심이 상한 영국인은 이런 상황을 용납할 수 없었을 것이다. 많은 영국 기독교 언론은 이 대회가 세계 복음화 구호만 그치는 깊이 없는 대회, 엄청나게 많은 이들을 모아놓고 보여주기를 즐기는 지나친 대규모 대회, 미국인의 지배 및 정복 기질을 보여주는 대회, 지나친 호화 숙소로 낭비가 넘치는 대회, 주제넘고 자만과 천박함으로 가득한 말잔치, 미국인의 좁은 신학 범위, 미국인의 돈을 과시하는 대회라며 비아냥거렸다. 미국 복음주의를 대표하는 빌리 그레이엄에 대한 영국 기독교인의 인식이 미국 기독교인이 주동이 되어 시작하는 행사에 이런 식으로 반영된 것이었다. 몰락한 전통 부자가 새로 부상한 신흥 부자를 대하는 태도였다.

하지만 결국 대회 기획위원장이던 잭 데인이 스토트를 설득하는 데 성공한다. 균형 잡힌 신앙과 신학을 갖고 있던 스토트는 이 대회가 겉으로만 화려한 대회가 아니라 좀 더 내실 있는 대회, 더 구체적으로 말하면 학구적으로 연구하는 모임인 동시에 제3세계 사람들도 품어낼 만한 대회가 되기를 원했다. 잭 데인은 그렇게 하겠다고 약속하면서 스토트를 끌어들이는 데 성공했다. 이어서 스토트의 영향력으로 인해 영국인 지도자 다수가 마침내 참여를 결정하면서, 이 대회가 지리적·문화적·신학적으로 더 균형 잡힌 대회로 발전할 수 있는 계기가 만들어졌다.

## 대회 공식 일정 및 통계

이렇게 해서 1974년 7월 16일부터 7월 25일까지 대회가 열렸다. 로잔에 소재한, 팔레 드 볼리외Palais de Beaulieu라는 큰 컨벤션홀이 딸린 호텔이 대회장이었다. 150개국, 135개 교단 소속의 2,473명이라는 대규모 인원이 참석했다. 당시 존재하던 대부분의 주요 개신교 교파에서 참여한 것이라 할 수 있다. 그중 아시아, 아프리카, 라틴아메리카의 비서양 지역 기독교 대표자가 천 명으로 이는 전체 참여자의 절반 정도였다. 명실공히 전 세계적인 대회로 평가할 만했다.

이것이 얼마나 큰 발전인지는 1910년에 모인 에든버러 세계선교대회 당시 비서양 피선교국에서 온 참석자 비율이 5% 미만에 지나지 않았던 사실과 비교하면 알 수 있다. 로잔대회 참석자 중 44세 이하가 50% 이상이었다는 것도 고무적이다. 차세대 복음주의의 미래를 결정할 지도자가 성장할 기회와 토대가 제공된 것이기 때문이다. 하지만 여성이 7.1%, 평신도가 10% 미만이었다는 것은 한계로 지적된다. 그러나 당시 시대상을 감안할 때 상당히 고무적인 것으로 평가할 만한 이런 지역별, 대륙별, 교파별, 성별, 연령별, 직분별 구성과 비율은 그레이엄의 원래 뜻에 더하여, 스토트를 비롯한 영국 복음주의자의 요구가 많이 반영된 결과로 보아야 한다.

## 특수 주제

당시 대회에서 수십 개의 주제가 논의되었다. 원래 그레이엄이 집중하고자 한 주제는 대위임령이었다. 대위임령을 성취하기 위해 어떻게 협력해서, 얼마나 빨리 이 대업을 성취할 수 있을까 하는 것이 그레이엄의 지상 목표였다. 그러나 대회가 기획되고 진행되면서, 이전에는 복음주의권에서 크게 부각된 적이 없었던 두 주제가 이 대회에서 특히 주목을 받았다. 그 중 하나가 '미전도종족 집단'Unreached People Group 이라는 주제였다. 이 개념은 로잔대회에서 처음으로 등장했다. 1990-2000년대 한국 교회에서 가장 많이 회자된 주제 중 하나가 바로 미전도종족이었다. 당시 한국의 선교 대회에서는 거의 빠지지 않고 등장한 주제였다. 이와 연결되어 'AD 2000 운동'AD 2000 and Beyond Movement 도 새천년 어간에 한국 교회를 뜨겁게 달구었다. 2000년까지 세계 복음화를 성취하기 위해 한 교회당 한 미전도종족을 입양해서, 각 종족에 선교사 한 명을 책임지고 파송하든지, 그곳에서 일하는 선교사를 위해 재정을 지원하면 각 종족이 복음화될 것이고, 그렇게 해서 복음화가 완성되면 예수님이 오신다는 전천년설 배경의 선교운동이다.

이 선교운동이 처음 등장한 것은 1970년대, 창시자는 랄프 윈터<sup>Ralph</sup> Winter였다. 윈터는 당시 풀러 신학교 세계선교대학원에서 가르치면서, 이 학교와 깊은 관련을 맺고 있던 미국해외선교연구원<sup>US Center for World Mission</sup> 원장으로 일하고 있었다. 윈터에 이어, 또 윈터와 함께 이 개념을 이론화시킨 사람이 당시 풀러 신학교 선교학의 대표자였던 도널드 맥가브란, 피터 와그너 등이었다. 맥가브란은 교회성장학으로, 와그너는 성령의 제3의 물결, 근래에는 신사도운동 등으로 유명하다. 특히 와그너의 경우는 사상의 변화폭이 아주 넓다. 그러나 1970년대 이들의 공통 관심사는 미전도종족이었다. 이것이 로잔언약의 가장 중요한 두 주제 중 하나였다.

오늘날 로잔언약과 관련해서 우리가 관심을 갖는, 더 크게 주목해야 하는 주제는 '사회정의와 급진제자도'다. 당시에는 중요도가 다를 수 있었지만, 오늘날 결과적으로 볼 때 더 중요한 주제다. 사회정의와 급진 제자도에 대한 주제 역시 이 대회에서 처음 울려 퍼진다. 이 목소리를 내는 데 가장 큰 기여를 한 이들은 남미 출신의 복음주의자 그룹이었고, 여기에 힘을 보탠 이가 미국의 메노나이트 학자 존 하워드 요더<sup>John Howard Yoder</sup>와 영국의 짐 펀턴<sup>Jim Punton</sup>이다. 사회정의의 의미는 대개 대략 알지만, 급진 제자도에 대해서는 모르는 사람이 많다. 급진 제자도라는 용어와 그 지향성은 16세기에 급진, 혹은 근원적<sup>radical</sup> 종교개혁을 일으킨 종교개혁의 제3세력, 곧 아나뱁티스트 집단 중에서 오늘날까지 남아서 그 존재감과 영향력을 행사하는 평화주의자 조직에서 기원한다. 그중 상당한 영향력을 끼치고 있는 이들이 주로 네덜란드에 거주하다 미국에 건너가서 공동체를 형성한 메노나이트 그룹<sup>Mennonites</sup>이다. 산상수훈에 나오는 예수의 메시지와 명령을 거의 문자 그대로, 급진적이고 근원적으로 지키는 삶을 살면서, 이런 삶을 사는 대안적 기독교 공동체가 복음을 세상에 드러내는 거의 유일한 통로라고 보는 견해를 가진 이들이다.

정말 중요한 사실은 후기 초대교회 이래 비서양 기독교 출신 사람들이 자신의 목소리를 내면서 복음에 대해서 이야기하는 장이 로잔대회를 통해서 사실상 처음으로 마련되었다는 것이다. 특히 중세시대 이후 유럽이 기독교 세계의 중심으로 등장하면서 기독교란 무엇인가, 기독교는 어떤 특징과 모습을 지녀야 하는가, 어떤 가치가 기독교의 정통과 이단을 결정하는가를 규정하는 목소리를 낸 사람들은 서양의 백인 기독교인이었다. 그리스계 신자가 동방 기독교에서 자기 목소리를 내면서 고유한 유형의 기독교를 주조하기도 했지만, 이는 동방 기독교 내부에서만 통용되었다. 가톨릭이 16세기, 개신교가 18세기에 해외 선교를 시작한 이래, 그들의 기독교가 전 세계로 이식되고 전파되면서, 전 세계 기독교의 색깔과 형태를 정의하는 것은 서양 백인이었다. 1945년 이후 세계 기독교의 판도가 바뀌어서 숫자로는 비서양에 사는 기독교인의 인구가 서양 기독교 인구보다 많아졌지만, 공식적으로 비서양인들이 세계 복음주의 신학의 방향을 전환시킬 만한 자기 목소리를 처음 낸 시기는 1974년이었다. 로잔대회와 로잔언약은 그만큼 중요한 전환점turning point이었다.

## 비서양 복음주의의 목소리

라틴아메리카: 구조적 사회 불의에 대한 마르크스주의 성격의 급진적 제자도 | 이때 등장한 주요 인물 중 하나가 르네 파디야René Padilla다.16 파디야는 에쿠아도르 침례교인이었다. 파디야는 IVF의 국제단체인 국제복음주의학생회

International Fellowship of Evangelical Students, IFES의 라틴아메리카 부총무로, 라틴아메리카 본부가 위치한 아르헨티나에서 활동하고 있었다.[17] 그는 로잔대회에서 전체 연설을 할 기회를 얻었다. 이미 원고가 배부된 상태에서 행한 이 연설은 참여자들에게 충격을 주었다. 파디야는 복음을 값싼 은혜, 소비자에게 최상의 가치를 보장하는 시장상품으로 축소시킨 미국식 문화기독교는 기독교인이 받아들여야 할 기독교가 아니라 버려야 할 것이라고 비판했다. 또한 복음화를 최단기간에 최소비용으로 최대기독교인을 만들어내는 수학적 계산으로 축소시킨, 공리주의적이고 데이터 중심적인 기독교 교회성장 운동은 참된 기독교의 모습이 아니라며 계속해서 미국 기독교를 정면으로 비판했다. 이것이 미국 복음주의자에게 큰 충격이었던 것은 당연하다.

그런데 이것으로 끝나지 않았다. 파디야 다음으로 나온 사람은 사무엘 에스코바르Samuel Escobar였다.[18] 에스코바르는 페루 침례교 목사였는데, 당시 북미에 어느 정도 알려진 인물이었다. 직책은 캐나다 IVF의 대표로, 라틴아메리카 페루 사람으로서 캐나다에서 IVF 대표를 할 만큼 역량을 인정받았던 인물이다.[19] 에스코바르는 연설에서 이전까지는 거의 영적 자유와 구원을 주창하는 메시지로만 해석되었던 나사렛 선언(눅 4:18-19, "주의 성령이 내게 임하셨으니 이는 가난한 자에게 복음을 전하게 하시려고 내게 기름을 부으시고 나를 보내사 포로 된 자에게 자유를, 눈 먼 자에게 다시 보게 함을 전파하며 눌린 자를 자유롭게 하고 주의 은혜의 해를 전파하게 하려 하심이라 하였더라")을 거의 문자 그대로 해석하면서 물리적, 사회적 의미까지 포함한 전인적 구원과 해방 이해를 촉구했다. 이 나사렛 선언은 원래 1960년대 남미 해방신학자들이 가장 선호하는 텍스트였다. 그런데 에스코바르는 이 텍스트를 복음주의자에게로 가져와서, 해방신학자들과 마찬가지로 우리 복음주의자도 이 본문을 문자 그대로 해석해야 한다고 주장했다. 이 메시지를 전인적으로 이해할 것을 촉구하였다. 그리스도에 의해 자유롭게 된 인간은 단지 영적으로만 해방된 것이 아니므로, 실제로 나타나는 경제·정치·사회적 압제로부터의 해방을 갈구하는 요청에 응답해야 한다고 주장한 것이다. 일반적으로 그렇게 받아들이지 않던, 받아들일 수 없다고 생각했던 전위적인 해석을 가져와서 복음주의자들이 노는 놀이터에 폭탄을 던진 격이었다.

이는 특히 미국인에게 엄청난 충격이었다. 당시 남미에서 구스타보 구티에레즈 Gustavo Gutierrez를 통해 해방신학이 탄생한 배경에는 종속이론이 있었다.[20] 종속이론은 미국이 남미의 독재 정권과 결탁해서 자본주의를 전면에 내세운 정복주의 태도로 남미 경제를 장악하고 착취하여 남미의 정치 및 경제가 미국에 종속된 상황을 비판하였다. 종속이론이 경제 이론으로 등장한 것이라면, 신학에서 이와 비슷한 맥락을 가지고 등장한 것이 해방신학이었다. 에스코바르가 로잔에서 이런 이야기를 한 것은 반제국주의뿐 아니라, 일종의 반미신학을 제창한 것이나 다름없었다. 로잔언약에 참석한 미국인 보수 복음주의자 대다수는 이 주장을 받아들일 수 없었다. 이들에게 에스코바르의 주장은 기독교 사상이 아니라 공산주의나 사회주의 이론으로 들렸던 것이다.

참석자들에게 충격을 준 또 한 사람의 남미 기독교인은 올란도 코스타스 Orlando Costas였다. 코스타스는 연설 기회를 얻지 못했기 때문에 인쇄된 논문을 배포했다. 코스타스는 푸에르토리코인이었다. 푸에르토리코는 카리브 해에 있는 미국의 자치령 섬이다. 자치를 하기는 하지만, 한편으로는 미국에 속해 있는 애매한 위치에 있는 나라로, 미국령이지만 주요 언어는 에스파냐어고, 인종 대부분이 에스파냐계다. 미국의 영향을 가장 많이 받지만, 한편으로는 미국 본국에 대한 상처도 많은 지역이다. 코스타스는 코스타리카에서 신학교 교수로 지내다 미국으로 이동해서 풀러 신학교, 고든-콘웰 신학교, 버지니아 주 리치먼드 소재 유니언 신학교Union Theological Seminary, 이스턴 침례신학교Eastern Baptist Theological Seminary, 앤도버-뉴턴 신학교Andover-Newton Theological School 등 미국의 주요한 복음주의 및 주류 교파 신학교에서 교수로 가르치다 45세이던 1987년에 위암으로 짧은 인생을 마감했다.

코스타스가 1974년 로잔대회에서 다룬 주제는 '심층전도'였다. 복음을 전할 때 개인의 영혼에만 집중하는 것이 아니라, 각 개인을 둘러싼 정치·사회·경제 구조에도 복음의 메시지를 적용해서, 개인을 억압하는 모든 구조에도 구원이 필요하다는 것을 인식시키는 것을 의미한다. 그에 따르면 미국 복음주의자가 남미에서 하고 있는 선교는 순수한 선교와 복음화가 아니라, 미국 제국주의의 경제 이익과 문화 지배를 고착화시키려는 의도와 연결된 부패한 산업이다. 쉽게 말하면 이런 것이다. 미국 복음주의자들이 와서 전도하고 선교해서 개신교인을 만들면, 이 개신교인들은 자연스럽게 친미주의자가 될 것이고, 이 친미주의자들은 미국의 남미 정책을 지지하면서, 결국 미국이 지지하는 부패한 남미 독재자들의 악한 정치를 보증하고 지지하는 역할을 할 수밖에 없다는 것이다.

이 세 사람의 연설과 논문을 듣고 읽은 보수적인 미국인에게는 로잔대회가 복음주의 대회가 아니라, WCC의 급진 신학이나 남미 해방신학을 전파하는 대회로 여길 만큼 충격이었을 것이다.

**아프리카: 동아프리카 부흥의 영향력 & 서양 선교의 모라토리엄** | 이어서 남미 사람은 아니지만 큰 주목을 받은 비서양 출신 인사로 아프리카의 존 가투<sup>John Gatu</sup>가 있었다. 가투는 아마도 케냐 기독교 역사에서 가장 유명한 인물 중 하나일 것이다. 1950년대에 사하라 이남 동아프리카 지역에서 동아프리카 부흥<sup>East African Revival</sup>이 일어났다. 1907년에 평양에서 일어났던 평양대부흥은 한국 내 평양 지역에 제한되어 일어났다. 물론 이후에 그 영향력이 확장되기는 했지만, 한국을 넘어 더 멀리까지 불길이 타오르게 할 만큼 지리적 폭이 넓지는 않았다. 그런데 동아프리카 부흥은 케냐를 포함해서 르완다, 브룬디 등 동아프리카 여러 나라의 국경을 초월해 일어난 국제적인 부흥이었다. 명목상 기독교인을 제외할 수도 있겠지만, 오늘날 공식적으로 사하라 이남 지역 아프리카인의 80-90%가 기독교인이라는 통계가 있다. 이를 가능하게 한 가장 주요한 이유 중 하나가 동아프리카 부흥이었다. 이 동아프리카 부흥은 처음에 영국인 선교사였던 조 처치<sup>Joe Church</sup>라는 인물을 통해 시작되었는데, 그를 도왔던 여러 아프리카 지도자 중 가장 유명한 인물이 가투였다. 가투는 케냐에 있는 동아프리카장로교 교단 총무였다. 유명한 인물이었기에 그 역시 1974년 로잔대회에 초대를 받았다.

선교역사를 보면, 각 지역에 부흥이 일어났을 때 생기는 중요한 결과 중 하나가 지도권의 이양이다. 한국을 예로 들어 보자. 한국에서는 부흥이 일어난 1907년에 한국 장로교 최초의 노회인 독노회<sup>Single Presbytery</sup>가 탄생하면서, 거기서 한국인 목사 일곱 명이 최초로 안수를 받았다. 그런데 1907년은 단지 독노회가 탄생하고 신학 교육이 마무리되어 안수 받는 목회자가 생겼다는 이유 때문에 중요한 해는 아니었다. 부흥이 일어나면 부흥을 지속하기 위해 수고하는 지도자, 곧 부흥사가 필요하다. 이때 부흥사가 복음을 전하기 위해서 언어 소통이 아주 중요하다. 부흥은 신앙 감정과 체험에 호소하는 경향이 있다. 하지만 선교사들이 아무리 한국어를 잘 해서 메시지의 핵심을 전할 수 있다 하더라도, 감정이 고조된 부흥회 상황에서 신자의 내면 깊은 곳에 있는 갈망과 소망을 순간순간 건드려 줄 강력하고 감동적인 메시지까지 전하기는 쉽지 않다. 언어도 문제지만, 외국인이 문화적·민족적 감수성을 그때그때 깊이 건드리기 힘들다. 이런 역할은 현지인 부흥사만이 할 수 있다. 결국 부흥이 일어나면 현지 설교자가 떠오르게 되고, 이로 인해 지도권의 이양 현상이 급속히 진행된다. 이것은 모든 기독교 역사 속의 부흥에서 공통으로 일어난 현상이었다. 1950년대 동아프리카 부흥에서도 이 일이 똑같이 일어났다. 부흥 이후에는, 이전과는 달리 현지인들이 교회의 핵심 지도자가 되어 복음을 전하고, 선교사들은 오히려 조언자 역할만 맡게 된다. 이런 상황에서 교회에 자치가 일어나고, 이어서 자립과 자전도 일어난다.

동아프리카 부흥의 이런 맥락 속에서 가투는 스스로 더 주체적인 인식을 갖게 되었다. 그러면서 서양, 정확히는 영국의 선교 사업에 대해 비판적인 의식도 갖게 되었다. 더 나아가 가투는 영국인 선교사들이 케냐 및 다른 아프리카 지역에서 하는 복음화 사업을 비판하면서, 케냐 교회는 더 이상 서양인에게 의존하지 않겠다고 선언했다. 아프리카인이 자치하는 지도자가 되고, 이제 서양 선교사는 고문 역할과 재정 후원자 역할만을 맡아 달라고 요청한 것이다. 이것이 '서양 선교 사업에 대한 모라토리엄 선언'이다. '모라토리엄'moratorium은 한국어로 지급 유예, 지불 유예, 혹은 지급 연기 등으로 주로 번역한다. 한 나라가 전쟁이나 공황으로 채무이행이 어려워지면, 더 이상 돈을 못 갚겠다고 선언하면서, 채무이행을 연기하거나 유예한다. 그러므로 선교 모라토리엄 선언은 서양 선교에 대한 평가와 더불어, 더 이상 외국 선교사를 받지 않고 자국·자민족 교회 문제를 스스로 해결하겠다는 일종의 독립선언이다. 이런 발언은 선교사를 파송하고 지원한 선교모국 입장에서 들으면 속이 상하고 화가 날 만한 일이지만, 실제로는 이런 현상이 나타나야 현지 교회가 참된 토착 교회가 되고 자치 교회가 될 수 있다. 한국에서도 1907년 부흥 이후에는 선교사들이 여전히 복음을 전하는 역할을 지속하지만, 주로 감독자, 교육자, 의료계나 연합기관 종사자 등의 임무에 집중하면서, 교회 운영과 전도는 서서히 한국인 지도자에게 넘겨주었다. 아프리카 교회 역사에서는 1950년대가 이러한 중요한 시기였다.

대회에서 나타난 이러한 반응 역시 참석자, 특히 서양 참석자들에게는 충격이었다. 지금 선교대회에 모여서 세계 복음화를 어떻게 앞당길 것인가 논의하고 있는데, 한쪽에서는 "지금까지 선교사를 보낸 당신들은 제국주의자에 불과했다"며 비난하고 있고, 다른 한쪽에서는 "더 이상 우리나라에 들어오지도 말고 우리 문제에 간섭하지 마시오"라고 고함을 지르는 상황이 전개되고 있었던 것이다. 이런 충격적인 전개는 대회 주최측도, 참석자 대부분도 예상하지 못했던 상황이었을 것이다.

## 존 스토트의 역할: 20세기 '전 세계' 복음주의의 대부

그렇다면 이런 전개에 대한 서양인의 반응은 어땠을까? 우선, 미국 복음주의자들이 이 분위기를 아주 충격적으로 받아들였으리라는 점은 쉽게 예측할 수 있다. 자신들이 주도적으로 시작했던 선교대회가 점점 기대하지 않았던 방향, 오히려 원하지 않는 방향으로 전개되었기 때문이다. 그러나 흥미롭게도 영국에서는 반대 현상이 나타났다. 처음에는 미적거리며 반응했던 영국인은 미국의 힘이 약화되고 제3세계의 목소리가 드러나는 것을 반겼다.

그런데 반긴 이유가 재미있다. 영국 복음주의자들은 제3세계의 힘이 나타나는 것 자체를 반겼다기보다는, 이 과정을 조율한 인물이 영국인이었기 때문에 반겼다. 이 영국인이 바로 존 스토트였다. 스토트는 대회의 중심인물로, 중앙에 서서 제3세계 교회의 목소리를 한 손에 붙들고 미국 교회의 주장을 다른 손에 붙들면서, 이 모든 목소리를 조화롭고 균형 있게 취급했다. 아마도 미국인이 의장이었다면 이 역할을 감당할 수 없었을 것이다. 다수이자 재정과 힘을 쥐고 있는 미국인과 미국 교회에 유리한 입장을 지원할 수밖에 없었을 것이다. 제3세계 출신 지도자도 그 역할을 할 수 없었다. 이들은 여전히 미약한 소수일 뿐이었다. 다른 어느 영국인 신학자나 목회자가 그 자리에 있었다고 해도 스토트만큼 중심을 잡아 주는 역할을 할 수 없었을 것이다.

그 누구도 세계 복음주의의 '그'the 대부, 위대한 존 스토트의 자리에 앉을 수는 없었다. 스토트는 로잔언약 입안위원회 의장으로, 대회 마지막까지 나온 모든 논문, 연설, 토론, 대화를 종합해서, 이 대회를 가장 잘 대변할 수 있는 최종안을 작성한다. 이렇게 해서 만들어진 것이 바로 로잔언약The Lausanne Covenant이다. 원래 로잔언약의 15주제 초안을 쓴 사람은 스코틀랜드인 J. D. 더글라스Douglas였는데, 이 초안은 대회가 시작되기 전인 3월에 이미 작성되어 있었다. 대회에서는 초안 배포 후 수정 요청안을 여러 차례 수용하면서 4차 수정안이 최종안으로 완성된다. 스토트는 프란시스 쉐퍼 등의 미국인이나 독일인 선교학자 페터 바이어하우스Peter Beyerhaus 등 보수파가 원하는 안과 라틴아메리카 급진파가 원하는 항목을 다 반영하여 중재했다.

우선, 미국인이 원하는, 전도를 우선하는 항목을 그대로 유지했다. 로잔언약의 구조를 보면, 1항을 하나님에 대한 고백으로 시작하고, 3항과 4항이 복음전도 주제다. 원래 더글라스의 초안에서 7항에 있던 사회책임 주제는 제3세계 복음주의자의 의견을 반영해서 내용을 보강한 후 5항으로 올린다. 그리고 6항과 7항에 다시 복음전도에 대한 내용을 추가한다. 즉, 미국인이 원하는 복음전도 주제를 3-4, 6-7항에 넣어서 5항을 둘러싸게 하는데, 그럼에도 사회참여 주제를 한복판인 5항에 넣어서 강조한다. 즉, 복음전도와 사회참여를 분리된 개별 단위로 보는 것이 아니라, 복음전도라는 절대 영역이 사회참여를 포괄하는 형태, 복음전도가 여전히 우선순위에 있음에도 사회참여가 전도의 한 영역으로 함께 공존하는 형태의 입안서를 만들어 낸다. 이것이 오늘날 우리가 읽고 있는 로잔언약이다. 복음전도와 사회참여는 서로 떼어놓을 수 없는 동전의 양면이라는 의미로, 존 스토트는 나중에 실제로 새의 양 날개, 가위의 양날, 검의 양날이라는 비유를 사용한다.

로잔언약 최종안에는 전체 대회 참석자 2,473명 중 약 2,000명이 서명했다. 로잔대회와 언약은 미국 복음주의자의 일방적이고 보수적인 성향, 지배 의지를 무력화시키고 급진 복음주의자와의 타협을 주도한 대회, 이후 복음주의 세계에 급진파가 등장하는 산파 역할을 한 대회로 평가받는다. 실제로 이후 로잔 계속위원회Lausanne Continuation Committee for World Evangelization, LCCWE에서 미국인의 보수 반동에 저항하며 로잔언약의 더 넓은 선교 개념, 곧 전인정신이 계승되는데, 스토트는 이 계승 과정이 지속되도록 계속 감독했다.[21]

## 대회 직후 평가

대회 직후의 평가는 영국과 미국에서 크게 엇갈렸다. 대회 이전에 의심의 눈초리를 거두지 않았던 영국 복음주의자는 대회 이후 극찬하며 열광했다. 재정 대부분을 미국인과 미국 교회가 댔음에도, 재정을 거의 감당하지 못한 영국이 자국 복음주의 기독교의 자존심이던 스토트 한 사람의 기막힌 조정 능력과 기독교적 외교술로 대회를 주도했다는 자부심을 느낄 수 있었기 때문이다. 사실상 영국에는 로잔언약 같은 것이 처음부터 필요가 없었다고 할 수도 있다. 성공회 복음주의는 전반적으로 이미 균형 잡히고 총체적인 특징을 갖고 있던 복음주의였다. 따라서 영국인에게는 로잔대회와 로잔언약 자체가 중요했다기보다는, 전 세계 복음주의권을 이끄는 두뇌가 바로 영국 복음주의자라는 사실이 이 대회에서 다시 각인되었다는 사실이 중요했다. 즉 로잔대회는 성공회 고유의 '중용' 정신이 거둔 승리를 다시금 확인한 대회였다. 한편, 겉으로 드러나기보다는 이면에서 탁월한 운영 능력과 지도력, 섬김으로 영국인의 태도 변화에 기여한 잭 대인의 리더십도 스토트만큼 주목받아야 한다.

미국인의 평가는 사뭇 달랐다. 미국 복음주의자 중에는 이런 거대한 대회를 추진할 수 있는 능력은 결국 미국인뿐이라는 사실을 증명한 대회라며 긍정적인 평가를 내린 사람도 있었다. 그러나 전반적으로는 부정적인 반응을 보이면서, 대회 전에는 열광했던 분위기가 대회 후에는 방어하는 분위기로 바뀐다. 린셀, 와그너, 그레이엄 등은 복음전도와 세계 복음화의 우선성을 지켜 내기는 했지만 충분히 강조하지 못한 것에 우려를 표했다.

코스타스, 파디야, 에스코바르 같은 남미 복음주의자는 로잔대회 후 유명해진 덕에, 미국으로 이동해서 자리를 잡고 자기 목소리를 더 강하게 낼

공공성: 로잔대회 이후 복음주의는 어떻게 달라졌나

수 있게 되었다. 이미 언급했듯이, 코스타스는 대회 후 보스턴 지역으로 이동해서 사망할 때까지 앤도버-뉴턴 신학교 선교학 교수로 일한다. 앤도버-뉴턴 신학교는 1807년에 미국 최초로 대학원 중심의 신학 교육을 정착시킨 학교다. 오늘날에는 목회학석사 학위가 목회자 양성의 기본 학위 프로그램으로 정착되어 있는데, 이런 과정을 처음으로 시도한 학교가 앤도버-뉴턴 신학교였다. 청교도의 후손인 미국 회중교회 신학교로, 하버드 대학 신학부가 유니테리언주의로 넘어간 이후 200년간 회중교회 신학교육을 책임진 중요한 학교다. 에스코바르는 이스턴 침례신학교 교수가 되었고, 파디야는 교수는 아니었지만 여러 선교단체를 중심으로 미국 복음주의 신학계에 비서구 신학자의 목소리가 퍼지는 데 크게 기여했다.

이들은 미국의 심장부로 들어온 후, 미국인 진보 복음주의자, 급진적 제자도 그룹 지도자인 로널드 사이더, 짐 월리스, 존 하워드 요더 등과 함께 협력하였다. 그러면서 이들의 목소리는 시간이 갈수록 더 강력해졌다. 보수 복음주의, 특히 정치적으로 보수적인 복음주의자 일부는 복음주의 권 내부의 진보적 목소리가, 미국 진보 자유주의 교단이 반세기 전에 그랬듯, 결국은 좌경화 혹은 세속화의 길로 가는 대문을 활짝 열어놓고 있다고 염려하고 의심한다. 따라서 미국 복음주의가 두세 개 정도의 흐름으로 크게 나뉘게 된 계기가 로잔대회와 로잔언약이었다고 말할 수도 있다.

### 로잔 이후: '로잔의 진자', 로잔의 진짜 메시지에 대한 다양한 해석

로잔 이후에, 로잔대회를 계승한 대회LCCWE가 연속으로 열렸다. 그런데 바로 다음 해(1975년)에 멕시코시티에서 열린 후속모임에서는 오히려 풀러 신학교 교회성장학파와 미전도종족 주제가 지배권을 다시 회복하며 로잔의 사회참여 주제가 묻혀 버렸다. 이 분위기는 파타야대회(1980년)까지 이어진다. 그러다 사회참여 주제가 다시 반등한 계기가 1982년에 미국 그 랜드래피즈에서 열린 대회였다. 여기서 앞서 언급한 가위의 양날, 새의 양 날개라는 스토트의 표현이 등장한다. 이어서 공식적인 제2차 로잔대회 Lausanne II라 할 수 있는 1989년 마닐라대회에서는 로잔에서 스토트가 선 언한 성명의 핵심이 더 확장되어 회복된다. 21개 조항으로 된 마닐라선언 The Manila Manifesto은 전인성과 총체성이라는 주제를 다시 회복시켰다. 이어 서 가장 최근인 2010년에 남아프리카 케이프타운에서 열린 공식적인 제 3차 로잔대회Lausanne III에서는 "온 교회가 온전한 복음을 온 세계에"라는 표어 아래 스토트의 메시지가 더 강력한 표현으로 울려 퍼지면서 케이프 타운서약The Cape Town Commitment이 작성되었다.

케이프타운서약의 탄생에는 독특한 배경이 있었다. 남아프리카에서 는 국가와 교회가 흑인 및 다른 유색인종을 공식적으로 지난 100년 동안 잔악하게 압제하고 차별했다. 이런 배경에서 화해와 용서와 평화 메시지 가 빠진 선언문은 비현실적이다. 이런 이유로, 15개 항목으로 된 로잔언약 의 길이가 이 책의 판형인 신국판(152×224mm) 기준으로는 영어로 13쪽 정도밖에 되지 않는 데 반해, 케이프타운서약은 같은 기준으로 보면 100 쪽 가까이 된다. 이미 로잔언약과 마닐라선언에서 다룬 내용을 더 확장해 서 설명한 후에, 실천적 함의와 방식을 상세히 제시하고 있기 때문이다. 마치 로마서가 1장에서 11장까지는 기독교 신앙의 원리와 교리에 대해 이야기하다가, 12장 이후부터는 이 원리에 근거한 기독교인의 실천에 대 해 이야기하는 방식과 비슷하다. 로잔언약의 원리를 어떻게 우리 개인과 사회의 구체적 삶과 상황에 적용하여 실천할 것인가 고민하면서 생태, 평화, 화해 문제에 대한 적용방식을 계속 논의한다.

1975년 로잔언약이 30년이 지난 후에도 여전히 의식과 힘을 발휘하고, 가치가 지속되며, 오히려 그 가치가 더 널리 수용되는 상황이라는 것을 입증하는 문서가 바로 2010년 케이프타운서약이라 주장할 수도 있다. 또한 성공회 복음주의의 영향력이 지속되고 있음을 보여주는 증거가 바로 이 케이프타운서약이라 보는 이도 있다. 이 서약서를 쓰는 일을 주도한 인물이 잉글랜드인 구약학자 크리스토퍼 라이트였기 때문이다. 라이트는 스토트의 공식 후계자로서, 스토트의 전통을 계승하는 기관인 랭엄파트너십Langham Partnership을 이끌고 있다. 스토트가 탁월한 식견을 갖춘 목회자였지만 전문신학자는 아니었던 것과는 달리, 라이트는 스스로 저명한 구약윤리학자로서, 대부분의 사안에서 스토트의 입장과 거의 동일한 목소리를 내면서도, 2010년 대회를 더 원활하게 진행하고, 더 깊이 있고 창의적인 문서를 다듬어 냈다. 라이트는 이미 구약윤리학자로 유명했지만, 근래에는 성경에 근거한 하나님의 선교론을 창의적으로 발전시키면서, 하나님의 선교Missio Dei라는 용어와 개념을 에큐메니컬신학 주창자들이 독점할 수 없게 만들었다. 라이트는 스토트 사후에도 스토트의 영향력이 살아서 지속되고 있음을, 심지어는 보강되고 있음을 보여주는 살아 있는 증거다.

## 2015년의 평가: 로잔 이후 복음주의는 이전과 같을 수 없다

그렇다면 결론적으로 로잔대회는 우리에게 어떤 의미가 있는가? 한마디로 말해, 로잔 이후 복음주의는 이전과 같을 수 없다. 이것이 이제 하나의 명제가 되었다. 세 가지로 정리할 수 있다. 첫째, 사회행동과 사회복음은 자유주의자의 전유물이 아니다. 둘째, 선교와 전도는 근본적으로 같은 말이 아니다. 즉, 선교는 단지 영혼 구원만을 의미하지 않는다. 이런 주장이 로잔대회를 통해 처음 나오지는 않았지만, 로잔언약·마닐라선언·케이프타운서약과 함께 존 스토트의 사상, 특히 크리스토퍼 라이트의 하나님의 선교론을 통해 더 분명해졌다. 필자가 생각할 때 가장 중요한 의미는 세 번째다. 복음주의는 이제 더 이상 서양 북반구 백인 기독교인의 전유물이 아니다. 이들이 기독교와 복음주의의 정의를 규정하고 기준을 정하던 시대는 1974년에 종말을 맞았다. 물론 기독교의 정의를 비서양 사람들만이 규정하고 주장할 수 있는 것도 아니다. 즉, 복음주의는 이제 비서양인도 아니고 서양인도 아닌, 전 세계 기독교인world Christians or global Christians 이 규정하는 세계인의 신앙이 되었다.

# VI

오순절 : 오순절 및 은사주의 운동은
세계 복음주의 지형을 어떻게 바꾸었나

# 1.

# 세계 기독교의 오순절화 현상

우선 언급하고 넘어갈 것이 있다. 사실상 20세기 복음주의라는 광범위한 주제를 여섯 부의 글에 다 담아낼 수는 없다. 아예 다루지 않은 거대한 주제도 여전히 많고, 이미 다룬 주제 안에도 미처 다루지 못한 소주제가 많다. 여섯 차례에 걸쳐 다루고 있는 주제 하나하나가 두 시간 강연, 혹은 짧은 글에 담아내며 끝낼 수 있는 것이 아니다. 실제로는 각 주제당 한 학기 강의로 늘여도 부족할 만큼 다루어야 할 사안이 많다. 그러나 여섯 부 안에 20세기 세계 복음주의의 가장 중요한 주제를 압축적으로 다루고자 하는 목표가 있었기 때문에, 전반적으로 개요 중심으로 다룰 수밖에 없었다. 더 세부적으로 알고자 하는 이들은 각 주제와 관련된 많은 책을 읽고 공부해야 이 지형도를 그려낼 수 있고, 어느 정도 전문적인 이야기도 할 수 있다.

　오순절 운동은 본서의 마지막 주제다. 오순절 운동에 대한 강연을 한다고 하면 우려 섞인 표정을 지으면서, 드디어 '헬게이트'<sup>Hell Gate</sup>, '지옥의 문'을 열고 들어간다는 반응을 보이는 이들이 있다. 그럴만한 이유가 있다. 그럼에도 각자가 생각하는 이유와 의미는 각각 다를 것이다. 이런 반응이 나타나는 대략의 정황을 설명할 필요가 있다.

오순절은 정말 큰 주제다. 하지만 한국에 있는 교인들에게 오순절이라고 하면 그저 하나의 교단, 특히 우리가 떠올리는 '순복음교회'<sup>Full Gospel Church</sup>와 관련된 좁은 주제라 생각하기 쉽다. 실제 한국에서는 그렇게 통용되고 있고 따라서 연구도 제한적이다. 이 주제에 대한 학술적 연구는 여전히 턱없이 부족하다. 그런데 이와는 달리 교회 현장에서 나타나는 현상을 보면 오순절 운동이 마치 한국 교회를 장악하는 것처럼 보인다. 특히 요즘 한국 교회를 시끄럽게 하는 신사도운동을 떠올리면서, 실체도 깊이도 전통도 없는 원시적인 이단 혹은 이교의 원형 같은 이 운동이 한국 교회를 잡아먹어 버리고 있다는 식으로 생각한다. 그래서 이 주제를 다루는 것이 마치 헬게이트를 열고 들어가는 것과 마찬가지라고 느낄 수 있다.

그런데 오늘날 서양의 주요 학교에서 연구하거나, 전 세계 기독교의 맥락에서 나타나는 오순절 운동은 그렇게 단순한 이미지로 치부하고 말 사건이나 현상이 아니다. 지난 2부에서 세계기독교학에 대해 다루면서, 비서양 기독교와 서양 선교역사를 연구하는 이 학문이 지난 40-50년간 영미권이나 다른 서양 학계에서 아주 활발히 연구되면서, 하나의 트렌드 혹은 대세로 떠올랐다는 이야기를 했다. 그런데 이 학문이 서양에서 거대한 독립 학문으로 발전한 것과는 달리, 한국에는 소개된 지 몇 년밖에 지나지 않았다.[1] 그런데 세계기독교학이라는 학문이 탄생한 과정과 영역을 살펴 보면, 세계기독교학이 등장한 이후 10년 정도가 지나면 오순절 운동

오순절: 오순절 및 은사주의 운동은 세계 복음주의 지형을 어떻게 바꾸었나

과 교회에 대한 논의가 이 학문의 중심부를 차지하는 현상을 확인할 수 있다. 오늘날 세계 기독교 전체 지형을 지배하는, 가장 역동적이고 활발하게 확산되는 기독교 신앙이 오순절 운동이기 때문이다. 실제로 '세계 기독교의 오순절화' 현상이 오늘날 기독교 세계를 규정하는 가장 중요한 현실이다.

1900년에는 전 세계에서 자신을 오순절 신자라고 자칭하는 사람이 단 한 사람도 없었다. 물론 실제 신앙하는 내용은 이후에 학자들이 정리해 규정한 기준으로 보면 오순절 신앙이지만, 당시에는 이 용어가 등장하지 않았기 때문에 자신을 오순절 신자라 부를 수 없던 이들이 있었을 것이다. 그래서 이 시기 '오순절 신자 수=$0+\alpha$'라는 등식이 가능하다. 1906년이 되면 오순절 운동이 공식적으로 미국 캘리포니아에서 등장하는데, 이때에는 정말 손으로 꼽을 수 있는 극소수 기독교인만이 자기를 오순절 신자라 칭했다. 그런데 100년이 지나 2000년 정도가 되면, 전 세계에서 스스로를 오순절 신자라고 말하는 사람의 수가 5억이 넘는다. 5억 명이면 전체 기독교인의 25%를 차지하는 인원이다. 어마어마한 숫자다. 특히 비서양 지역인 아프리카, 라틴아메리카, 아시아에서는 많은 사람들이 스스로를 이런저런 모양과 종류의 오순절 신자 혹은 은사주의자라고 규정한다. 그만큼 성장한 집단이 된 것이다.

따라서 세계 기독교와 기독교 선교, 기독교 역사를 이야기하는 학문이 이 주제를 다루지 않고는 기독교의 현실 지평을 제대로 짚어내지 못하는 비현실적인 학문이 될 수밖에 없다. 이런 이유로 서양에서는 오순절 연구에 대한 신학적·종교적 연구뿐만 아니라 정치적·사회문화적 접근 등 광범위하고 심도 있는 연구가 진행되었고, 관련 논의가 끊임없이 확장되고 있다. 아쉽게도 이러한 연구가 한국에는 거의 소개되지 않았다. 오순절 진영에 속한 이들, 특히 한국에서는 순복음교단에 속한 이들이 가장 먼저 이 주제를 심도 있게 다루면서 다른 교파와 학계에 이 경향을 소개하는 역할을 해야 할 것이다.

그런데 모두가 그런 것은 아니지만, 오순절 교단에 속해 있는 학자 일부는 자신의 학문에 대해, 자신의 신앙 정체성에 대해 자신 있게 이야기하지 않는 경향이 있다. 물론 오순절 신앙이 체험과 감정 중심의 신앙을 강조하기 때문에 분명히 지성 영역에 덜 집중하는 면이 있다. 예전 한국의 순복음신학원에서는 나이가 많거나 학력이 좋지 않거나 나이가 많더라도 뜨겁고 열심히 전도하는 이들에게 짧은 기간 성경 공부를 시킨 후 목사 안수를 주고 사역자로 만들기도 했다. 하지만 근래에는 그렇지 않다. 지금은 순복음교단 목회자 다수는 종합대학인 한세대 신학대학원을 졸업해야 안수를 받는다. 학교에서는 학문적으로 깊이 공부하고 해외 유수의 대학에서 유학한 이들이 교수직을 맡고 있다.

순복음교단 이외의 오순절 교단에도 학문성이 뛰어난 학자들이 많다. 그런데 그 안에 속해 있는 사람들은 스스로 오순절주의라고 밝히기를 꺼리는 경우가 많다. 오순절 배경에서 성장하면서 스스로 오순절주의자의 정체성에 긍지와 자부심을 느낀다 해도, 외부에서 보는 오순절 교인은 학문적 수준이 떨어질 뿐더러 반지성적·파편적인 지성과 극단적 믿음을 가진 근본주의자이며, 감정에만 매몰된 사람들이라고 일방적으로 매도하는 현상이 여전히 남아 있기 때문이다. 이런 외부의 편견 때문에 자기를 드러내는 것이 어렵고 이와 관련한 학문을 하는 것도 부담스럽다. 사실상 아주 중요하고 큰 영역임에도 오순절 신자가 자신의 정체성을 꺼내 역사적으로 깊이 연구하는 작업이 많지 않았다. 이런 이유로 지난 20년간 서양에서 폭발적으로 성장한 오순절학이 한국에서는 거의 소개되지 않거나 오순절 진영 내부에서만 유통되고 말았다. 이것이 오늘날 오순절 연구와 관련된 한국 교회의 전반적인 배경과 현실이다.

# 2.

# 오순절 용어 정의

오순절 운동에 대한 논의를 더 진행하기 전에 우선 용어에 대한 정의를 내릴 필요가 있다. 본서의 서론에 해당하는 1부 전체를 복음주의에 대한 정의를 내리고 용어를 구별하는 데 할애한 것처럼, 오순절에 대한 이야기를 할 때도 먼저 용어 정의와 개념 정리를 명확하게 하지 않으면 흐름을 놓칠 뿐더러 논의를 계속 이어나가는 것이 힘들다.

## 고전적 오순절주의

먼저 고전적 의미의 오순절주의, 혹은 오순절 신앙Classical Pentecostalism이 있다. 구약의 절기로서의 오순절을 제외하고, 신약 시대 이후 오순절이라는 용어가 기독교 역사에 등장한 것은 우리가 잘 아는 대로, 사도행전 2장의 오순절 성령강림 사건이다. 오순절 신자, 오순절주의자는 이 사건에서 나타난 현상과 경험의 가치를 강조하며 자기 신앙의 신조로 삼는 사람들이다. 오순절 당시 성령이 임했을 때 성령의 능력을 받아 '난 곳 방언' 곧 디아스포라 유대인들의 각 지역 언어를 말하며 성령의 능력을 체험한 이들은, 그 능력으로 다른 사람들에게 복음을 전하기를 두려워하지 않았다. 고전적 오순절주의자는 이 사건을 교회사의 획기적 전환기로 보면서, 이 사건에 나타난 현상인 성령세례와 그 증거인 방언을 강조하는 사람들이다. 고전적인 오순절주의를 다룰 때 나오는 가장 중요한 두 요소가 성령세례와 방언이다.

2,000년 역사에서 이 현상을 개인적으로 경험한 사람들은 개별적으로 많이 있었다. 그러나 이 경험이 전 세계 역사에서 눈에 띄는 흐름이 되어 운동이 된 시기는 주로 1901-1910년이다. 이 10년간의 시기에 이와 유사한 현상이 전 세계 여러 지역에서 동시다발적으로 일어났다. 그래서 이 운동을 '고전적 의미의 오순절 운동' 혹은 '오순절 신앙,' '오순절주의'라 부르며, 영어로는 'Classical Pentecostalism' 또는 'Classical Pentecostal Movement'로 표기한다.

## 은사주의 운동

그런데 오순절 운동을 이야기할 때, 이와 구별해야 할 표현으로 은사주의 운동Charismatic Movement이 있다. 많은 사람들이 은사주의와 오순절주의의 분명한 차이를 잘 알지 못한다. 오순절주의는 교단 혹은 신앙 전통이다. 오순절이라는 사건과 여기서 이 사건에서 일어난 성령세례와 방언을 강조하면서 자신의 교단을 세운 사람들을 오순절주의자, 오순절 신자라고 칭한다. 한국으로 치면 순복음교회(기독교대한하나님의성회)와 복음교회(대한예수교복음교회)가 대표적인 오순절 교단이다. 그리고 이 교단에 속한 이들을 오순절 신자라 부른다. 오순절 현상을 강조하는 사람들은 따로 모여 교단을 만들어 그 안에 속했다. 이전에 속해 있던 전통적인 개신교 교단과 교회를 '떠나' 같은 경험을 가진 이들끼리 따로 '모여' 교단과 교회를 만든 것이다.

그런데 장로교, 침례교, 감리교, 성결교에 속해 교회를 떠나지 않고 계속 출석하면서도 실제 방언이나 예언, 신유 같은 은사를 강조하는 사람들이 있다. 이들을 어떻게 불러야 할까? 크게 보자면 오순절 신자라고 부를 수도 있겠으나, 그들을 역사적·신학적으로 지칭하는 구별된 용어가 있다. 바로 '은사주의자'Charismatics다.

반복하지만, 오순절 신자는 성령의 은사를 받고 이를 강조하는 사람들이 자기 교단을 떠나서 새로운 교단을 형성한 사람들이다. 이것이 1900년대에 이루어진 일이다. 1900년대부터 시작해서 약 반세기 동안 이런 주장을 하는 사람들은 교단 내부의 다른 사람이나 언론으로부터 비난과 비판, 무시를 당했기 때문에 기존 교단에 그대로 머물러 있을 수 없었다. 그래서 자기가 원래 속한 교단을 떠나서 비슷한 주장을 하고 같은 경험을 한 사람들이 따로 교단을 만들었다. 그러나 1950년대 이후 은사주의자들은 기성 교단 내에 머물러 있으면서, 오히려 자신이 성령세례와 성령의 은사를 경험하고 소유한 것을 자랑스러워하며 이 경험을 교회 내 다른 사람들에게 소개하는 데 열의를 보였다. 많은 은사주의자들은 오순절주의자처럼 반드시 방언만을 절대적인 것으로 강조하지는 않았다. 고전적 오순절주의자는 방언이 절대적인 표지였기 때문에, 성령을 받아 능력을 얻게 되고 새로운 단계의 성화 또는 완전 성화의 경험을 통해 좀 더 거룩해지고 하나님께 가까이 가며, 하나님의 강력한 능력을 가진 그리스도인이 되는 첩경으로 방언을 강조했다. 이와는 달리 은사주의자는 방언을 절대적인 기준으로 강조하지 않는다. 오히려 고린도전서에 나오는 아홉 가지 성령의 은사를 고르게 강조하는 편이다.

한국어 '은사'는 영어로 'charisma'인데, 이 단어는 그리스어 단어 'χάρισμα'카리스마에서 나왔다. 이 단어에서 은사주의자라는 의미의 'charismatics'라는 단어가 파생되었다. 은사주의자는 신유를 포함해 가르침, 예언, 방언, 통변 등의 은사를 모두 강조하면서, 이 은사 체험을 교단을 떠나 자기들끼리만 공유하지 않고 자기가 속한 교회 안에서 좀 더 적극적으로 확산되기를 꾀한다. 특히 이들의 목표는 그들의 시각에서 볼 때 죽은 정통으로 여길 만한 교회의 여러 신앙 요소를 갱신renewal하는 것이다. 흥미로운 사실은 신학적으로 자유주의로 분류되는 교회에도 은사주의가 침투해 있고, 심지어 로마가톨릭교회에도 은사주의가 침투해 있다는 것이다. 특히 가톨릭교회 내 은사주의 운동은 이미 상당한 세력을 확보했다. 이들은 은사주의적 성령운동을 펼치면서, 원래의 가톨릭 내 축귀 사역과 연결된 의식을 은사주의와 결합하여 더 강력하고 힘 있게 활용하기도 한다. 여기에 마리아와 성인이라는 대중 가톨릭 신앙의 요소가 결합되면 그 폭발력과 파급력이 더 막강해진다. 이런 요소들은 개신교와는 조금 다르다. 어쨌든 은사주의는 현재 전 세계에 존재하는 모든 기독교 교단과 전통 안에 퍼져 있고 더욱 확산되고 있다. 은사주의 운동을 은사주의 갱신

Charismatic renewal 또는 신오순절주의neo-Pentecostalism로 달리 표기하기도 한다.

## 제3의 물결

대체로 가장 많이 언급되는 오순절 운동의 앞선 두 유형에 몇 가지를 추가할 수 있다. 지난 세기 말부터 한국에서 많이 회자된 내용 중에 '제3의 물결'The Third Wave이라는 현상이 있다. 풀러 신학교의 선교학·교회성장학 교수였던 피터 와그너가 사용한 용어다. 와그너는 오순절 운동이 세 단계를 거쳐 발전했다고 보았다. 첫 번째 물결이 1900년대의 오순절 운동, 두 번째 물결이 1950년대 이후의 은사주의 운동이다. 그리고 와그너는 다른 학자들의 일반적인 분류와는 달리 1990년대에 또 하나의 새로운 현상이 나타났다고 보고, 이 운동을 앞의 두 물결과 구분되는 제3의 물결이라고 선언했다. 다른 학자들이 군이 이 흐름을 이전의 것과 구별된 현상으로 분류하지는 않았음에도 와그너가 이 현상을 새로이 부상한 제3의 물결이라 부른 이유는, 이 현상의 기원이 풀러 신학교와 연관되어 있었기 때문이다.

　1980년대 후반에 와그너가 가르치던 풀러 신학교 선교학대학원에서 목회자 존 윔버는 와그너의 후원 아래 '이적과 기사', '영적 전쟁' 같은 과목을 가르칠 기회를 얻었다. 윔버는 당시 성령의 초자연적 능력을 통한 영적 전쟁·치유·축귀 등을 강조하는 사역을 선교지와 미국 내 자신의 교회에서 시도하고 있었다. 와그너는 윔버의 이 운동이 이전의 오순절 운동과는 다른 강조점을 지녔다고 판단했다. 와그너가 윔버에게 자기 학교에서 과목을 개설해 달라고 부탁하고 윔버가 실제로 강의를 진행했을 때, 풀러 신학교의 다른 교수들은 처음에 반대했다. 윔버가 강의실에서 마치 부흥회처럼 영적 현상 곧 축귀·치유 등을 행하기도 했기 때문이다. 그러나 처음에 반대하던 교수나 학생 다수는 실제로 신학교 강의실 내에서 이적이 나타나는 현장을 목격하고 난 후에는 서서히 입장을 바꾸기 시작했다. 처음에 소수가 모이던 강의실에 엄청나게 많은 이들이 찾아오면서 강의 장소를 초대형 강당으로 옮겼고, 이어서 어마한 반향을 일으켰다. 풀러 신학교는 이전에 1950-60년대에 성경무오설 논쟁 때문에 크게 한번 요동친 일이 있었는데, 그 정도의 규모로 풀러 신학교의 분위기가 크게 바뀌는 새로운 전환점이 1990년대에 오순절 운동, 은사주의 운동, 제3의 물결과 함께 나타났다고 할 수 있다.

## 신사도 개혁운동

와그너가 처음부터 극단적인 형태의 귀신론이나 은사주의를 지향한 것은 아니다. 제3의 물결 이전까지만 해도, 오순절/은사주의 운동은 극단적으로 위험한 신비주의 현상으로 평가되지는 않았다. 그런데 시간이 지나면서 특히 1990년대 이후 와그너의 입장이 점점 과격해지는 양상을 보인다. 이 세 번째 양상을 다루는 이유는 이 현상이 오늘날 한국 교회에서 나타나 가장 시끄럽게 찬반 격론을 불러일으켰기 때문이다. 여러 한국 교단이 이단으로 선언한 새로운 운동이 이 세 번째 단계의 오순절 운동으로부터 발전했는데, 바로 신사도운동이다.

신사도운동이라는 용어를 처음 쓴 사람은 와그너다. 더 정확한 표현은 신사도 종교개혁The New Apostolic Reformation 이다. 와그너는 1980년대 후반에 이적과 기사를 경험한 후 이를 더 극단적으로 발전시키면서, 1998년에 쓴 『신사도교회들』The New Apostolic Churches 이라는 책을 시작으로 자신의 견해를 계속해서 확산시킨다. '신사도 종교개혁'이라는 표현 안에 모든 의미가 들어 있다. 이 견해에 의하면, 오늘날 세계 곳곳에서 일어나고 있는 이 새로운 종교현상은 400년 전 16세기에 있었던 종교개혁이 한 번 더, 또는 새롭게 갱신되어 일어나는 것과도 같다. 사도적Apostolic 이라는 표현 속에는 사도 곧 성경 시대의 사도와 선지자의 직분이 오늘날에도 존재한다는 의미가 담겨 있다. 성경 시대에 예수의 후계자로서, 그의 메시지와 사역을 계승한 이들이 사도와 선지자다. 그런데 일반적으로 정통 개신교 신학에 의하면, 우리에게 주어지던 계시는 성경이 완성된 이후로 종결되었다고 본다. 추가 계시는 없기 때문에 계시를 받는 통로인 사도와 선지자의 역할도 종결되었다는 주장이다. 이 견해는 역사적으로 거의 모든 정통 기독교가 수용했던 중요한 전통이었다. 그런데 와그너는 이에 반대한다. 오늘날에도 신약 시대의 사도와 선지자가 실제로 존재하기에, 완전히 새로운 시대의 새로운 사도적 종교개혁이 우리 시대에 일어났다고 주장한다. 특히 그 시점이 새로운 밀레니엄이 시작되는 시점과 일치하는 것이 하나님의 특별한 섭리라고 인식한다.

여기서 심각한 문제가 발생한다. 전통적인 개신교 계시관에 따르면, 신앙과 행위의 유일무이한 권위는 하나님께서 특별히 계시한 말씀인 성경이다. 성경 이외에 어떤 것도 우리를 전적으로 판단할 수 없고, 우리의 영적 가이드가 될 수 없으며, 우리가 하나님께로 가서 하나님의 자녀가 되는 구원의 길을 제시할 수 없고, 구원 이후의 우리 신앙의 행동지침을 제시할 수 없다. 따라서 종교개혁 전통에 서 있는 개신교 복음주의자는 '오직 성경'<sup></sup>*Sola Scriptura*의 원리에 의하여 성경의 절대성과 우월성을 고백해야만 한다. 그러나 와그너는 이를 무너뜨린다. 종결된 계시 외에 다른 추가된 계시가 오늘날에도 존재하는 사도와 선지자들을 통해 또다시 오거나 새롭게 올 수 있다고 주장한다. 기존 정통 복음주의 견해에서 이런 입장은 이단이다. 이 운동이 한국 교회에 들어와서 수많은 복합적인 접촉과 만남과 장치를 통해 물의를 일으키고 있다. 직통계시나 예언을 통해 한국이 언제 멸망하고, 전쟁이 언제 일어나고, 언제 재림이 있고, 저 집단이나 사람은 언제 죽거나 멸망하고, 어떤 단체나 개인 때문에 한국이 망하고, 특정 정치인을 지지해야 심판을 면한다는 등의 예언을 하면서 성경과 교회 전통의 권위를 무너뜨리고 성도와 사회를 혼돈에 빠뜨리고 있다.

지금까지 언급한 네 가지 역사적 흐름이 오순절 운동의 가장 큰 줄기다. 그러나 세 번째와 네 번째 흐름, 곧 제3의 물결과 신사도운동에 대한 이야기는 오늘날 나타난 현상과 회자되는 논의와 관련하여 대략 그 흐름만 정리했다. 역사학적 차원에서 더 세세하게 다루어야 하는 주제는 제1과 제2의 물결, 곧 오순절 운동과 은사주의 운동이다.

# 3.

## 오순절 기원 논쟁

이제 오순절 기원 논쟁에 대하여 이야기하려고 한다. 필자가 한국에서 오순절 운동, 오순절학에 대한 논의가 서양에 비해 '20년 정도' 뒤쳐져 있다고 말했던 분명하고 구체적인 이유가 있다. 한국에서는 오순절의 기원에 대한 역사나 오순절 신학에 대해 말할 때, 공통적으로 1906년 미국 LA 아주사스트리트에서 일어난 사건이 오순절 운동의 기원이라고 한다. 이것은 누구나 하는 유명한 이야기다. 그런데 그 이후의 이야기 또는 이와는 다른 이야기를 들어본 사람이 한국에 있는가? 거의 없을 것이다. 이렇게 확실하게 말할 수 있는 이유가 있다. 필자도 유학을 떠나기 전에는 사실상 여기까지밖에 듣지 못했기 때문이다.

필자는 한국의 신학대학 학부에서 신학 공부를 시작했다. 모교인 아세아연합신학대학교는 초교파 복음주의 학교였기 때문에 오순절 신앙에 대한 이야기를 꽤 많이 하는 편이었다. 오순절 교단 출신 학생들도 꽤 많았고, 필자의 가까운 친구 중에도 오순절 교단 출신이 여럿 있었다. 교수진에도 오순절 교단 출신 학자가 있었다. 그런데 필자가 학교에서 오순절 운동에 대한 이야기를 많이 들었음에도, 그 논의의 출발점은 언제나 지리적으로는 미국, 시기적으로는 1906-1907년 범위를 벗어나지 않았다. 오순절 운동의 다른 기원에 대한 이야기는 한 번도 들어본 적이 없었다. 신학대학원은 합동신학대학원대학교에 진학했는데, 이 학교는 장로교 개혁주의 학교였기 때문에 학교 특성상 오순절에 대한 이야기를 거의 하지 않았다. 어쩌다가 언급하는 경우도 주로 우리 편이 아니라 저쪽 편에 서 있는, 잘못된 신학을 펼치거나 한국 교회를 망치는 주범으로 전제해 놓고 가혹한 비판과 비난을 할 때뿐이었다.

목회학석사 과정을 마치고 신학석사[Th.M.] 과정을 밟기 위해 다시 아세아연합신학대학교로 돌아간 후에는 복음주의에 대한 연구를 심도 있게 하려고 노력했다. 그 와중에 오순절 운동에 대한 책을 계속해서 읽었는데, 이 과정에서도 앞서 이야기한 범위를 벗어난 내용을 읽어 본 적은 없다. 무엇보다 당시 읽었던 책이 모두 번역서였다는 점이 가장 큰 이유였다. 원서를 읽을 기회도 별로 없었고 영어도 잘하지 못하던 필자에게는 한국에 번역된 얼마 안 되는 서적 말고는 오순절 운동에 대한 정보를 얻을 수 있는 창구가 없었다. 그러다가 유학을 가서 2006년부터 미국 보스턴, 이어서 2008년부터 스코틀랜드 에든버러에서 교회사와 세계기독교학 공부를 하면서 강의를 듣고 책을 읽다 보니, 예상했던 것보다 오순절 이야기가 훨씬 많이 등장했다. 그런데 이 강의와 독서를 통해 필자는 그동안 전혀 들어보지 못한 이야기를 처음으로 접하게 되었다. 그중 오순절 운동의 기원이 1906년 LA 아주사스트리트에서 나타난 현상 하나만은 아니라는 것이 가장 충격적이었다.

그렇다면 오순절 운동의 다원적 기원에 대한 학문적 논의는 언제부터 시작되었을까? 필자가 유학 가기 전까지는 없던 이런 논의가 유학 바로 직전부터 영미권에서 폭발하기 시작했을까? 그렇지 않았다. 이미 지난 20년 이상 유럽과 미국에서 이와 관련한 연구 곧 '오순절 르네상스'가 활발히 진행되고 있었던 것이다. 마치 오늘날 한국 보수 장로교 신학계에서 16-17세기의 엄밀한 개혁파 정통주의 붐이 일어나고 있는 것과 비교할 수 있을 것이다. 물론 '오순절 르네상스'의 규모와 범위는 한국 내 정통주의에 대한 관심 확산에 비할 바 없을 만큼 방대하고 깊이도 훨씬 깊었다.

## 미국 기원설: 영미 감리교−성결운동−오순절 신앙 계보를 따르는 전통적 해설

이런 연구를 통해 발전된 논의를 정리하면 다음과 같다. 우선 '미국 기원설'이 있다. 오순절 운동의 신학적 뿌리가 있는데, 이 운동이 18세기 웨슬리 형제의 잉글랜드 감리교, 19세기 영미 성결운동, 20세기 오순절 신앙 및 신학의 계보를 따른다는 것이다. 이 신학 계보의 중심에는 독특한 성화 교리가 있다. 웨슬리의 완전성화론이 그 시작이다. 일반적으로 주류 종교개혁 개신교 루터파나 개혁파 교리는 예수를 믿고 중생과 회심을 거쳐 신자가 되면, 이후에 일어나는 성화라는 구원의 요소는 주로 점진적으로 일어나는 과정이라고 가르친다. 지속적으로 자라가고 꾸준히 거룩해지는 과정이지 갑자기 어떤 특정 순간에 확연하게 거룩해지는 성화를 경험해야 한다고 가르치지 않는다. 이 원리는 하나님의 은혜의 불가항력성과 지

오순절: 오순절 및 은사주의 운동은 세계 복음주의 지형을 어떻게 바꾸었나

속성, 성도의 견인이라는 구원론 교리의 전반적인 체계하에 있다.

그런데 웨슬리파 교회에서는 신자의 성화 과정에서 특정 순간에 성화를 크게 완수할 수 있는 획기적 전기가 있고, 죄를 의도적으로 짓지 않는 상태에 이르는 완전성화도 가능하다고 가르친다. 이 감리교 웨슬리파 교리를 더 확장시켜 발전시킨 이들이 성결운동 참여자인데, 원래 성결운동은 영미에서는 처음에 교단으로 나타난 것이 아니라 기존 교단에 속한 이들이 초교파적으로 참여하는 복음주의 갱신운동이었다. 영국의 대표적인 성결운동은 잉글랜드 레이크디스트릭트Lake District 지역의 아름다운 호수 마을 케직Keswick에서 사경회로 열리는 유명한 케직운동이고, 미국에서는 성결운동이 20세기에 나사렛교회 등의 교단으로 발전했다. 한국에서는 성결운동에서 기원한 동양선교회Oriental Missionary Society가 해방 전에 선교 활동을 하면서 세운 성결교회가 교단으로 형성되었다. 이들은 이 땅에 살아 있는 동안에 확고하게 성화되는 몇 가지 단계가 있다고 가르친다. 이를 제2의 성화, 제3의 성화 등의 단계별 성화, 더 높은 수준의 기독교인의 삶higher life 같은 표현으로 지칭한다.

이 성결 및 성화 교리를 오순절 운동에 속한 이들이 자신들만의 독특한 강조점에 따라 발전시킨 교리가 성령세례다. 이 땅에 살아 있는 동안 신자가 완전성화에 가기까지 거룩해지는 몇 단계가 있는데, 오순절 운동 이전까지는 이 계기를 특정 사건을 지칭해서 설명하지는 않았다. 그런데 오순절 운동 등장 후에는 성령세례, 그리고 성령세례와 동시에 방언을 받는 경험이 신자를 완전히 새로운 단계의 성화된 사람으로 만든다는 주장이 등장했다. 결국 오순절 운동은 성화 교리와 성화 체험의 확장이라는 맥락에서 발생한 것이다.

지금까지 논한 것이 신학적 맥락이다. 이제 역사적 맥락을 살펴 보자. 윌리엄 시모어 William Seymour라는 사람이 있었다. 시모어는 흑인이었고, 성결운동 계열에 속한 전도자였다. 당시 흑인 대부분은 감리교, 침례교, 성결운동에서 활동했다. 이들은 주로 가난하고 학식이 많지 않은 신자였다. 장로교, 회중교회, 성공회 등은 주로 중산층 이상 백인이나 학식이 있는 사람들 중심으로 신자가 구성되어 있었다. 따라서 가난한 흑인이 소속되어 경험하는 전형적인 신앙 유형은 대중성을 강조하는 감리교, 성결운동, 침례교였다. 시모어는 1906년 당시 사도신앙복음선교회라는 곳에서 활동했다. 이때 시모어에게 방언을 통해 성령세례를 받아 새로운 단계의 성화에 이를 수 있다는 생각을 전수한 인물은 백인인 찰스 파럼 Charles F. Parham이었다. 시모어는 파럼이 텍사스 주 휴스턴에 세운 성경학교에서 '방언' 성령세례론을 배운 후 큰 감동을 받는다. 이어서 시모어는 로스엔젤레스의 빈민가였던 아주사스트리트 321번지로 가서 주로 흑인이 회중이었던 이들과 함께 예배하면서 성령 받기를 간구했다. 성령 받기를 간구하면서 모여 기도했더니 하늘로부터 성령이 내려와서 모든 이들에게 방언이 터지게 했고, 이 방언으로 뜨거워진 이들이 복음을 전했다는 사도행전 2장의 오순절 성령강림 사건 기사를 그대로 믿고 따른 것이다. 그런데 이렇게 믿고 기도했더니, 실제로 그들에게 유사한 방언 현상이 발생했고, 성령에 취해 찬양하는 등 독특하고 열광적인 현상이 나타났다.

이렇게 시작된 운동이 외부로 퍼져 나가 여러 인물과 교회와 만나면서 다양한 유형의 오순절 집단이 형성되었다. 1914년이 되면 미국 최초의 공식 오순절 교단이 탄생한다. 바로 하나님의성회다. 그리고 이 교단이 한국에 들어와 세워진 교단이 순복음교회다. 일반적으로 오순절 운동의 미국 기원을 주장하는 전통적 견해에 의하면, 이렇게 태동된 오순절 운동에 속한 사람들이 캘리포니아에서 시작해 미국 전역으로, 그 후에는 해외로 나가서 선교를 통해 이 현상과 이야기와 가르침을 전했고, 그 결과 오순절 운동이 전 세계로 퍼졌다. 이것이 오순절 운동의 미국기원설이라는 전통적인 견해다.

## 다원기원설: 종교개혁만큼이나 복잡한 전 세계 동시다발적 기원'들'

오순절 운동의 미국 기원설과는 달리, 지난 20년 동안의 이 분야 연구의 핵심은 오순절 운동의 기원이 미국만이 아니라는 것이다. 이를 다원 기원설multiple origins이라 한다. 16세기 종교개혁은 하나의 운동이 아니라, 수많은 계파가 발생하고 정치·사회·문화·종교적으로 다양한 양상이 나타난 복합적인 운동이었다. 이런 이유로 오늘날 많은 학자들은 종교개혁을 'The Reformation'이라는 단수형이 아니라 'The Reformations'라는 복수형으로 표현한다. 마찬가지로, 오순절 운동도 1906년 미국 LA 아주사스트리트에서 일어난 사건이 유일한 기원이 아니라, 이미 이전 또는 거의 같은 시기에 동시다발적으로 다른 곳에서 방언이나 성령의 강력한 임재 등 비슷한 현상이 일어난 증거를 학자들이 찾아낸 것이다.

1905-1907년 인도 묵티에서 큰 부흥이 있었고, 1907년 평양에서도 부흥이 있었다. 물론 평양에서 일어난 부흥을 오순절 운동의 일부로 볼 것인지를 놓고 논쟁이 있다. 필자는 개인적으로 1907년 평양 부흥을 오순절 운동으로 분류하지 않는 것이 맞다는 입장이다. 오늘날에는 오순절 운

동의 양상이 더 복잡해져, 반드시 꼭 방언을 필수요소로 두지는 않지만 이 당시 오순절 운동에는 방언이 필수였다. 그런데 한국에서 1907년에 일어난 부흥에 대한 선교사들의 증언에서는 방언 현상이 두드러졌다는 내용을 찾기 어렵다. 따라서 필자는 이 운동을 오순절 운동에 포함시키지 않는다. 한국에서 1907년 부흥을 오순절 운동에 속하는 현상이라 주장하는 이들은 대개 예측할 수 있듯이, 오순절 교단에 속한 학자들이나 예수전도단 같은 오순절계 선교단체에 속한 이들이다. 어쨌든 1908년 만주 부흥, 1909년 남미 칠레 발파라이소 부흥, 1914년 아프리카 코트디부아르 황금해안 부흥, 라이베리아 크루족 부흥, 1910년대 유럽의 노르웨이 부흥, 아시아의 중국, 중남미 베네수엘라 등에서 일어난 부흥에서도 비슷한 유형의 현상이 나타났다.

그렇다면 가장 이른 시기에 일어난 인도 묵티와 미국 아주사스트리트 부흥이 세계 오순절 운동의 기원이라고 말할 수 있지 않을까? 말하자면 이중 기원론인데, 이 두 지역에서 일어난 일에 대한 소식이 다른 지역으로 퍼지면서 같은 열망과 소망을 가진 이들을 통해 이 운동이 세계화되었다는 것이다. 그러나 그럴 가능성은 별로 크지 않다. 당시의 언론과 통신 수준을 감안할 때 1906년에 미국 아주사스트리트에서 일어난 사건이 빠른 속도로 다른 곳으로 알려지기는 어려웠다. 미국 내에서도 1950년대까지 미국 복음주의자의 절반이 아주사스트리트 오순절 운동에 대해 들어본 적이 없다는 연구가 있다. 기독교 세계의 먼 변방인 인도 묵티 부흥에서 일어난 일에 대한 소문은 더 전파되기 어려웠을 것이다.

다원 기원설은 하나님의 섭리 속에서, 본질적으로 동일하거나 비슷한 종류의 현상과 은사가 비교적 짧은 기간 동안 전 세계에 분산되어 나타났다고 보는 입장이다. 다원 기원설은 오순절 운동을 통일성 속의 다양성, 다양성 속의 통일성이 상호교차하여 관계하며 나타난 현상으로 본다. 방언·성령세례·신유 등을 강조하는 통일성이 있는 운동이지만 지역별·시기별로 양상이 달랐고, 지도자의 특징과 입장, 반응과 규모 등이 달랐다는 다양성도 공존한다. 결국 1906년 미국 아주사스트리트 사건만으로는 20세기 세계 오순절 운동의 기원과 역사를 제대로 설명할 수 없다는 결론이 나온다.

20세기 특히 1945년 이후에는 전 세계의 기독교를 놓고 "기독교가 도대체 무엇인가"에 대해 정의할 때, 어떤 신앙을 소유하고 지켜 내며 어떤 신앙은 제거할 것인지에 대해 논의를 진행할 때, 더 이상 서구인들이 정한 기준으로만으로는 답을 규정할 수 없다는 이야기를 이미 했다. 특히 로잔대회와 언약을 언급하면서, 로잔언약의 중요한 항목과 주제를 제시하고 규정한 인물들이 제3세계 출신이었다는 상황을 다루었다. 비슷한 이야기를 여기서도 할 수 있다. 20세기 초반에는 작았으나 100여 년이 지난 후에는 전 세계를 지배하게 되는 한 신앙 유형의 기원이 미국만이 아니라는 사실, 이미 1905년, 1906년, 1907년 등에 전 세계적으로 부흥 현상이 있었다는 사실이 아주 중요하다. 이 기독교 현상을 서양 중심으로만 볼 수 없다는 것이 한국 기독교인에게는 충격적인 이야기일 수 있다.

오순절 운동을 연구하는 학자들이 비서양 지역 신자들에게 관심을 쏟게 된 이유가 여기에 있다. 이 주제는 지금껏 주도권을 쥐어 왔던 서양 학자와 기독교인들이 독점하고 있던 세계에서 다른 자격의 기독교인이 자기 목소리를 내고 이의를 제기할 수 있는 주제이기 때문이다. 학문 세계에서도 이런 선점·장악·반전으로 이어지는 정치·사회적 맥락이 언제나 존재한다.

# 4.

# 특징: 패러다임 시프트,
# 제3 혹은 제4의 기독교?

그렇다면 오순절 운동의 특징과 그에 따른 의미는 무엇일까? 지금까지의
논의를 기본 틀로 하고 더 세부적인 이야기를 하고자 한다. 무엇보다도 오
순절 운동의 등장은 기독교 역사에 새로운 패러다임 시프트<sup></sup>paradigm shift가
있었음을 의미한다. 피터 와그너만 이런 전환점에 대해 말한 것은 아니
다. 기독교에는 역사적으로 거대한 변혁의 순간들이 있었는데, 전통적으
로 크게 두 번에 걸쳐 큰 변혁이 있었다. 우선 초·중세 기독교가 1054년
에 동방기독교와 서방기독교로 갈라진 사건이다. 두 개의 다른 문화 배경을
가진 기독교가 탄생한 것이다. 동방기독교인 정교회는 이후 큰 분열 없이
지금까지 통일성을 이어 갔다. 그런데 서방기독교에서는 16세기가 되면 종
교개혁을 통해 가톨릭교회로부터 개신교라는 거대한 지류가 이탈하며 새
로운 거대 기독교 세력이 탄생한다. 그래서 전 세계에는 세 종류의 기독교
(개신교, 가톨릭, 동방정교회)가 있다는 분류법이 전반적으로 수용되었다.

그런데 이렇게 세 개로 나뉜 전체 기독교 지형 내에서, 20세기에 일어난 오순절 운동이 새로운 유형의 기독교를 탄생시킨 혁명적 운동이라고 보는 사람들이 있다. 이들에 따르면, 오순절 운동은 기독교 역사에서 일어난 세 번째 혁명이자 변혁이다. 서방기독교만 가지고 보면 제2의 종교개혁이다. 사실상 16세기에 일어난 제1종교개혁보다 더 큰 사건일 수 있는 혁명이 일어나, 아예 다른 종류의 새로운 기독교가 나타났다고 말하는 이들도 있다. 한편으로는 그 정도까지 큰 변혁은 아니고 개신교 내부에서 발생한 작은 분열, 개혁, 갱신 정도로 보는 견해가 있다. 원래의 세 개의 기독교 중에서 특히 개신교는 늘 이합집산하는 특징이 있기 때문에, 그 특징에 따라 개신교 내부에서 나타난 하나의 흐름이라고 본다.

필자 역시 마지막 견해를 따른다. 개신교가 지난 500년간 주장했던 대부분의 핵심 교리를 공유한다는 점에서 오순절 기독교는 개신교의 일파이지 이전에 없던 전혀 새로운 유형의 기독교 전통이 아니다. 특히 복음주의를 대표하는 네 가지 주요 요소를 모두 수용한다. 우선, 성경을 하나님의 말씀으로 믿는다. 오순절주의자들이 은사를 강조하고, 일부는 추가된 계시에 대해 말하고 있지만, 오늘날 대개의 오순절주의자는 성경을 버리거나 자신들의 예언이 성경보다 우월하다고 여기지는 않는다. 기본적으로 성경을 하나님의 말씀으로 믿고 성경이 예언과 방언을 판단한다고 보며, 예언과 방언 등의 은사를 성경이 보증한다고 믿는다. 그런 차원에서 이들은 성경주의자다. 회심주의라는 요소와 관련해서도, 이들은 뜨겁게 회심을 강조한다. 이들보다 회심을 강조하는 다른 개신교 전통이 있는가? 십자가 중심주의는 어떤가? 이들만큼 십자가를 강조하는 사람들도 없다. 외부인들은 이들이 감정과 체험을 강조한다고 가벼이 여기는 경우가 많지만, 이들은 끊임없이 십자가에 대해 이야기한다. 이들이 부르는 오순절 계통의 현대기독교음악CCM이나 경배와 찬양 시간에 자주 부르는 찬양을 들어 보면, 이들의 찬양만큼 십자가를 강조하는 찬송은 없다. 일부 엄격한 개혁파 진영에서는 시편만을 예배 찬송으로 부를 수 있다고 주장한다. 찬송도 하나님의 말씀의 일종이므로, 성경 말씀 이외의 다른 것을 예배 중에 고백하거나 선포해서는 안 된다고 본다. 그래서 성경의 일부인 시편만을 찬송으로 사용한다. 물론 정당한 논리다. 그런데 중요한 사실은, 시편은 신약이 아니라 구약이다. 암시적·예표적으로 예수 그리스도와 십자가와 회심을 드러내지만, 단어 하나하나를 가지고 명시적으로 십자가와 그리스도에 대해 노래하지는 않는다. 우리가 요즘 잘 아는 수많은 오순절·은사주의 계열의 복음성가는 가볍고 쉽고 감정적이고 간증적이고 개인적이지만, 가사를 보면 끊임없이 십자가와 하나님과의 만남과 연합을 강조한다. 그 점에서는 더욱 십자가 중심적이다. 마지막으로 행동주의적 요소를 보자. 한국에서 순복음교회 교인만큼 사람들에게 열정적으로 전도하는 신자가 있는가? 여호와의 증인, 모르몬교, 신천지 같은 이단이나 소종파를 제외하고는, 정통이라 불리는 기독교 전체에서 가장 전도에 열정적이고 뜨겁게 헌신하는 사람은 언제나 오순절 계열의 신자다. 끊임없이 갱신하게 하고 행동하게 하고 자극시키고 움직이게 만드는 것이 오순절 신앙의 특징이다. 복음주의의 네 가지 요소를 아주 충실히 따르는 사람들이다. 여기에 부가되는 몇 가지 요소가 오순절주의를 규정하지만, 이 네 가지를 그 중심에 붙들고 있다는 점에서 오순절 신앙은 기본적으로 개신교 신앙이며, 특히 복음주의 신앙이다.

오순절주의가 이처럼 복음주의의 네 가지 요소를 다른 개신교 신자와 공유하기는 하지만, 이들에게는 다른 개신교인들이 별로 관심을 갖지 않는 특별한 강조점이 있다. 그것이 무엇일까? 이미 다루었듯이, 가장 중요한 요소는 사도행전에서 증언하는 내용인 성령세례와 그 증거인 방언이다. 여기서 늘 문제가 된 것이 은사중지론과 은사지속론 사이의 논쟁이다. 기존의 개신교 교파 다수, 특히 개혁파 진영에서는 은사중지론을 따른다. 이 견해에 의하면 사도와 선지자의 존재는 신약 시대와 정경 완성 이후에는 중지되었다. 그들에게 주어졌던 예언, 치유 등의 은사 역시 이제는 더 이상 나타나지 않거나 나타난다 하더라도 이전과는 다른 의미를 갖는다. 성령세례에 대해 개신교 주류 교파에서는 중생과 동시에 성령께서 우리를 구속시키는 것이라 주장한다. 즉, 중생과 성령세례는 동시에 일어나는 사건이기 때문에 전통적인 신학에 의하면 성령세례에 대한 논의는 성령론이 아니라 구원론의 영역에 포함된다. 중생 이후에 제2의 사건으로 추가로 주어지는 것이 아니라는 뜻이다. 반대로 은사지속론을 주장하는 오순절 신자는 우리가 예수를 믿고 구원을 받은 후에 더 큰 능력을 얻거나 더 높은 수준의 성화를 이루기 위해서 따로 방언 등의 현상과 함께 성령세례를 받는다고 주장한다.

## 완전한 복음: 순복음

오순절주의의 두 번째 특징은 완전한 복음에 대한 주장이다. 오순절주의자들이 보기에 기존 교회들의 주장에는 무언가 결핍이 있다. 한마디로 부족한 기독교라는 것이다. 오순절주의자들은 자신들이 해석한 복음을 순복음이라 했다. 영어로는 'full gospel'로 표기하였는데, 이를 한국에서는 '순純복음'으로 번역했다. 한국어 단어로만 보면, 순복음이라는 말은 'full gospel'보다는 'pure gospel'이다. 실은 'full gospel'이라는 영어 표현을 직역하면 '충充복음' 또는 '완完복음'이라고 하는 것이 더 타당하다. 성령과의 직접적인 소통을 막은 기존의 부족한 기독교를 회복시킨다는 의미에서는 'full gospel'과 'pure gospel' 사이에 의미 차이는 크지 않다. 오순절 운동으로 미국에서 가장 먼저 생긴 하나님의성회에 이어 생겨난 대형 교단 중에 국제사중복음교회International Church of the Foursquare Gospel가 있다. 한국에도 '복음교회'라는 교단명으로 들어와 있다.[2]

이 교단은 왜 사중foursquare이라는 표현을 쓸까? 예수 그리스도의 네 가지 역할에 강조점을 두기 때문이다. 모든 기독교 신앙의 핵심이자 기초인 영혼을 구원하는 구주 예수 그리스도, 육체의 질병을 치료하는 의사이신 예수 그리스도, 떠나고 승천하시면서 성령을 약속하고 주시는 성령세례자 예수 그리스도, 마지막으로 장차 오실 왕이신 예수 그리스도라는 네 가지를 강조한다. 이들은 지금까지 많은 개신교인들의 복음이 영혼을 구원하는 예수나 부분적으로 장차 오실 왕이신 그리스도를 강조했지만, 질병 치료자로서의 예수와 성령세례를 주시는 예수를 강조하지 않았던 부족한 복음이라 전제한다. 그래서 이 부족한 복음의 결핍을 채우는 완전한 사중복음full foursquare gospel을 선언한다는 논리를 펼친다.

세 번째 중요한 특징은 평등주의다. 개신교 종교개혁의 중요한 유산 가운데 하나는 가톨릭보다 개신교 신앙과 교회론이 신자 간의 평등을 지향한다는 것이다. 가톨릭의 사제주의와 성직자주의에 대항해서 개신교는 모든 믿는 사람이 제사장이 될 수 있다는 교리를 선언했다. 이를 흔히 '만인 제사장주의' priesthood of the all believers 라 지칭한다. 더 정확히 말하면 '만인all people 제사장'이 아니라 '모든 신자' all believers 가 사제가 된다는 '전全신자사제'라는 표현이 더 정확하다. 개신교 종교개혁 이전에는 특정 사람들만 사제가 될 수 있었기에, 많은 사람들은 스스로 하나님과의 만남을 가질 수 없었다. 스스로 하나님 앞에 나아가서 죄를 고백하고 용서받을 수 없었고, 대신 합당한 사도 전승 원리에 의해 안수를 받은 가톨릭교회의 사제에게 가야 했다. 중보자인 사제를 통해서 고해성사를 해야만 하나님과 만나 죄 사함과 용서를 받을 수 있었다. 사제를 통한 고해성사 없이는 하나님과의 관계 회복을 불가능하게 만들어 놓은 것이 가톨릭교회 제도였다. 이런 성직자주의에서는 평등사상이 들어올 여지가 없다.

종교개혁과 함께 모든 신자가 예외 없이 스스로 하나님 앞에 가서 예수 그리스도를 통해 개인적으로 죄를 고백하고 대화하며 용서받고 하나님을 만날 수 있게 되었다. 모든 신자가 사제(제사장)가 되었고, 따라서 성직자에게만 집중되었던 특권이 모든 신자에게 균등하게 분배되었다. 이점에서 개신교는 평등주의 신앙이다. 그런데 오순절주의자들이 보기에는 역사적 개신교 전통 대부분은 평등의 일부만을 강조하고, 중요한 다른 것을 강조하지 않았다. 전신자사제론을 종교개혁에서 이야기했지만, 모든 신자가 선지자가 되어 직접 하나님과 대화하고 소통하고 하나님 말씀을 대언하는 경험은 오순절 운동 이전에는 없었다고 주장한다. 즉, 사제직의 평등뿐만 아니라 선지자직의 평등까지도 이루어져야 진정한 평등이라고 주장한 것이다.

사실상 개신교 종교개혁은 이론상으로는 복음은 모든 이들이 평등하다고 말하며 전신자사제론을 주장했지만, 종교개혁에서 파생된 거의 모든 교회는 지난 500년 동안 실제로는 사람들을 인종·성별·학력·신분·국적별로 구별하고 차별했다. 흑백의 차별을 유지해서 백인교회에는 흑인이 들어올 수 없는 경우가 대다수였고, 성별에도 차이가 있어서 남성은 언제나 지도자인 데 반해, 역사적으로 늘 교인의 다수였던 여성은 교회에서 입을 다물고 있어야 했다. 학력과 지성으로 신자를 구별했기에, 지성을 강조하는 성공회나 장로교, 루터교 같은 교단에서는 교육 수준이 높지 않으면 지도자는커녕 교회 분위기에 따라 교인이 되기도 어려운 경우도 비일비재했다. 비록 개신교 종교개혁이 해방과 자유와 평등을 가져왔다는 말은 하지만, 여전히 많은 차별과 장벽 때문에 사회 하층민들의 교회 진입이 어려웠다. 그래서 오순절주의자들은 역사적 개신교 교파들이 성경적 평등주의를 실현하지 못했다고 보았다.

오순절주의자들은 자신들의 오순절 혁명이 이런 사회적 차별을 실제로 없앴다고 주장한다. 무엇보다도 흑백의 차별을 상당히 제거했다고 주장한다. 실제로 미국에서 오순절 운동이 등장한 이후, 기존 개신교 교단의 흑인 대부분이 오순절 교단, 은사주의를 추구하는 교회 혹은 오순절 성향의 독립교회로 소속을 바꾸었다. 오순절 운동 역사에서 방언과 신유 은사를 받은 사람들 중 과반수가 여성이었다. 이들이 성령 받기를 간구했을 때 성령세례가 임했다. 남자에게만 임한 것이 아니었다. 대부분의 기존 교단에서는 남성에게만 지도력과 공적으로 기도하고 발언할 수 있는 권한을 준다. 제도와 정책, 교리에 의해 여성의 발언과 지도력을 제한한다. 그런데 방언 등의 은사는 남성과 여성이라는 성에 따라 구별하고 제한할 수 있는 것이 아니다. 실제로 은사를 받은 여성들이 오순절 집단에 아주 많았고 여성이 자기 목소리를 낼 수 있는 거의 유일한 서구 개신교 집단이 오순절계 교회였기 때문에 많은 여성이 기존 교단을 떠나 오순절교회에 합류해서 교회와 교단의 지도자가 되었다. 사중복음 교단의 창립자 에이미 셈플 맥퍼슨Aimee Semple McPherson도 여성이었다.

## 민중신앙: 구전종교

네 번째 특징은 오순절 운동 특히 비서양 지역의 오순절 신앙이 구전을 통해 전파되는 민중신앙의 유형을 보였다는 사실이다. 초기 오순절교회에 참여한 많은 사람들은 가난하고 학력도 높지 않았다. 공부를 많이 한 사람들은 주로 오순절 현상을 폄하하고 무시하는 경향이 있다. 성령의 역사가 아니라 광기나 히스테리 혹은 원시종교성의 발현이라고 보는 경우가 많다. 선교지에서 선교사로 활동한 백인들이 일정 시간이 지난 후 현지 유색인에게 사역의 주도권이나 자치권을 이양하려 하지 않는 경우가 많다. 물론 선교지에 따라 다른 경우도 있다. 예컨대 네비어스 선교원리(자치·자립·자전) 등의 삼자three-self 원리가 철저하게 적용된 한국 같은 선교지도 있었다. 이런 지역에서는 시간이 지나면서 자연스럽게 또는 인위적으로 주도권 이양이 일어났다. 물론 이런 이야기를 할 때 전혀 긴장이나 갈등 없이 이상적으로 일어난 일이라고 과장해서는 안 된다.

대부분의 선교현장에서는 이처럼 자연스러운 이양이 일어나지 않았다. 예를 들어, 어느 날 선교지 기도회에 백인 선교사와 흑인 현지 지도자가 같이 참여했는데, 백인 선교사는 방언을 못 받고 흑인 지도자는 방언을 받았다고 가정해 보자. 또 백인 선교사는 병자에게 안수를 했을 때 치료가 안 되는데 흑인 지도자는 기도만 했는데도 병이 낫는 상황을 상상해 보자. 어떤 일이 일어날까? 이렇게 되면 주도권이 바뀐다. 이제는 흑인 현지인이 지도자가 된다. 이는 현지인 자신이 의도해서 된 것이라기보다는 이적현상에 의한 결과인데, 많은 선교지에서 이런 일이 실제로 일어난다. 이런 식으로 토착화되어 자치하는 오순절 신앙이 많은 선교지에서 수용되고 확산된다.

오순절주의는 민중의 신앙, 대중의 신앙이다. 가난한 다수, 유색인종, 비서양인, 여성에게 호소력이 더 큰 신앙이다. 무엇보다 이 신앙에는 구전종교의 특징이 있다. 문서와 문자와 학문을 통해 확산되고 강화되는 종교가 아니었다. 한번 생각해 보자. 옛날에 읽고 쓰는 능력이 보편화되기 이전 문맹률이 높았던 시대를 생각해 보라. 몇 세대 전 우리의 할머니들은 주로 이야기꾼이었다. 텔레비전과 책이 없던 시절에 할머니나 증조할머니가 손주와 증손주가 잠자리에 들기 전에, 또는 아이들을 무릎에 앉혀 놓고 옛날이야기를 해주면서 아이들을 공포에 빠뜨리거나 오줌을 지리게 만드는 장면을 생각해 보라. 이들 이야기꾼은 주로 젊은이가 아니라 노인이었고, 그중에서도 할아버지가 아니라 할머니였다.

지금도 아주 전통적인 아프리카 부족 공동체에 가면 이야기를 듣는 시간이 있다. 우리로 치면, 몇 대가 함께 사는 대가족이 큰 거실에 모두 모여 TV를 보는 것과 비슷하다. 큰 차이는 우리에게는 이야기를 전하는 주체가 TV인데 반해, 이들에게는 이야기의 주체가 주로 할머니라는 점이다. 이들 아프리카 부족 공동체에서는 저녁을 먹고 나서 모닥불을 피워 놓은 마을 공터에 아이들이 모이면, 그 아이들을 대상으로 할머니들이 옛날 이야기를 들려준다. 이야기가 두 시간이고 세 시간이고 이어지는 경우도 많다. 아이들은 이야기에 빨려 들어가 상상의 나래를 펼친다. 그런데 이런 할머니 대부분은 글을 몰랐다.

이것이 구전전통이다. 실제로 한국을 포함한 많은 선교지에 복음이 들어왔을 때, 신앙을 가장 뜨겁게 받아들인 집단이 여성, 그중에서도 주로 나이 많은 과부들이었다. 대부분의 선교지에서 비슷하게 일어나는 현상이었다. 사회에서 여성 특히 남편 없는 여성은 억압받고 차별받고 무시받는다. 그들은 기독교가 이런 소외되고 무시당하는 사람들을 평등하게 대한다는 소문을 듣고 기독교 신앙에 귀의한다. 이렇게 신앙을 받아들인 사람은 그 감격과 뜨거움이 남다르다. 그들 중 많은 이들이 글자를 모르기 때문에 성경을 읽고 싶어도 읽을 수가 없다. 그러면 어떻게 하는가? 예배 시간에 봉독되는 성경을 들으며 손주나 자녀, 이웃이 읽어 주는 성경을 들으며 성경 전체를 통째로 외워 버린다. 이런 일은 선교지마다 흔히 등장하는 간증이다. 젊은 남자들은 어떻게 하는가? 외우지 않는다. 읽을 수 있기 때문에 읽고 공부한다. 결국 이 둘 사이에 전달하는 방식이 달라진다. 구전복음은 상상과 이미지, 제스처, 드라마 같은 요소가 풍성하다. 비서양 지역의 오순절 신앙은 이처럼 구전을 통해 전달되는 경우가 많다. 17세기 유럽 대륙 개혁교회나 스코틀랜드 장로교회에서 일어나는 현상과는 다르다. 이런 현상은 아프리카 등의 비서양 선교지에서 주로 여성들을 주체로 일어난다. 복음이 이야기로, 내러티브로 전달되었을 때 그 표현력이 더 극적이었기 때문에 더 많은 사람들에게 파급력 있게 영향을 끼친 것이다.

앞서 변증학을 다루면서도 비슷한 논조의 이야기를 한 것을 기억할 것이다. 코넬리어스 반틸이 아주 명료하게, 이론적으로, 단호하게 복음을 변증하고 다른 개혁파의 많은 변증학자들도 전통적이고 정통적인 증거주의 변증을 했음에도, 미국 복음주의 대중에게 가장 인기를 끌고 수용된 변증가는 반틸도 칼 헨리도 에드워드 카넬도 아닌 C. S. 루이스였다. 왜일까? 루이스는 이야기를 전하는 사람이었기 때문이다. 비록 그는 정통 복음주의자가 아니었지만, 이야기와 상상력의 파급력이 얼마나 막강한지를 보여주는 사람이었다. 루이스는 오순절 신앙의 신학적 요소를 조금도 받아들이지 않았지만, 오순절주의의 문화적 요소를 가진 사람이었다고 말할 수 있다. 오순절 구전 신앙은 텍스트, 본문 중심의 신앙이라기보다는 경험과 체험, 감정과 상상력, 이야기를 강조하는 더 낭만적인 유형의 신앙이다.


## 탈계몽주의: 포스트모던 기독교

이 요소는 자연스레 탈계몽주의로 연결된다. 계몽주의 시기에 기독교가 외적으로는 계몽주의와 적대적 관계를 유지하면서도 지적으로 신뢰할 만하다는 사실을 변증해 내기 위해서 결국 가져온 것이 계몽주의의 틀이었다는 이야기를 했다. 고전적 개신교 복음주의는 부흥운동을 통해 성장했음에도 종교개혁과 계몽주의 전통의 영향하에서 지식의 가치를 중시했기 때문에 여전히 지성주의·합리주의·텍스트주의적이었다. 그러나 오순절 운동은 여기에서 탈피하여 낭만주의·경건주의·체험주의·감정주의·반지성주의·반합리주의·탈텍스트주의적 특징을 보인다. 따라서 오늘날의 포스트모던 시대에는 계몽주의의 산물인 모더니즘을 거부하거나 독특하게 전용한 오순절주의가 받아들여질 여지가 더 많다고 할 수도 있다. 이런 해설이 서양과 비서양을 막론하고 오순절·은사주의 신앙이 널리 확산된 이유를 설명하는 방식 중 하나다.

## 한국 오순절 신앙: 조용기의 삼박자 구원

이제 이 주제를 한국과 관련해서 이야기해 보자. 미국 오순절 운동이 주장하는 온전한 복음 곧 순복음과 사중복음의 연장선상에 한국 오순절 운동의 대표자라 할 수 있는 조용기 목사의 '삼박자 구원'이 있다. 여의도순복음교회 주일 예배에 참석한 경험이 있는 이들은 모두 잘 알 것이다. 교회에서 예배를 드리다 보면, 예배가 끝날 때 즈음에 요한삼서 1:2(사랑하는 자여 네 영혼이 잘됨같이 네가 범사에 잘되고 강건하기를 내가 간구하노라) 가사로 조용기 목사가 직접 작사한 찬양을 부른다. 요한삼서 1:2이 온전한 복음, 곧 순복음을 잘 설명하고 있다는 것을 시각적·실천적으로 강조하는 행위다. "영혼이 잘됨같이"는 영혼 구원, "범사에 잘되고"는 물질적 번영과 축복, "강건하기를"은 육신 질병의 치유와 건강이다. 예배 중에 이 노래를 부르면서 아픈 부위에 자기 손을 대고 기도를 하는 순서가 있다. 내 영혼과 내 일상과 내 육체가 동시에 구원받는 것, 이것이 삼박자 구원이다. 온전한 구원이라는 것이다. 지금까지 개신교는 영혼 구원만을 이야기했기 때문에 충만한 복음이 아니라 반쪽 복음 또는 부분 복음이었다는 것이다. 그래서 이 세 가지를 다 강조해야 완전한 복음, 순복음이라는 논리다. 원래 외부에서 도입된 오순절 복음은 이처럼 순복음교회를 통해 한국에서 토착화되었다.

## 예배와 찬송

마지막으로, 오순절 운동뿐만 아니라 은사주의가 한국 교회를 휩쓸게 된 가장 중요한 요인과 수단 가운데 하나가 음악이었다는 사실을 언급할 필요가 있다. 한국 초기 개신교 형성기에 들어온 찬송 가운데 많은 곡은 18-19세기 부흥운동기에 탄생한 찬송이었다. 장로교라고 해서 시편찬송을 부른 것이 아니다. 요즘은 엄밀한 개혁주의를 주창한다고 하는 몇 교회가 시편찬송만 부르는 전통을 회복하려 하지만, 지난 100년간 한국 장로교 역사에서 그런 사례는 거의 없었다. 오히려 감리교 창시자 중 하나인 찰스 웨슬리의 곡이나 잉글랜드 복음주의자 존 뉴턴John Newton의 곡, 미국 성결운동 집회나 부흥회에서 자주 불리던 패니 크로스비Fanny J. Crosby, 어거스터스 톱레이디Augustus Toplady의 곡 같은 복음주의 부흥성가가 한국 찬송가의 기조를 이뤘다. 이들의 교단 배경은 대부분 감리교, 성결교, 침례교였다. 이런 곡들은 신앙 감정과 체험을 강조하고, 노래로 자기 신앙을 고백하며 간증하는 것을 중시했다.

그러나 이런 부흥회 음악이 한국 찬송가의 뼈대를 이루었음에도, 초

오순절: 오순절 및 은사주의 운동은 세계 복음주의 지형을 어떻게 바꾸었나

기 한국 기독교인이 오늘날의 오순절 신자나 은사주의자처럼 서서 손을 들고 눈을 감고 예수의 이름을 선포하며 찬송을 부르지는 않았다. 각 개인의 선호에 의해 그렇게 하는 경우가 있더라도 이것이 천편일률적인 전통이 된 것은 아니었다. 힘차게 부르고 박수를 치며 몸을 옆으로 흔들면서 부르는 경우는 많았지만, 대개 앉아서 불렀으며 춤을 추지도 않았다.

그런데 CCM Contemporary Christian Music 이라는 장르의 음악이 도입되면서, 한국 교회에서 찬송을 부르는 기조가 완전히 바뀐다. 한국에서는 1980년대에 CCM이 기타, 드럼, 신디사이저 등의 악기와 함께 유입되고, 대규모 찬양집회가 우후죽순처럼 개최되면서 찬송의 흐름이 완전히 바뀐다. 이 음악은 특히 청년층을 휩쓸었다. 한국에 있는 모든 비싼 악기들은 교회로 들어갔다. 종로 세운상가의 유명 악기상을 먹여 살리고 부유하게 한 거대한 젖줄은 교회였다. 이를 기점으로 한국 교회 예배당에는 음향 시스템이 강조되고, 이 시스템이 가장 잘 활용될 수 있는 형태로 예배당 건물 구조, 좌석 배치 등이 바뀌었다. 이전에는 설교를 강조했기 때문에 강단이 높았고 회중석에는 장의자가 놓여 있었다. 그러나 오순절·은사주의 음악을 도입한 이후에는 많은 예배당이 공연장 형태로 바뀌어, 강단은 넓은 무대가 되고 좌석은 부채꼴 형태로 배치되었다.

순복음교회와 은사주의가 1970년대 이후 한국 교회를 뒤집어 놓았지만, 이 유산 중 가장 파급력이 컸던 것은 음악이었다. 이런 영향의 중심에 있었던 단체가 오순절 교단 출신 로렌 커닝엄 Loren Cunningham 이 만든 YWAM 예수전도단이었다.[3] 한국에 수많은 캠퍼스 선교단체가 있지만 대부분의 단체는 복음전도, 캠퍼스 복음화, 제자훈련, 지성의 제자도, 해외 선교 등을 강조했다. 예수전도단 역시 이런 강조점을 공유했다. 그럼에도 오순절 교단인 하나님의성회 출신의 커닝엄이 시작한 단체였기 때문에 다른 단체와는 달리 처음부터 성령운동에 열려 있었고, 특히 음악과 예배를 통한 오순절 신앙의 전파에 집중했다.

예수전도단이 미국에서 기원한 영향이라면, 영국의 은사주의는 하스데반 선교사가 이끈 두란노 경배와 찬양을 통해 들어와, 한국에서 신앙의 내면화를 더 강조하는 영성운동으로 토착화되었다. 원래 하스데반 선교사는 영국의 유명한 은사주의 찬양집회 스프링하비스트Spring Harvest를 이끈 크리스 보우터Chris Bowater, 그레이엄 켄드릭Graham Kendrick 같은 이들의 영향을 받아 경배와 찬양 운동을 시작했다. 이들이 인도하는 영국의 집회에서는 참석자들이 찬양하며 감동을 받아 손을 드는 경우가 많았다. 하지만 하스데반 선교사가 인도하는 한국 집회에서처럼 거의 몰아의 경지에 이르기까지 자기 죄성에 집중하며 신앙을 내면화하는 요소는 강하지 않았다.

예수전도단과 두란노 경배와 찬양은 한국 예배음악의 형성과 발전에 가장 큰 영향을 끼쳤다. 1980년대에 소개된 이 두 단체에 이어, 1990년대부터는 인터콥, 횟셔뮤직 등이 선봉에 서서 미국에서 가장 오래도록 예배음악 분야를 주도한 마라나타Maranatha, 대형 집회 실황으로 열혈 팬을 많이 모은 돈 모엔Don Moen, 밥 피츠Bob Fitts, 론 케놀리Ron Kenoly 같은 예배인도자로 유명한 호산나인테그리티Hosanna Integrity, 존 윔버의 사역을 기반으로 탄생한 비니어드Vineyard 및 토론토블레싱Toronto Blessing 계열의 오순절/은사주의 예배 음악을 한국에 소개하고 전파했다. 주찬양, 다윗과 요나단, 컨티넨탈 싱어즈, 옹기장이, 임마누엘 등의 자생적인 한국 밴드 및 찬양단과 박종호, 최인혁, 송정미, 최덕신, 하덕규 같은 솔로가수도 이들 외국 단체와 함께 한국 CCM의 초기 무대를 이끈 주역이었다.

# 5.

# 분화: 서양/비서양 오순절교회, 은사주의 갱신

## 북미 오순절 운동

이제 오순절 및 은사주의 운동의 지리적·신학적 분화에 대해서 다룰 차례다. 북미 지역에서 일어난 사건과 비서양 지역에서 일어난 사건을 나누어이야기할 것이다. 북미 오순절에서는 하나님의성회가 1943년에 전미복음주의협회NAE에 가입하면서 복음주의권 주류로 편입되는데, 이때 이후 하나님의성회는 복음주의 주류 교파와 주요 인사들에게 인정받기 위해 좀 더세련되고 교양 있는 형태의 오순절 신앙을 추구한다. 이것이 다른 오순절신자들에게는 원래 오순절 신앙의 원시성을 포기한 타협 혹은 타락으로 보이기도 했다.

오순절 운동이 단일 교단이나 운동이 아니라는 사실을 늘 염두에 두어야 한다. 오순절주의는 순복음교회나 복음교회, 예수전도단이나 인터콥이나 신사도운동만을 대변하는 것이 아니다. 각각의 오순절 집단 사이에 긴장과 갈등이 있고, 서로 공유되지 않는 여러 요소가 있다. 비기독교인들이 물의를 일으키는 일부 기독교인들의 극단적인 정치적 행동이나 전도 행위만을 보고서 기독교 전체를 비도덕적 종교로 규정하거나 판단할 수 없고, 테러를 일으키는 일부 과격한 무슬림의 행동을 보고서 이슬람교가 테러를 가장 높은 가치로 삼는 호전적 종교라고 일방적으로 매도해서는 안 된다. 마찬가지로 오순절 운동 역시 모두 똑같은 신학적·정치적·사회적·문화적 입장과 삶의 태도를 공유하고 있다고 규정해서는 안 된다. 내부의 다양성을 반드시 고려해야 한다.

또한 오순절 운동 내부에도 소종파 혹은 이단적 색깔을 강하게 지닌 집단들이 있다. 예컨대, 미국 오순절 집단 중에 유일파Oneness 운동이라는 것이 있다. 미국에서 한때 형성된 후 번성하여 지금도 잔류 세력이 남아 있는 집단으로, 한국에는 이 집단이 들어온 적이 없다. 이들은 삼위일체 대신 양태론적 일위일체를 강조한다. 역사적으로 삼위 대신 일위를 주장한 그룹은 대개 성부를 강조했다. 유니테리언 같은 집단이 대표적이다. 그런데 유일파는 오히려 성자 예수를 강조한다. 이런 주장을 뒷받침하는 증거 구절로 사도행전 2:38을 제시한다. 우리는 세례를 받을 때 성부와 성자와 성령의 이름으로 세례를 받는다마 28:19. 그런데 이 집단은 사도행전 2:38에서 베드로의 사역 중에 "예수 그리스도의 이름으로 세례를 받고"라는 표현에 주목한다. 성부, 성자, 성령이 따로 있는 것이 아니라는 일종의 양태론적 해석으로, 성부는 예수의 다른 이름과 역할이고 성자와 성령도 예수라는 한 존재 안에서 양식을 달리하여 존재한다고 주장한다.

늦은비운동Latter Rain 이라는 것도 있다. 주로 신사도운동의 뿌리를 파헤치다 보면 연결되는 집단이 늦은비운동, 오랄 로버츠<sup>Oral Roberts</sup>와 순복음실업인회의 화물(자본주의)숭배신앙<sup>cargo cult</sup>, 케네스 해긴<sup>Kenneth Hagin</sup>의 번영신학, 그리고 캐스린 쿨먼<sup>Kathryn Kuhlman</sup>, 베니 힌<sup>Benny Hinn</sup>의 신유 사역, 비니어드 그룹의 토론토블레싱이다. 오늘날의 신사도운동은 이 모든 요소를 조금씩 취합하여 탄생한 운동이다. 흥미로운 사실은, 쿨먼은 신유를 강조하는 여성 부흥사로 유명하지만 성령세례의 증거로 방언을 내세우지 않는다는 면에서 주류 오순절 진영과 거리가 있다. 아르메니아계 어머니와 그리스계 아버지에게서 태어나 동방정교회 전통에서 자랐던 힌은 가족이 캐나다로 이민해서 정착한 뒤 동방정교회에 계속 출석하다가 오순절주의로 전향하고는 북미에서 부흥사로 유명세를 떨친 인물이다. 성령의 기름부으심<sup>anointing</sup>이라는 표현을 널리 유행시킨 인물이다. 한국에서는 특이하게도 기독교출판사가 아닌 일반 대형출판사인 열린책들에서 번역하여 펴낸 『안녕하세요 성령님』, 『성령님의 기름부으심』이라는 책이 베스트셀러가 되어 유명해진 독특한 사례다. 이런 다양한 오순절 집단이 하나의 운동에서 분화되었다는 사실, 그리고 이 모든 운동의 다양한 유형과 특징을 알아야 어떤 오순절주의자를 만나더라도 상대방이 어디에 소속되어 있는지 알 수 있고, 대화를 하는 경우에도 필요한 조언을 하고 상황에 따라 바른 방향으로 교정하는 것도 가능하다.

## 비서양 지역 오순절 운동

이제 더 중요한 비서양 지역에서의 오순절 운동에 대해 다루려고 한다. 비서양 지역에서 기독교 교회가 선교를 통해 설립되는 초기에 현지 신자는 대개 서양 선교사들이 가져온 내용을 의심 없이 거의 날것 그대로 수용한다. 그러다가 시간이 지나면서 어느 정도 자립이 가능해진 후, 그리고 시간이 더 지나 선교사들이 떠나면 대부분 지역 교회가 자치 · 자립 · 자전이라는 삼자 요소를 갖춘 토착교회로 성장한다. 일종의 독립 경영을 한다는 것이다.

삼자원리에 하나를 더 추가하여 사자four-self 원리를 만들 수도 있다. 이때는 자신학화self-theologizing 라는 요소가 추가된다. 스스로 일종의 토착화된 신학을 만들어 낸다는 것이다. 한국에서는 토착화 신학을 이야기하면 대개 감리교 신학계에서만 논의하는, 종교다원주의적인 자유주의신학이라고 생각하는 경향이 있다. 그러나 이는 지극히 이분법적인 신학풍토가 만들어 낸 유산이다. 역사상의 모든 지역별 · 민족별 · 국가별 · 언어별 교회는 스스로 신학을 만들어 내며 토착화한다. 초대교회 시기에 그리스 및 로마 지역에 정착한 교회는 그리스화되고 라틴화된 신학과 교회를 만들어 내며 정착했고, 중세 시대 이후 유럽 각 지역, 각 나라의 교회는 게르만 및 라틴 문화 배경하에서 자기들만의 현지 신학을 만들었다. 종교개혁도 철저히 중세 스콜라철학, 르네상스 인문주의의 지적 · 문화적 환경 안에서 탄생한 지극히 유럽적인 현상이었고, 그때 만들어진 논의와 배경과 내용은 모두 일종의 토착화신학이었다. 한국에서도 선교사가 개신교를 전한 후 탄생한 기독교는 보수와 진보를 막론하고 다양한 형식과 내용과 수준으로 토착화된 기독교다. 다양한 문화적 · 토착종교적 심성과 결합된 신앙의 내용도 그렇지만, 실천양식을 예로 들자면 새벽기도, 철야기도, 통성기도, 추도예배 등도 한국식 토착 실천양식이다. 무엇보다도 성경을 한글로 번역하여 읽는 순간부터, 한국 기독교인들은 과거의 어떤 나라·문화·인종·교파에 속한 신자도 하지 않은 특유하고 고유한 방식으로 신앙과 기독교를 이해하고 해석하기 시작했다. 현대 선교학에서 논의하는 기초 중의 기초 개념이 토착화·문화화·상황화인데 이런 신학 개념이 정착하는 데 가장 크게 영향을 미치는 행위가 성경 번역이다. 이런 점에서 토착화라는 단어에 크게 알레르기 반응을 보일 필요가 없다.

## 아프리카의 '에티오피아' 신앙: 탈식민지 시대 자치 및 토착 기원 기독교

아프리카 등 제3세계에서 식민 제국주의가 최종 붕괴된 시기가 1960년대였다. 이 시기 이후 영국과 프랑스, 벨기에, 포르투갈 등 유럽 국가가 아프리카에서 철수하는 과정에서 이들 국가의 선교 활동도 크게 쇠퇴하는데, 이런 탈식민지화된 상황에서 현지 기독교인은 자치 기독교를 수립한다. 이들 중 다수는 선교사들이 전수한 유럽의 각 교파 소속의 교회 신자로서 자치권을 이양받지만, 일부 교회는 아예 그들이 제국주의적 교회라고 판단한 서구의 교파 교회를 버리고, 자신들만의 독립된 교회를 세워 아프리카 토착기독교 지형을 형성한다. 후자를 표현하는 공식 명칭이 있는데, 이를 영어로는 'AICs'라 한다. 'I'의 의미는 여럿이다. 먼저 아프리카독립교회African 'Independent' Churches라는 표현이 있는데, 여기서 '독립'은 서구 식민 권력과 교회의 통제에서 독립했다는 뜻이다. 아프리카시원교회African 'Initiated' Churches 라는 표현도 있다. 성공회나 개혁교회, 장로교회처럼 전수된 서양인의 교회가 아니라 아프리카에서 '시작' 또는 '시원'한 교회나 교파라는 뜻이다. 아프리카제정교회African 'Instituted' Churches 는 아프리카인들이 조직을 '제정'하고 '기관화'하고 '제도화'한 교회라는 뜻이다.

이렇듯 표현은 각각 다르지만 내용은 같다. 이 AICs를 한꺼번에 묶어서 주로 아프리카의 '에티오피아' 신앙이라고 부른다. 에티오피아라는 나라는 지금은 아프리카 대륙 내의 독립된 개별국가로 존재한다. 그리고 아프리카는 에티오피아를 포괄하는 더 큰 지리적 개념으로 사용된다. 하지만 과거 역사 문헌을 보면 에티오피아와 아프리카의 의미는 오늘날과 달랐다. '아프리카'라는 단어가 오늘날 우리가 생각하듯 아프리카 대륙 전체를 지칭하는 표현으로 사용된 것은 오래되지 않았다. 스키피오 아프리카누스Publius Cornelius Scipio Africanus라는 이름을 들어본 독자들이 있을 것이다. 제2차 포에니 전쟁BC 218-BC 201 당시 한니발과 싸워 이겨 로마의 영웅이 된 스키피오라는 장군이 있었다. 그는 한니발의 카르타고를 이기고 이 지역을 로마의 영토로 복속시켰다. 이 전쟁 후 로마는 그에게 스키피오 아프리카누스라는 이름을 붙여주었다. 이 표현과 연관된 당시 로마인의 세계관에 근거하면, 아프리카라는 용어는 고대 카르타고가 위치한 오늘날의 튀니지 일부, 더 넓혀도 사하라 이북의 북아프리카 지역을 지칭하는 용어였다.

대신에 반투 흑인이 사는 사하라 이남 지역을 지칭하는 전통적인 표현이 있었는데, 이것이 '에티오피아'였다. 이런 역사적 용례를 따라, 오늘날 사하라 이남sub-Saharan에 사는 반투계 흑인은 자신들의 토착기독교 신앙을 '에티오피아 신앙'이라 지칭한다. 따라서 오늘날 학계에서 아프리카 에티오피아 신앙이라는 용어가 등장할 때, 이를 커피와 마라톤, 고산지대, 고유의 기독교 신앙으로 유명한 특정 국가 에티오피아의 신앙이나 교회를 의미하는 것으로 이해해서는 안 된다.

20세기에 이 독특한 에티오피아 신앙 혹은 AIGs가 형성된 계기가 있다. 먼저 이 신앙의 형성과 확산에 가장 큰 기여를 한 사람들은 나이지리아 기독교인들이었다. 1967년에서 1970년 사이에 나이지리아 동남부에 위치한 비아프라라는 지역에서 전쟁이 벌어졌다. 나이지리아는 북부 무슬림과 남부 기독교인 사이에 늘 분쟁이 있었다. 근래에도 북부의 보코 하람Boko Haram이라는 극단적인 무슬림 근본주의자들이 서양식 교육을 받는 기독교인 여학생들을 잡아다가 억류한 후 노예로 팔거나 죽이겠다고 위협한 일이 있었다. 나이지리아 정부는 아직도 잡혀간 여학생들을 구출하지 못하고 있다. 이렇듯 두 종교 사이에 지속된 분쟁의 역사는 길다. 비아프라 전쟁 당시에 정권을 잡고 있던 세력은 북부 무슬림이었는데, 동남부 비아프라 지역 기독교인이 북부 정권에 반대해서 비아프라공화국이라는 독립정부를 세우고 정부군에 맞서면서 내전이 발생했다.

당시는 나이지리아가 영국 식민지였다가 독립한 지 얼마 되지 않은 때였다. 그런데 많은 나이지리아 기독교인들의 예상과 기대와는 달리, 영국은 반군이 아니라 정부군을 지원했다. 영국이 자국에 정치적으로 유리한 판단을 내렸기 때문인 데다, 20세기 중후반 영국은 기독교인이라고 해서 동지의식을 갖고 무조건 지원하는 종교국가의 모습을 이미 오래 전에 버렸기 때문이기도 했다. 나이지리아 기독교인들은 영국의 태도에 배신감을 느꼈다. 선교사들이 와서 지난 100여 년간 복음을 전하면서, 마치 영국이 기독교국가인 것처럼 위장하고 기독교로 개종하면 많은 지원을 해줄 것처럼 말해 왔는데, 그랬던 영국이 정부군을 지원한 것은 기독교인으로서의 책임을 포기한 배신이자 배교라고 판단한 것이다. 이후 나이지리아 기독교인은 더 이상 영국인과 영국 교회를 신뢰하지 않았다. 식민지 시대가 종결되었기 때문에 많은 영국 선교사가 나이지리아를 떠나는 바람에 어쩔 수 없이 자치적으로 교회를 운영해야 하기도 했지만, 영국 선교사를 의도적으로 배척하고 내보내는 일도 있었다. 이때 이후로 나이지리아 기독교인은 철저하게 토착화된 기독교를 주창하기 시작했다.

'알라두라'Aladura(기도의 권세자들)라는 토착화된 기독교의 등장도 이런 맥락에서 일어났다. 알라두라는 기도의 권세자 곧 예언자라는 의미다. 서양에서 나타난 현상과 비교하자면, 신사도운동과 유사한 형태의 기독교다. 여기에는 아프리카 토착종교의 영향이 있었다. 아프리카 토착 샤머니즘의 여러 현상과 기독교가 융합한 형태로 나타났다. 이런 유형의 교단이 여러 나라에 등장했다. 남아프리카에서는 줄루족을 중심으로 형성된 아마나사렛기독교가 이와 유사한 유형의 기독교로 남아프리카 흑인 기독교계에 크게 영향을 끼쳤다. 콩고에는 시몬 킴방구Simon Kimbangu 라는 인물이 유명하다. 그런데 원래는 독립적인 형태의 토착기독교로 시작했던 그가, 오늘날은 스스로 자신을 하나님이라 칭하며 추종자를 거느리고 있다고 한다. 케냐에서는 마사이족 사이에서 주로 여성들이 은사주의 가톨릭 신앙을 받아들인 후에 주로 자기 자녀들의 건강에 관심을 집중하면서, 신유 사역을 통해 자녀에게 복음을 전수하고 외부로도 신앙을 전파하는 현상이 나타났다.

## 남아메리카 친미 오순절주의

남미 오순절교회의 사회문화적 상황은 독특하고 더 복잡하다. 남미를 지배하는 기독교 신앙은 가톨릭이고 개신교는 소수파다. 그런데 개신교를 이야기할 때 로잔대회 및 로잔언약을 떠올리며 진보적인 반미 복음주의를 생각하기 쉽다. 파디야나 에스코바르의 역할이 이 대회에서 워낙 지대했기 때문에, 실제로 남미 개신교의 지배적인 흐름이 급진적 복음주의라고 생각하는 이들이 많다. 그러나 이들은 사실 개신교 내에서 소수파에 지나지 않는다. 실제로 남미 개신교를 지배하는 정서는 오순절주의 또는 은사주의다. 특히 이들에게 오순절 신앙을 전해 준 이들이 대부분 미국 오순절 선교사였고, 그렇게 전수된 신앙이 대체로 신학적으로 정교하지 못했기 때문에 오순절주의는 자본주의와 결합하여 번영신학으로 발전하기 쉬웠다. 또한 자연스럽게 자본주의의 중심에 있는 미국과 미국의 지지를 받는 군사정권을 지지하는 성향을 띠었다.

## 한국 순복음교회

한국의 순복음교회를 생각하면 남미에서의 이 결합이 잘 이해된다. 한국 순복음교회는 전반적으로 친미, 친자본주의, 반공 근본주의 경향을 띤다. 한국전쟁, 개발 독재, 산업화, 반공 정치, 새마을운동 등이 1970-80년대 한국 정치 및 경제 토양을 지배하면서 순복음교회의 성장도 이 현상에 편승해서 이루어졌다고 말할 수 있다. 물론 한국기독교장로회(기장) 등 소수 교단을 제외하고는 한국 내 대부분의 다른 교파도 큰 차이 없이 이 기조를 따랐다.

## 영미 은사주의 기독교

이제 마지막으로, 영미 은사주의 기독교의 분화에 대해 살펴 보자. 1970년대 이래 미국과 영국 은사주의 기독교의 발전 양상은 달랐다. 미국에서는 은사주의 기독교가 기존 교파에 침투하며 성장할 때, 복음주의권에서 기반을 찾은 것이 아니라 가톨릭과 거의 유사한 유형의 성공회 고교회파가 모판이 되어 상호 영향을 주고받으며 성장하는 특이한 현상이 나타났다. 1959년에 캘리포니아 밴나이스의 세인트마크스 성공회교회에서 일어난 현상이 미국 은사주의 운동의 기원으로, 이 현상이 데니스 베넷Dennis Bennett을 통해 시애틀의 성공회 세인트루크스교회로 전파되었다. 베넷의 사역에서 일어난 일은 1960년에 「뉴스위크」Newsweek와 「타임」Time에도 소개될 만큼 대중의 주목을 받았다. 다음 해에는 래리 크리스텐슨Larry Christenson을 통해 루터교로도 확장되는데, 마찬가지로 루터교는 성공회와 함께 대표적인 예전 중심 개신교회라는 사실을 주목해야 한다. 즉, 미국에서 발전한 초기 은사주의는 예전을 중시하는 고교회 신앙이 오순절 신앙의 여러 요소를 반영한 형태로 발전했다. 예전 중심의 교회가 많지 않은 한국에서는 이런 독특한 유형의 결합을 상상하기도 쉽지 않고, 목격할 가능성도 거의 없다.

성공회 고교회파가 은사주의의 모판이었던 미국과 달리, 영국에서는 성공회 저교회파 복음주의자 그룹이 은사주의의 중심지가 된다. 영국 성공회 은사주의 운동을 대표하는 가장 유명한 프로그램은 알파코스Alpha Course다. 영국 알파코스는 성공회 복음주의자들이 만든 일종의 전도·갱신 프로그램이다. 성공회가 국교인 데다가 전통주의·형식주의로 경직되어 있었기 때문에, 교회를 떠나는 젊은이들을 붙잡기 위한 프로그램의 일환으로 만든 것이 알파코스였다. 오늘날 실제로 영국 내에서 성장하고 있는 성공회교회는 대개 예외 없이 은사주의 형태를 띠고 있다. 이들 교회가 드리는 예배 형태를 현지에서는 '현대적'contemporary이라는 용어로 표현한다. 건물 내외부 건축 구조는 아름다운 성공회 예배당인데, 예배는 전반적으로 한국의 온누리교회 같은 분위기를 유지하는 교회다. 이런 교회 대부분이 알파코스 등의 은사주의 프로그램을 도입했다. 런던에서는 존 스토트가 주임사제로 활동하던 시절부터 그와 함께했던 올소울즈교회의 마이클 하퍼, 길링엄 소재 세인트마크스교회의 존 콜린스John Collins, 버슬럼 소재 세인트존스교회의 필립 스미스Philip Smith, 그리고 알파코스의 창시자인 브롬턴 소재 홀리트리니티교회의 니키 검블Nicky Gumbel이 유명하다. 영국 복음주의 비국교파 교단의 대표주자라 할 수 있는 침례교연합도 1980년대 이후 다수가 은사주의를 지지했다. 영국에서 아주 건전한 운동으로 받아들여지는 알파코스가 한국에서는 특이하게도 신사도운동과 결부되어 금이빨 집회 등의 변질된 형태로 나타났다.

20세기 후반 성공회 복음주의의 대부격인 스토트는 은사주의와 오순절주의를 거의 전면적으로 거부했다. 그런데 흥미롭게도, 스토트가 맡았던 올소울즈교회는 그의 지도를 받던 하퍼의 영향하에 후일 은사주의를 수용하는 방향으로 전환했다. 오히려 개혁파 분리주의 지도자 마틴 로이드 존스는 다른 전형적인 개혁파 신학자나 목회자와는 달리 성령론에서는 훨씬 열린 입장을 취했다. 이는 로이드 존스가 조지 윗필드와 하월 해리스가 주도한 18세기 웨일스 부흥운동의 산물인 웨일스 감리교도의 후손이기 때문일 것이다.

# 6.

# 평가

### 종교적 해석: 삼위일체에서 성령을 재발견한 새로운 종교개혁 vs 비정통 이단

그렇다면 오순절/은사주의 운동에 대해 종합적으로 어떤 평가가 가능할까? 우선 종교적 해석이 있다. 오순절 내부에 있는 사람들은 이 운동을 성령을 재발견한 제2의 종교개혁이라고 주장할 것이다. 기존 교회의 잠자고 죽어 있던 정통을 깨워 갱신한 중요한 운동이자 역사적인 전환점이라 할 것이다. 이와는 달리 이 운동을 비판하고 반대하는 한국 기독교 진영도 있다. 이를 크게 둘로 나눌 수 있다. 한 그룹은 진보적 자유주의자다. 이들은 오순절 운동을 한국의 개발독재 시대에 수단과 방법을 가리지 않고 잘 살아 보자고 했던 구호가 샤머니즘과 결합하여 탄생한 번영신학과 기복신앙의 기원으로 본다. 또한 기독교적 공의와 정의를 통한 건강한 하나님 나라 구현을 막는 부패의 근원이라고 여긴다. 다른 한 그룹은 개혁파다. 이들은 오순절 운동이 교회의 근본이 되는 정통 교리와 완성된 계시 및 질서를 파괴하는 반역사적이고 반교회적인, 지극히 이단성이 의심되는 집단이라고 평가한다. 내부 평가와 외부 평가가 이토록 다르다.


**사회문화적 해석: 포스트모던 혹은 프리모던 문화운동?** ────

오순절 운동을 두고 계몽주의 시대가 지난 오늘날의 포스트모던 시대에 가장 어울리고 호소력 있는 포스트모던 기독교라며 긍정적인 사회문화적 해석을 내리는 학자도 있다. 한편으로는, 이 운동은 근대 계몽주의·합리주의의 지배에서 벗어나 초자연 현상을 의심 없이 인정한 전근대적 세계관으로 돌아갔다는 점에서 프리모던Pre-modern 기독교 문화운동이라고 볼 수도 있다. 오순절주의자들은 자체적으로 자신들의 운동이 계몽주의의 지배를 받은 기독교를 계몽주의의 무신론적 모더니즘에서 해방시켜 초대교회로 돌아가게 만든 회복운동이라고 주장할 것이다.

분명히 알아야 할 사실은, 오순절 운동은 완결되고 완성된 운동이 아니다. 이 운동은 앞으로도 끊임없는 지리적·문화적·신학적 확산과 적응을 통해 모양과 특징을 변화시켜 갈 것이다. 이 새로운 유형의 기독교는 지난 100년간 전체 기독교 지형을 뒤바꾸었기 때문에, 전 세계 기독교에서 차지하는 지위와 영향력은 우리가 일반적으로 생각하는 것보다 더 높고 훨씬 크다.

# 21세기 세계 및 한국 복음주의의 현실과 전망

지구상의 모든 생명체가 태어난 뒤에 성장하다 전성기를 맞은 후 쇠락하는 과정을 겪는 것처럼, 300년 전에 개신교 신앙의 한 유형으로 탄생한 복음주의도 미약한 탄생기와 폭발적 성장기, 갈등으로 점철된 분열기, 몰락의 징조를 체감하며 절망하는 쇠퇴기라는 흥망성쇠의 생명 사이클을 경험했다. 물론 이런 사이클은 복음주의 300년 역사에서 단 한 번 일어난 과정은 아니다. 크게는 한 번의 과정으로 보일 수 있지만, 태동기에도 성장기에도 심지어 전성기에도, 복음주의는 각 단계 안에서 수많은 크고 작은 흥망성쇠의 사이클을 반복해서 경험했다.

　20세기 초중반에 많은 학자들은 19세기에 전성기를 경험했던 세계 복음주의가 새로운 세기에는 지난 세기의 영광을 다시는 경험하지 못하리라는 비관적인 전망을 공유했다. 세기 전반의 정치 및 사회 분쟁, 전쟁과 세속화는 복음주의 기독교의 임박한 종말을 앞당기는 시나리오처럼 보였다. 그러나 이런 예측은 세계대전 이후 비서양 복음주의 기독교의 등장 및 확산과 함께 크게 빗나갔다. 오늘날 서양 기독교의 종말에 대한 확신을 강화시키는 징조보다 더 많고 더 분명한 비서양 기독교의 부상에 대한 증거가 있다.

그러나 21세기 세계 복음주의에 대한 전망은 이르기도 하고 실제로 가능하지도 않다. 창조주의 역사 개입을 강조하는 섭리사관을 지닌 기독교인에게는 순환론적 숙명론이 차지할 자리가 없다. 기독교 역사가는 점술가가 인생의 가깝고 먼 미래와 단계별 성쇠를 예측하듯이 앞으로 일어날 일을 기계적으로 예측하고 단정할 수 없다. 지난 2,000년간의 역사적 기독교가 그랬듯이, 역사를 주관하는 전능자가 그 손을 어디로 펴실지는 아무도 알 수 없다. 붕괴와 소멸을 향해 달려가는 듯 보이는 서양 기독교의 종말이 얼마나 신속할지 혹은 얼마나 늦을지, 기대치 못한 새로운 대부흥이 에스겔 골짜기와도 같은 서구 교계를 다시 소생시킬지 우리는 전혀 알 수 없다. 마찬가지로, 새로운 기독교세계가 될 운명을 유산으로 상속받은 것처럼 보이는 아프리카 및 다른 비서양 지역 기독교의 미래가 희망하는 그대로 전개될지, 아니면 점유율을 놓고 치열하게 경쟁하는 이슬람에 밀려 제어당할지, 이제 막 설익은 열매를 맺기 시작한 복음주의 나무가 세속화와 창궐하는 이단적 사상의 강하고도 빠른 바람에 흔들리다 뿌리째 뽑혀 유명을 달리하고 말지, 우리는 알 수가 없다.

우리가 아는 유일한 사실은 20세기 중반 이후 복음주의 기독교는 서양과 비서양의 여러 다양한 지역에서 탄생하고 성장하고 성숙하고 원숙해지는 등 다양한 성장 단계를 경험하고 있다는 것이다. 역사 속의 복음주의가 늘 '운동성'이라는 특징을 가장 중요한 유산으로 지녔던 것처럼, 새로운 시대의 세계 복음주의 역시 완성된 실체가 아니며, 여전히 움직이고 역동하며 형성되고 있는 하나의 전 세계적 운동이다. 21세기 세계가 지리·문화·민족적으로 더욱 다양한 얼굴을 가진 세계일 것이 분명한 만큼, 복음주의 운동도 20세기에 그랬던 것보다 더 다양한 변형 과정을 겪을 것이 확실하다. 이런 '다양성'이라는 측면 또한 느슨한 신앙 연합체로서의 복음주의가 강조하고 지켜 온 특징이자 전통이다. 그러나 비록 느슨할지 언정 성경적이고 전통적이고 정통적이며 보편적인 신앙고백의 유산이 복음주의의 '통일성'을 이루는 핵이었던 것처럼, 역사적 복음주의의 유산을 이어갈 21세기 세계 복음주의 공동체는 '문화의 다양성 속에서 고백의 통일'이라는 선언적 가치를 지키는 일에도 사명을 다해야 할 것이다.

　이제 마지막으로, 이 책을 읽는 한국 독자들은 우리 한국 교회가 처한 고유한 현실에 더 큰 관심을 가진 만큼, 이 땅에서 지난 100년간 나고 자라고 번성한 한국 복음주의의 역사와 현재 상황과 전망을 간략하게 다룰 필요가 있을 것이다.[1]

　1884년 의료 선교사 호러스 앨런Horace Allen의 입국 이래, 주로 미국 주류 교단인 장로교와 감리교 소속 선교사를 통해 처음 개신교 복음을 소개받은 한국 교회는, 이후 이들 선교사들이 전수한 복음주의 기독교의 유산을 비교적 충실히 계승했다고 할 수 있다. 19세기 후반과 20세기 초반에 한국에 입국한 선교사 절대 다수는 당시 북미 및 유럽 여러 개신교 지역의 많은 청년·학생들을 해외 선교 열정으로 뜨겁게 했던 학생자원자운동SVM의 영향을 받아 한국에 선교사로 자원했다. 한국에 온 이들은 주로 미국 주류 교단 출신이었다. 그러나 미국 내에서 현대주의/자유주의적 주류 교단과 근본주의 유산을 이어받은 복음주의 교단 간의 조직적 분화가 구체적으로 이루어진 시기가 주로 1920년대 이후이므로, 그 이전 시기에 한국에 입국한 이들은 교단을 막론하고 대부분 복음주의자였다고 해도 과언이 아니다. 심지어 1920년대 이후에 들어온 이들도, 주류 교단 소속 선교사라 할지라도 해외에 나가 복음을 전하고 영혼을 구원하고자 하는 열정을 지닌 이들이었기에 신학 및 신앙의 성향은 '주류 교단 내에서도 복음주의'였다. 이 점에서 태평양 전쟁의 결과로 1940년에 일본 제국이 미국 및 영국, 호주, 캐나다 출신의 재한 선교사 거의 전부를 적국 시민으로 간주하고 추방하기까지 한국 개신교 전반을 지배한 정서는 복음주의였다.

특히 해방 전 한국 개신교 복음주의 정서에 강력한 운동력을 부여한 결정적인 사건이 1903년부터 1909년까지 일어난 일련의 부흥운동 곧 1903년에 원산에서 기도운동으로 시작된 후 1907년에 평양에서 정점을 이룬 대부흥, 이어서 1909년에 진행된 100만인 구령운동이었다. 18-19세기 영미 복음주의 역사의 중심에 대각성과 여러 부흥이 있었던 것처럼, 전 세계 복음주의 운동이 태동하고 성장하며 확산되어 가는 시발점은 대개 부흥이었다. 부흥은 일차적으로는 이미 신자인 이들이 내적으로 재각성을 경험하는 일종의 갱신운동이지만, 이렇게 갱신된 신자는 신앙의 열정을 반드시 외부로 표출할 수밖에 없었기에 전도와 사회참여, 선교를 행동주의의 연쇄적 결과로 낳을 수밖에 없었다.

물론 해방 전 일제 강점기에도 점진적인 복음주의 확장 내부에서 성장기와 쇠퇴기가 반복되는 주기적 패턴이 있었다. 예컨대 10년 단위로 나눌 경우 1900년대는 부흥기였고, 1910년대는 소강기, 1920년대는 재성장기였다. 또한 이런 전반적인 복음주의의 지배 상황에서도 1920년대 이후에는 사회주의·신학적 자유주의·무정부주의 등 다양한 외부 사상이 한국에 유입되면서 한국 개신교 내부에도 일정한 분열 양상이 나타난다. 그러나 이런 새로운 사상이 영향을 미친 곳은 지리적으로는 주로 서울 등 기호 지방에, 계층적으로는 주로 지식인층에 국한되는 경향이 강했으므로 해방 이전까지 한국 개신교 특히 교회 전반은 교파를 막론하고 강력한 경건주의 및 부흥주의적 복음주의의 영향하에 있었다고 해도 과언은 아니다. 특히 장로교와 감리교의 양강 체제 틈새에 자리를 잡은 성결교가 제3의 세력으로 등장하면서, 19세기 중후반에 기원할 때부터 복음주의 운동의 한 주요 사조였던 성결운동이 감리교-성결교-순복음(오순절)을 잇는 아르미니우스주의 계열의 한국 복음주의를 성장시키는 중요한 맥이 되었다.

해방 후 다시 입국한 선교사들은 변화된 한국 선교지 상황 때문에 이전과는 다른 역할을 수행해야 했다. 이전까지 복음전도(교회)와 교육(학교), 의료(병원) 사역 모두에서 일정한 주도권을 쥐고 있던 선교사들은 해방 후에는 교육과 의료, 그중에서도 특히 전문성이 요구되는 의료에 집중했다. 이미 1900년대 부흥 이후 서서히 한국인의 손으로 이양되고 있던 한국 교회 내부 지도력은 해방 후에는 거의 한국인에게 넘어갔다. 일제 강점기 후반과 해방 후에 한국인 학자들의 해외 신학 유학 및 귀국으로 말미암아 신학 교육의 틀이 형성되고, 각 교단과 학교가 전문화와 다양화를 꾀하면서 각 교단별·신학 성향별 분화도 심화되었다. 그러나 신학교의 신학 색깔의 다양화와는 달리, 목회와 신앙 현장인 교회는 여전히 복음주의가 목회자와 성도의 신앙 양식을 주도하는 현상을 지속했다.

이 시기 한국 개신교에 가장 큰 영향을 끼친 요소는 남북 분단이라는 정치 상황과 정부 주도형 산업화라는 경제 현실이었다. 한국전쟁 등 냉전 시대 남북 분단이라는 현실의 절대적인 영향하에, 대한민국의 국시는 자유민주주의라는 이름으로 위장한 반공주의가 되었다. 이 시대를 살아간 이들은 그 누구도 자유롭게 자기가 생각하는 사회정의나 인권 같은 주제와 관련하여 자신이 믿는 바를 외부에 가감 없이 노출하기 어려웠다. 이는 기독교계도 마찬가지였는데, 사회참여에 대한 기독교인의 책임을 언급하는 대부분의 활동은 자의든 타의든 제재를 당했다. 16세기 종교개혁 및 18-19세기 영미 복음주의가 복음의 영적 요소와 사회적 요소를 포괄적으로 망라한 전인적·총체적 기독교였다면, 20세기 복음주의 특히 근본주의-현대주의 논쟁기를 거친 복음주의는 주로 복음의 영적인 의미만을 강조하는 반쪽짜리 기독교인 경우가 많았다. 서구 특히 미국에서는 1947년 신복음주의 등장과 함께 이 반쪽짜리 기독교에 저항하는 젊은 복음주의자들의 도전이 시작되었고, 이러한 유의 도전은 1974년 로잔대회라는 계기를 통해 복음주의 전면에 부상했다.

그러나 한국에서는 체제와 사상이 다른 두 정권이 남북에서 날카롭게 대립하는 분단 현실 때문에 이런 전인적 복음주의 운동이 자리를 잡는 데 훨씬 더 많은 시간이 필요했다. 따라서 형식적인 민주주의가 공식적으로 도입된 상징적 시점인 1987년 이전 한국 복음주의는 시사성 짙은 사회 문제를 의도적으로 외면한 채, 교회 성장 일변도의 영혼 구원에만 관심과 역량을 집중했다. 이를 가장 전형적으로 보여준 교회와 인물이 여의도 순복음교회와 조용기 목사였다. 특히 산업화와 함께 도시화가 진행되면서 서울로 몰려든 경제적 하층민에게 호소력 짙게 영혼 구원과 육체 치유, 경제적 번영의 메시지를 내세우면서 폭발적으로 성장한 순복음교회는, 향후 한국 복음주의 개신교 전반의 정서를 지배하는 여러 요소를 이상화하는 데 크게 기여했다.

　이 요소 가운데 가장 중요한 것은, 해방 전에 이미 형성된 한국 복음
주의의 뜨거운 행동주의 요소를 한층 더 강화시킨 종교적 열정이었다. 통
성기도, 철야기도, 치유와 복을 간구하는 기도원과 산기도 신앙은 이미 한
국 개신교의 토착 유산으로 정착한 지 오래되었지만, 여기에 방언·입신·
통변·신유·예언 등의 오순절주의 요소가 가미되었다. 이로써 순복음교
단이 주도하는 오순절교회가 우후죽순 늘어났을 뿐만 아니라 한국 개신
교 교단 전반이 은사주의의 영향 아래로 들어가는 계기가 마련되었다. 이
요소는 한국 개신교를 전도와 해외 선교에 열심을 쏟는 보수 복음주의의
전당으로 만들었지만, "잘 살아 보세!"로 대표되는 개발 독재 시대의 경제
성장 공식 그대로, 교회가 무한 경쟁 체제하의 수적 성장을 절대 가치로
내면화하는 문제를 야기했다. 또한 이러한 정부 주도적 신자유주의 경제
성장이 만들어 낸 심각한 부의 불균형과 계층화·인권·복지·사회정의의
붕괴 같은 문제에 관심을 가지는 기독교인을 믿음이 없다거나 자유주의
자, 심지어는 친북 공산주의자로 몰아붙이고 핍박하는 현상이 보편화되
기도 했다. 1974년 로잔대회에 한국대표가 여럿 참석하고 얼마 후 로잔언
약이 소개되었음에도, 이 언약의 정신을 한국 개신교 일부가 실제로 받아
들이고 적용하려 시도하기까지 최소 15년의 기간이 더 필요했던 이유가
바로 이런 사회문화적인 상황 때문이었다.

　이미 기술한 대로, 20세기 한국 사회의 정치·사회적 변화의 계기가
된 시점이 1987년 6월 10일부터 6월 29일까지 전국적으로 벌어진 반독
재·민주화 운동인 1987년 6월 항쟁이다. 따라서 이 상징적 시기를 기점
으로, 사실상 그 이전까지 보수주의·반공주의·성장주의·영혼 구원 등의

가치로 거의 획일화되어 있던 한국 복음주의 지형에 다양한 분화 현상이 발생했다. 일종의 다원화가 일어난 것이다. 이때 이후 오늘날까지 한국 복음주의 내부에서 어느 정도 세력을 규합하고 활동하고 있는 복음주의 운동 집단을 크게 셋 정도로 나눌 수 있다. 물론 이런 유형화는 언제나 위험 부담이 따른다. 둘 또는 세 진영의 경계선상에 모호하게 자리를 잡은 채 상황이나 사안에 따라 유동적으로 자기 입장을 정하는 중간 지대에 있는 이들이 늘 있다. 또한 상당한 영향력이 있음에도 어느 진영에도 속하지 않기로 선언하거나 독립적인 자기 정체성을 주장하는 이들도 언제나 있다. 따라서 이렇게 세 가지 유형으로 분화된 집단은 일종의 운동성을 띤 진영으로서, 양적으로 상당수가 속해 있으면서 질적으로 상당한 영향을 끼치는 이들이 일종의 응집력을 형성한 사례를 전제한다.

우선, 사회참여적 복음주의 운동이 있다. 이들을 '복음주의 좌파'라 부르는 이도 있으나 이들의 활동이 반드시 좌파라는 편향된 용어로 규정될 필요는 없다. 한국 사회의 극단적 우익 편향을 조금이라도 교정하려는 시도는 쉽게 좌파·좌익으로 몰리는 경향이 있기 때문이다. 그러므로 이들을 정치·사회 문제에서 균형을 잡자는 의미의 '중도' 정도로 보아도 좋을 것이다. 개발 독재 자본주의 사회의 모순과 오류를 인식한 개혁 성향의 복음주의자는 이전 세대와는 달리, 정의와 평화·통일·화해·상생·공존·생태 같은 가치가 20세기 이전 역사적 복음주의의 본질을 담고 있다고 믿었다. 이들은 기본적으로 사회 모순의 근원인 경제적 불평등과 다수의 가난 문제를 해결하기 위해 각 개인의 근면과 성실이 필요하고, 결정적으로 죄인인 각 개인이 복음을 통해 회심하여 선한 의인으로 돌아서야 한다는 것을 믿었다. 그럼에도 이 변화는 개인의 변화만이 아니라, 소수의 독점과 빈익빈부익부를 심화시키는 경제구조를 바꾸는 구조의 혁신으로도 이루어져야 한다는 데 동의했다. 따라서 전통적인 정통주의 개신교의 신조와 신앙고백처럼, 이들의 정신과 행동을 지지하고 지탱하는 선언적 문서는 로잔언약이다.

1990년대 이후 눈에 띄는 흐름을 형성한 두 번째 유형의 복음주의 진영은, 장로교 개혁파 내부의 정체성 강화 운동에서 기원했다. 원래 아르미니우스주의에 기반을 둔 감리교 복음주의와 칼뱅주의에 기초한 개혁파 복음주의는 역사적으로 늘 일정한 긴장 상태에 있었지만, 한국 개신교 초기에는 이런 갈등이 그리 강하게 표출되지 않았다. 하나의 복음주의 교단을 형성하기 위해 장로교와 감리교 선교사들이 자발적으로 선교사공의회를 구성하고 이를 추진한 19세기 말과 20세기 초의 분위기를 보면, 둘 사이에 노골적인 갈등의 양상은 별로 눈에 띄지 않았다. 서양 특히 미국의 보수 개혁주의 계열 학교로 유학을 다녀온 한국인 장로교 신학자들의 등장으로 다른 복음주의 진영과 구별되는 개혁파 신학이 소개된 후에도 한국 장로교는 전반적으로 온건한 개혁파 기조를 유지했다. 그러면서 1980년대 정도까지는 다른 교파에 속한 복음주의자 일반과 대체로 우호적인 관계를 유지한 것 같다.

그러나 보수 장로교(합동·고신·합신·대신 등) 내부, 그중에서도 합신과 대신을 중심으로 1990년대 후반 이후 더 엄밀한 유형의 16-17세기 개혁파 지향 운동이 일어났다. 이들 강경 개혁파는 16세기 칼뱅과 17세기 유럽 대륙 개혁교회 및 스코틀랜드 장로교회의 신조(하이델베르크요리문답, 도르트신조, 웨스트민스터표준문서)에 대한 엄격한 해석에 근거하여, 아르미니우스주의 웨슬리파 복음주의자(일부 감리교인·성결교인·오순절교인·일부 침례교인)

를 개신교 신앙의 본질을 떠난 자들로 정죄하는 경향을 띤다. 이 그룹에 속한 이들 안에서도 다른 복음주의 집단을 바라보는 관점과 정치·사회 문제에 대한 인식 등에 각각 차이가 있다. 물론 개혁파와 웨슬리파 사이에 긴장이 존재하는 만큼 웨슬리파 내 성결운동 진영과 오순절 운동 진영 간의 논쟁, 2000년대 이후 많이 회자되는 다양한 유형의 아나뱁티스트 그룹과 다른 진영과의 갈등도 새로운 흐름이 되었다.

세 번째 유형의 복음주의자는 오순절 운동의 영향을 받은 이들이다. 이미 오순절 운동을 다룬 6부에서 언급한 것처럼, 오순절 운동은 하나의 획일적인 운동이라기보다는 성령의 역사를 강조하는 이들이 느슨하게 모인 운동체다. 따라서 내부에 여러 다양한 주장이 공존한다. 정치적으로 아주 보수적인 이들도 있고, 이와는 반대로 급진 좌파를 지지하는 이들도 있다. 이들은 서로 반대편에 서 있는 자신들의 정치·사회적 대의가 오순절 신학으로 정당화된다며 상호 모순적인 주장을 하기도 한다. 또한 오순절 운동 내부에 신학적으로 개혁파의 영향을 받은 이들이 있는 반면에, 일부 아나뱁티스트 혹은 급진 자유주의의 영향을 받아 해체주의적 신학 성향을 보이는 이들도 있다. 물론 잘 알려진 대로, 이미 개신교 주류에 편입하여 온건하고 세련된 신앙 행태를 유지하려는 이들도 있고, 경우에 따라 이단과 거의 차이를 찾을 수 없는 극단적 신사도운동에 몰입하는 이들도 있다. 그러나 양극단의 자유주의와 신사도운동에 투신한 이들을 제외하고는, 이들 오순절 복음주의자들은 대체로 복음주의의 기본 신앙고백을 공유하며 한국 복음주의 기독교 생활양식에 지대한 영향을 끼치고 있다.

2000년대 한국 복음주의 기독교는 서양 여러 국가들이 경험한 것보다 더 빠른 속도로 진행된 세속화, 포스트모던 다원주의, 저출산 및 고령

화로 인한 교회의 쇠퇴라는 현상에 직면해 있다. 이에 더하여 다양한 외부 사상의 유입과 자생 집단의 성장으로 전례 없는 다원화를 경험하고 있다. 이러한 쇠퇴와 다원화가 많은 기독교인들에게 위기의식을 가져다주고 있지만, 이것이 반드시 한국 교회의 몰락으로 이어지리라는 예측은 섣부르다. 지난 2,000년간의 기독교 역사에 여러 전환점이 있었던 것처럼, 지난 130년간의 한국 개신교 역사에도 여러 중요한 전환점이 있었다. 앞으로도 어떤 전환점이 있을지 아무도 알 수 없다. 다만, 대개의 전환점은 각 시대에 살았던 사람들이 자신의 시대가 인류 및 교회의 종말이 될 것이라 예상한 가장 절망적인 상황에서 나타났음을 기억할 필요가 있다.

## 머리말

**1.** Brian Stanley, *The Global Diffusion of Evangelicalism* (Downers Grove: InterVarsity Press, 2013); 이
재근 옮김, 『복음주의 세계확산: 빌리 그레이엄과 존 스토트의 시대』(서울: 기독교문서선교회, 2014).

## I

### 지형도: 20세기 복음주의는 어떻게 형성되었나

**1.** Karl Barth, *Einführung in die evangelische Theologie*(Zürich: TVZ Theologischer Verlag, 1970); 신준
호 옮김, 『개신교신학 입문』(서울: 복 있는 사람, 2014).

**2.** 이들을 복음주의적 가톨릭신자(evangelical Catholic)라 부른다. 이들은 공식 웹사이트(https://www.
evangelicalcatholic.org)도 운영하면서, 상당히 활발한 활동을 벌인다.

**3.** 물론 엄밀한 정의나 모든 이들이 세세한 내용까지 동의하는 정의를 내리는 것은 사실상 불가능하다.

**4.** David W. Bebbington, *Evangelicalism in Modern Britain: A History from the 1730s to the
1980s*(London: Unwin Hyman, 1989); 이은선 옮김, 『영국의 복음주의: 1730-1980』(서울: 한들, 1998).

**5.** 따라서 본서 각 부에 등장하는 주요한 논의가 스탠리의 책에 많이 의존했을 경우, 그 부의 본문 혹은 미주
에서 이 사실을 밝혔다. 용어나 단어, 문장 등의 세세한 인용사항을 하나하나 미주로 처리하지는 않았다.
대신, 기술된 내용의 전반적인 출처를 해당 내용의 미주에서 "스탠리의 책 ○○쪽 이하를 보라"라는 형식
으로 밝혔다.

## II

### 세계화: 영미 복음주의는 어떻게 세계기독교로 부상했나

**1.** 필자가 번역한 제5권 『복음주의 세계확산: 빌리 그레이엄과 존 스토트의 시대』 역자 서문에 이 시리즈의
기획 과정과 의도에 대한 더 자세한 해설이 실려 있다.

2. 제프 트렐로어는 2015년 5월 현재 오스트레일리아 신학 대학(Australian College of Theology)에 재직하고 있다―편집자

3. 집필 의뢰 시점에 브라이언 스탠리는 케임브리지 대학에 재직하고 있었지만, 2009년에 에든버러 대학으로 옮긴 후 2013년에 책을 출간했다.

4. 아직 원서로도 발간되지 않은 제4권을 제외하고, 이 책들은 한국에서 기독교문서선교회를 통해 각각 『복음주의 발흥: 에드워즈, 휫필드, 웨슬리의 시대』(한성진 옮김, 2012), 『복음주의 확장: 월버포스, 모어, 차머스, 피니의 시대』(이재근 옮김, 2010), 『복음주의 전성기: 스펄전과 무디의 시대』(채천석 옮김, 2012), 『복음주의 세계확산: 빌리 그레이엄과 존 스토트의 시대』(이재근 옮김, 2014)라는 제목으로 번역, 출간되었다. 필자는 제2권과 제5권을 번역했는데, 앞으로 나올 제프 트렐로어의 제4권도 출간되는 대로 번역할 예정이다.

5. 종교개혁의 제3세력으로서, 주로 '급진적 종교개혁자들'(Radical Reformers), 그리고 '재세례파' 또는 '재침례파'로 자주 번역된 아나뱁티스트는 오늘날에는 이 진영에 속한 학자들의 학문적 수고의 결과로, 전반적으로 '근원적 종교개혁자' 그리고 '아나뱁티스트'로 번역하는 것이 보편적이다. 16세기에 이 집단 일부에 '급진적' 성향을 지닌 폭력적이고 이단적인 분파가 있기는 했으나 이는 일부에 지나지 않았으며, 복음적이고 평화적인 집단에는 해당하지 않는 특징이었다. 또한 개신교 일반에서는 '재세례파', 침례교에서는 '재침례파'라고 번역해 왔으나, 16세기 당시 아나뱁티스트 대다수는 침례라는 방식으로 세례를 베풀지 않았다. 따라서 필자는 본서에서 중립적 학문 용어로서 사용되기 시작한 아나뱁티스트를 사용한다.

6. 자료 출처는 David Barrett, Todd M. Johnson, and Peter F. Crossing, "Status of Global Mission, Presence, and Activities, AD 1800-2025." *International Bulletin of Missionary Research* Vol. 32, No. 1, p. 30. 또한 Mark A. Noll, *The New Shape of World Christianity: How American Experience Reflects Global Faith*(Downers Grove: InterVarsity Press, 2009), p. 22. 놀은 2008년에 나온 IBMR을 가지고 표를 만들어 자신의 책에 포함시켰다. 본문은 놀이 만든 표에 2014년 자료를 추가한 것이다. 2014년 자료 출처는 "Status of Global Mission, 2014, in the Context of AD 1800-2025." *International Bulletin of Missionary Research* Vol. 38, No. 1, p. 29. 그리고 United Nations, "The World Population Situation in 2014: A Concise Report", p. 3. 실제로 2014년 IBMR에는 총인구와 대륙별 기독교 인구 자료가 있고, UN 보고서에는 총인구와 대륙별 인구 자료가 있다. 그런데 IBMR의 총인구 수치와 UN 보고서의 총인구 수치가 약간 차이가 있는 관계로, 2014년 대륙별 기독교 인구 통계는 두 자료의 총인구를 같도록 산정하고 대륙별 인구를 계산한 후 도출했다. 2014년은 2008년에 비해 기독교 인구 비율이 소폭 줄어든 것을 확인할 수 있지만, 한두 세기 전에 비해 전체 인구 및 비율이 크게 증가한 상태인 것은 변함이 없다.

7. 본문의 지도는 다음 자료를 바탕으로 다시 그린 것이다. Johnson and Chung, "Tracking Global Christianity's Center of Gravity", *International Review of Mission*, Vol. 93, No. 369, April 2004, pp. 166–181.

8. Mark A. Noll, *The New Shape of World Christianity: How American Experience Reflects Global Faith*(Downers Grove: InterVarsity Press, 2009). 이 책은 한국기독학생회출판부(IVP)에서 현재 번역을 완료해 2016년에 출간될 예정이다. 여기에는 필자의 해설도 실릴 것이다.

9. Philip Jenkins, 『신의 미래: 종교는 어떻게 세계를 바꾸는가?』, 최요한·김신권 옮김, 서울: 도마의 길, 2009.

10. 시에라리온은 대영제국의 식민지였다. 19세기 초반까지 영국은 자메이카 등 카리브해 서인도제도 식민지 지역에서 사탕수수 농장을 경영하기 위해 아프리카에서 노예를 많이 데려왔다. 그러다가 1830년대

가 되면 윌리엄 윌버포스, 해너 모어 등이 주도한 클라팜파(Clapham Sect) 및 관련 인사들을 통해 노예 해방 운동이 일어난다. 이렇게 해방된 노예들은 식민지로 있던 그 지역에서 자유인으로서 정착하거나, 혹은 자원자에 한해 아프리카로 다시 돌아가서 정착할 수 있었다. 이렇게 해서 남은 사람들이 만든 나라 중 대표적인 나라가 육상과 음악으로 유명한 자메이카로, 이들은 현재 영국 내 흑인 이민자 중 차지하는 비율이 가장 높다. 그리고 아프리카로 돌아가기를 선택한 이들이 정착하며 세워진 영국의 아프리카 식 민지가 시에라리온이었다. 비슷한 개념으로 시에라리온의 이웃에 세워진 국가가 라이베리아로, 이 나라 는 같은 정책하에 해방된 미국 출신의 노예 귀향민이 세운 나라였다. 라이베리아라는 나라 이름도 자유 (해방, liberty)에서 유래했다.

**11.** 이 주제에 대한 더 세부적인 내용을 다룬 필자의 논문(이재근, "세계기독교학의 부상과 연구현황: 예일-에 든버러 선교운동역사 및 세계기독교학회를 중심으로," 「한국기독교와 역사」, 40 [2014. 3.], 377-407)이 출판 되어 있으므로, 더 관심이 있는 이들은 이 논문을 참고하면 좋을 것이다.

**12.** 모라토리엄은 특수한 상황이 발생한 경우에 국가에 의해 일정 기간 금전 채무의 이행을 연장시키는 일 을 말한다. 이 문맥에서는 유럽 교회가 더 이상 선교를 할 수 있는 동력이 없다는 것을 빗대어 이러한 표 현을 사용했다. 이 내용은 5부에서 다시 다룰 것이다.

**13.** 이 이야기는 주로 필립 젠킨스가 쓴 세계기독교 3부작 중 1부에 해당하는 『신의 미래』에 이어 쓴 제2부 *The New Faces of Christianity: Believing the Bible in the Global South*(Oxford University Press, 2006), 1-4에 나오는 사례를 참고했다.


## III

### 성경과 신학: 복음주의자는 성경을 어떻게 읽었나

**1.** Carl. F. H. Henry, 『복음주의자의 불편한 양심』, 박세혁 옮김, 서울: 한국기독학생회출판부, 2009.

**2.** 헨리가 이런 선언을 하게 된 데는 일정한 배경이 있다. 그가 갖게 된 새로운 의식은 단기간에 이루어진 것 이라기보다는, 오랜 시간의 흐름을 통해 서서히 진행된 변화의 과정을 통해 형성되었다. 헨리의 생애와 신학에 대한 가장 탁월하고 신뢰할 만한 해설은 20세기 복음주의 신학의 두 대표자로 버나드 램(Bernard Ramm)과 함께 헨리를 꼽은 스탠리 그렌츠(Stanley J. Grenz)와 로저 올슨(Roger E. Olson)의 『20세기 신학』(서울: 한국기독학생회출판부, 1997)에 실린 칼 헨리 항목이다.

**3.** 전천년설은 성경에서 말하는 종말, 특별히 요한계시록에서 말하는 천년왕국을 어떻게 해석하는가에 대 한 몇 가지 입장 중 하나로, 천년기 전에 그리스도가 재림해서 천년왕국을 통치한다고 보는 입장이다. 장 래의 천년기는 없고 지금 시대가 천년왕국이라고 보는 무천년설, 천년왕국 후 그리스도가 재림한다고 보 는 후천년설과 대비된다. 전천년설에 따르면 그리스도가 재림하심과 동시에 신자들은 부활하여 함께 지 상을 천 년 동안 다스리고, 이후에 마지막 심판이 있을 것이라고 믿는다. 전천년설의 특징은 계시록 20장 을 비롯한 관련 본문을 철저히 문자적으로 해석한다는 것이다. 전천년설은 재림의 시기가 환난 이후인지 이전인지, 또는 재림의 횟수가 1회인지 2회인지에 따라 역사적 전천년설과 세대주의적 전천년설로 나뉜 다. 20세기 초의 전천년설은 세대주의적 전천년설 성향을 띠고 있었다. 당시 근본주의 신앙의 중요한 요

소였으며, 세상은 점점 악해질 것이고 예수 그리스도의 재림이 임박했다는 것을 특별히 강조하는 정서를 가지고 있었다―편집자.

4. 한국 상황으로 보자면, 현대기독연구원이나 기독연구원 느헤미야, 기독교학문연구회 같은 세미나 중심의 자발적 연구자 모임으로 시작한 것이다.

5. Puritan(청교도)이라는 이름의 유래

6. Orthodox Presbyterian Church라는 표현의 유래

7. 매킨타이어의 Bible Presbyterian Church의 유래

8. 역시 매킨타이어의 Faith Theological Seminary의 유래

9. 미국의 여러 근본주의 침례교 집단에 쓰이는 Conservative(보수적인)라는 단어의 유래

10. 맥그래스는 1995년부터 옥스퍼드 소재 위클리프홀에서 교수와 학장으로 일하다가, 2008년에 런던 킹스 칼리지 교육학과 교수로 이동했다. 그러다 2014년 4월에 다시 옥스퍼드로 돌아와서, 이번에는 옥스퍼드 대학의 과학 및 종교 교수로 임명되었다. 참고로 위클리프홀은 1996년이 되어서야 맥그래스의 지도하에 옥스퍼드 대학 소속의 칼리지가 되었다. 그러니까 이전까지는 옥스퍼드에 있었지만, 옥스퍼드대학 소속이 아니라, 성공회 목회자를 양성하는 옥스퍼드 소재 신학대학이었다.

11. 한국에는 존 스토트는 주로 복음주의권에서 인기가 있기 때문에 목사라는 호칭을 붙이는 경우가 많지만, 스토트는 성공회 목회자이므로, 한국성공회에서 쓰는 공식 표기법을 따라 사제(priest)라 쓰는 것이 좋다.

12. 한국에 번역된 여러 책에서 로이드 존스 앞에 붙은 Dr를 '박사'로 번역했는데, 로이드 존스는 박사학위나 명예박사학위를 받은 적이 없으므로, 이는 결정적 오류다.

13. 로이드 존스가 강연 현장에서 '나오라'는 표현과 '새 교단'을 형성하자는 표현을 사용하지 않았음에도, 종합적인 연구 결과는 성공회 소속 복음주의자가 교단을 떠나 '나와서' 자신과 같은 비국교도 복음주의자와 연합하여 새로운 복음주의 공동체(견고한 교단이든 느슨한 연합체든)를 형성하자는 것이 로이드 존스의 주장의 핵심이었음을 증명한다. Andrew Atherstone, "로이드 존스와 영국 국교회 탈퇴 운동", Andrew Atherstone, David Ceri Jones 편, 『로이드 존스를 말하다』, 김희정 옮김, 서울: 부흥과개혁사, 2014를 보라.

14. 남침례교 계열 여섯 신학교는 서던 침례신학교(The Southern Baptist Theological Seminary), 사우스웨스턴 침례신학교(The Southwestern Baptist Theological Seminary), 뉴올리언즈 침례신학교(New Orleans Baptist Theological Seminary), 골든게이트 침례신학교(Golden Gate Baptist Theological Seminary), 사우스이스턴 침례신학교(The Southeastern Baptist Theological Seminary), 미드웨스턴 침례신학교(Midwestern Baptist Theological Seminary)를 말한다.

15. 비율은 각 학교의 교수 요원을 어떤 기준으로 평가하느냐에 따라 달라질 수 있다. 예컨대, 많은 학교의 실천신학 교수진 중에는 영국 출신이 그리 많지 않은데, 주로 종합대학 소속인 영국 신학부에는 실천신학을 목회적으로, 실천적으로 가르치는 교수들이 거의 없기 때문이다. 따라서 이들 미국 신학교 실천신학 교수 대부분은 미국 학교 출신으로 채워진다. 또한 실천신학 관련 과목을 가르치는 교수 중 다수는 전임교수가 아니라, 현직 목회자로 종사하면서 겸임으로 활동하는 경우가 많기 때문에, 홈페이지에 나오는 정보만으로는 정확히 전임교수인지 아닌지 파악하기 쉽지 않다. 따라서 주로 대체로 전임교수일 가능성이 높은 이론신학(조직신학, 교회사, 성경신학, 선교신학, 기독교윤리 등)을 중심으로 계산하면 영국 출신 비율이 더 높아질 수도 있다. 특히 성경신학만 따로 분석할 경우에는 학교에 따라 '주도' 대신 '지

배'라는 표현도 가능하다.

**16.** 주요 학교별 대표적인 영국 출신 학자들과 그들의 출신 학교 명단은 아래와 같다—편집자.

### 미드웨스턴 침례신학교

- Christian George, Historical Theology, University of St. Andrews
- Radu Gheorghita, Biblical Studies, University of Cambridge
- John Lee, New Testament, University of Edinburgh
- Thorvald B. Madsen II, New Testament, Ethics and Philosophy, University of Aberdeen
- Michael D. McMullen, Church History, University of Aberdeen

### 고든-콘웰 신학교

- James Critchlow, Old Testament, University of Edinburgh
- Quonekuia Day, Old Testament, London School of Theology
- Gordon Hugenberger, Old Testament, The Oxford Centre for Post-Graduate Hebrew Study
- Carol Kaminski, Old Testament, University of Cambridge
- Sean McDonough, New Testament, University of St. Andrews
- Eckhard J. Schnabel, New Testament Studies, University of Aberdeen
- Gwenfair Adams, Women's Spirituality and Leadership, University of Cambridge
- Donald Fairbairn, Early Christianity, University of Cambridge
- Dennis Hollinger, Christian Ethics, University of Oxford
- Ryan Reeves, Historical Theology, University of Cambridge
- Adonis Vidu, Theology, University of Nottingham
- David Currie, Pastoral Theology, University of St. Andrews
- Scott M. Gibson, Preaching, University of Oxford
- Matthew Kim, Preaching and Ministry, University of Edinburgh

### 트리니티 신학교

- Kevin J. Vanhoozer, Systematic Theology, University of Cambridge
- D. A. Carson, New Testament, University of Cambridge
- Grant R. Osborne, New Testament, University of Aberdeen
- K. Lawson Younger, Jr., Old Testament, Semitic Languages, and Ancient Near Eastern History, Sheffield University

### 커버넌트 신학교

- "Jimmy" Agan III, New Testament, University of Aberdeen
- Hans Bayer, New Testament, University of Aberdeen
- David W. Chapman, New Testament and Archaeology, University of Cambridge
- C. John "Jack" Collins, Old Testament, University of Liverpool

- Jay Sklar, Old Testament, University of Gloucestershire
- Richard Winter, Practical Theology and Counseling, University of London
- Robert W. Yarbrough, New Testament, University of Aberdeen
- W. Brian Aucker, Old Testament, University of Edinburgh
- Bradley J. Matthews, New Testament, Durham University

풀러 신학교

- Nathan P. Feldmeth, Church History, University of Edinburgh
- Leslie C. Allen, Old Testament, University of London
- William A. Dyrness, Theology and Culture, University of Cambridge
- Mark Labberton, Preaching, University of Cambridge
- Colin Brown, Systematic Theology, University of Bristol
- Oliver D. Crisp, Systematic Theology, King's College, University of London
- Joy J. Moore, African American Church Studies and Preaching, London School of Theology/ Brunel University
- Francis W. Bridger, Anglican Studies, University of Bristol
- Grayson Carter, Church History, University of Oxford
- John Goldingay, Old Testament, University of Nottingham
- Charles J. Scalise, Church History, University of Oxford
- Joel B. Green, New Testament, University of Aberdeen
- Wilbert R. Shenk, Mission History and Contemporary Culture, University of Aberdeen
- Doland A. Hagner, New Testament, University of Manchester
- SeYoon Kim, New Testament, University of Manchester

웨스트민스터 신학교- 필라델피아, 에스콘디도

- Iain Duguid, Old Testament, University of Cambridge
- Gregory K. Beale, New Testament, University of Cambridge
- Brandon Crowe, New Testament, University of Edinburgh
- Jeffrey K. Jue, Church History, University of Aberdeen
- Carl R. Trueman, Church History, University of Aberdeen
- R. Scott Clark, Church History and Historical Theology, University of Oxford
- J. V. Fesko, Systematic Theology and Historical Theology, University of Aberdeen
- Ryan Glomsrud, Historical Theology, University of Oxford
- Michael S. Horton, Systematic Theology and Apologetics, University of Coventry and Wycliffe Hall, Oxford

17. 웨스트민스터신학대학원대학교의 김선일 교수는 편집자와의 연락을 통해 전공별로 다음과 같은 분화가 가능하다고 지적했다. ① 성서신학은 영국 출신이 강세였다. 하지만 최근 미국 복음주의 신학교에는

미국의 듀크 대학, 하버드 대학, 시카고 대학 등 미국 내 종합대학 학위자가 상당히 들어와 있다. 물론 커버넌트 신학교처럼 성서학에서 영국 출신이 특별히 강한 학교도 있다. ② 역사신학은 영국 출신과 미국 출신이 비슷한 비율을 차지하고 있다. ③ 조직신학은 미국 복음주의 신학교 출신이나 자기 학교 출신을 선호한다. ④ 실천신학은 특성상 영국에서 공부할 분야가 없기 때문에 대부분 미국 신학교에서 공부했고 일부는 남아프리카공화국이나 독일 출신이다.

**18.** Harold Lindsell, 『교회와 성경무오성』, 김덕연 옮김, 서울: 기독교문서선교회, 1987.

**19.** 기독교문서선교회에서 출간된 『교회와 성경무오성』이라는 번역서 제목은 원서의 의도를 전혀 반영하지 못했다. 원서가 제목 자체로 이미 분명한 방향성과 의지를 드러내고 있는데 반해, 번역서의 제목은 너무 밋밋하다. 이 책은 기독교문서선교회에서 번역하여 출간하기 1년 전인 1986년에 이미 생명의 말씀사에서 『성경에 관한 논쟁』(정창영 옮김)이라는 제목으로 출간되었다. 이 번역서 제목은 기독교문서선교회 번역서보다 직역에 가까우나 원서의 '전투적인 성격'에는 여전히 미치지 못한다. 본 각주의 내용 및 이 책 여러 곳에 등장하는 서지 관련 상세 정보를 제공해 주신 한국기독학생회출판부의 정지영 편집장께 감사드린다.

**20.** http://www.boston.com/news/nation/articles/2007/10/21/at_texas_theological_school_the_role_of_the_godly_woman_101/

## IV

### 지성과 변증: 복음주의자는 어떻게 자기 신앙을 변호했나

**1.** 계몽주의와 복음주의와의 관계를 다루는 이번 주제를 더 깊이 연구하는 싶은 독자는 다음 문헌을 참고하면 좋을 것이다. David J. Bosch, 『변화하고 있는 선교: 선교 신학의 패러다임 전환』, pp. 405-517, 특히 pp. 414-421; Edith L. Blumhofer and Randall Balmer ed., 『근현대 세계 기독교 부흥: 논쟁과 해석』 제2장에 실린 데이비드 베빙턴의 "18세기 잉글랜드의 부흥과 계몽사상", 마지막으로 브라이언 스탠리가 편집한 *Christian Missions and the Enlightenment*(Grand Rapids: Eerdmans, 2001)에 실린 선교와 계몽주의의 연관성을 다루는 여러 논문들.

**2.** 더 정확히 말하면 대보스턴 지구(Greater Boston)에 위치하고 있다. 보스턴 대학은 보스턴 시에 위치하지만, 하버드 대학이나 MIT는 찰스강을 경계로 보스턴 북부의 케임브리지, 보스턴 칼리지는 서부 체스트넛힐, 터프스 대학은 북부 메드퍼드, 브랜다이스 대학은 북부 월섬에 있다. 이들 학교 대부분은 흔히 'T'로 알려진 보스턴 지하철(MBTA)로 연결된다.

**3.** 영국사 전문가인 광주대 이영석 교수가 근래에 이 주제를 다루는 연구서 한 권을 출간했다. 이영석, 『지식인과 사회: 스코틀랜드 계몽운동의 역사』, 서울: 아카넷, 2014.

**4.** 앞서 언급한 것처럼 반삼위일체론 계열의 종파다. 이들은 단일신론(Unitheolism)을 주장하여, 예수가 하나님이라는 것을 부정한다.

**5.** Jonathan Edwards, 『신앙감정론』, 정성욱 옮김, 서울: 부흥과개혁사, 2005.

6. 대표적인 인물을 더 많이 소개할 수 있지만, 여기서는 브라이언 스탠리가 『복음주의 세계확산』에서 소개하고 있는 이들을 중심으로 살펴보려고 한다. 그가 선정한 기준이 명료하기 때문이다.

7. John Stott, 『기독교의 기본 진리』, 황을호 옮김, 서울: 생명의 말씀사, 2003.

8. C. S. Lewis, 『나니아 연대기』, 햇살과나무꾼 옮김, 서울: 시공주니어, 2005.

9. '삶의 체계로서의 기독교'는 카이퍼의 신칼뱅주의의 유명한 선언적 명제 중 하나다.

10. 이 변증가들에 대한 개요 중 많은 부분을 주로 스탠리의 『복음주의 세계확산』에서 빌려온 것이기 때문에, 더 자세한 정보를 얻기를 원하는 독자는 스탠리의 책을 정독한 후, 이들의 삶을 다룬 전기나 각 저자의 번역된 저술을 참고하면 좋을 것이다.

11. 쉐퍼의 3부작은 다음과 같다. 『거기 계시는 하나님』(김기찬 옮김, 서울: 생명의 말씀사, 1995), 『이성에서의 도피』(김영재 옮김, 서울: 생명의 말씀사, 2006), 『거기 계시며 말씀하시는 하나님』(허긴 옮김, 서울: 생명의 말씀사, 1995).

12. 『나니아 연대기』, 『스크루테이프의 편지』 등이 대표적이다.

13. C. S. Lewis, 『순전한 기독교』, 장경철·이종태 옮김, 서울: 홍성사, 2001.

14. http://www.christianitytoday.com/ct/2000/april24/5.92.html?start=1

## V

### 공공성: 로잔대회 이후 복음주의는 어떻게 달라졌나

1. Mark A. Noll, *The Scandal of the Evangelical Mind*(Grand Rapids: Wm. B. Eerdmans., 1994); 박세혁 옮김, 『복음주의 지성의 스캔들』(서울: 한국기독학생회출판부, 2010).

2. Ronald J. Sider, *The Scandal of the Evangelical Conscience: The Scandal of the Evangelical Conscience, Why Are Christians Living Just Like the Rest of the World?*(Grand Rapids: Baker, 2005); 이지혜 옮김, 『그리스도인의 양심 선언』(서울: 한국기독학생회출판부, 2005). 원서가 2005년 1월에, 한글 번역서가 3월에 나왔다.

3. Ronald J. Sider, *The Scandal of Evangelical Politics: why are Christians missing the chance to really change the world?*(Grand Rapids: Baker Books, 2008); 김성겸 옮김, 『복음주의 정치 스캔들』(서울: 홍성사, 2010).

4. Ronald J. Sider, *Rich Christians in an Age of Hunger: Moving from Affluence to Generosity*(Downers Grove: InterVarsity Press, 1977); 한화룡 옮김, 『가난한 시대를 사는 부유한 그리스도인』(서울: 한국기독학생회출판부, 1998). 이 책의 개정판은 2005년도에 Thomas Nelson에서 나왔고, 한국기독학생회출판부에서 2009년도에 동일 역자가 번역했다.

5. 본 장에서 이 단락 이후의 논의는 브라이언 스탠리가 『복음주의 세계확산』의 제6장 "기독교 선교와 사회 정의: 로잔 1974와 대다수 세계의 도전"에서 전개한 해설의 틀을 충실히 따르되, 중간중간 필자의 개인견해와 해석을 첨가했다.

6. H. Richard Niebuhr, *The Kingdom of God in America*(New York: Harper & Row, 1937), p. 193.

7. 이 신문은 미시건 주에서 발행하던 신문 「릴리저스 다이제스트」(Religious Digest)였다. 신문 특성상 편집자 자신이 헨리의 견해에 동의하지 않았을 가능성도 있다. 이 내용과 이하 이어지는 단락의 전체 구조는 스탠리의 『복음주의 세계확산』 235쪽 이하의 내용에 크게 의존했다.

8. Sherwood E. Wirt, *The Social Conscience of the Evangelical* (New York: Harper & Row, 1968).

9. 실제로 혹은 문헌에서 이런 표현을 사용한 적은 없었지만, 기독교 역사에서 이런 식으로 불린 사람들이 있었기 때문에 이와 비슷한 표현이 가능할 것이다. 가장 유명한 그룹이 '케임브리지 세븐'(Cambridge Seven)이다. 1885년 이후 허드슨 테일러의 중국내지선교회(CIM)를 통해 중국에서 활약한 영국 선교운동의 유명 인사들이다.

10. Jim Wallis, *God's Politics: Why the Right Gets It Wrong and the Left Doesn't Get It* (San Francisco: HarperSanFrancisco, 2005); 정성묵 옮김, 『하나님의 정치: 기독교와 정치에 관한 새로운 비전』, 서울: 청림출판, 2008.

11. David O. Moberg, *The Great Reversal: Evangelism Versus Social Concern* (Philadelphia: Lippincott, 1972).

12. 이 프로젝트는 빅토리아 시대에 제3대 샤프츠베리 공작이었던 앤소니 애슐리 쿠퍼(Anthony Ashley Cooper)의 이름을 따라 명명되었다. 쿠퍼는 '영국의 링컨이자 버림받은 아이들의 해방자'로 불린 영국 정치인으로, 입법을 통해 공장 및 광산 노동자, 특히 청소년 및 어린이 노동자의 처우를 크게 개선하는 데 기여한 것으로 유명하다.

13. 로잔 운동, Rose Dowsett 엮음, 『케이프타운 서약: 하나님의 선교를 위한 복음주의 헌장』, 최형근 옮김, 서울: 한국기독학생회출판부, 2014. 이 번역본에는 로잔언약, 그리고 제2로잔언약이라 할 수 있는 마닐라선언도 들어있다.

14. 원래 이름은 Arthur John Dain이지만, 닉네임인 'Jack' Dain으로 더 알려져 있다.

15. 지역별, 성별, 연령별, 직분별 통계에 대한 더 자세한 정보는 스탠리의 『복음주의 세계확산』 254쪽에 나온다. 이하 논의에 나오는 모든 통계 또한 스탠리의 책에서 가져왔다.

16. 한국의 여러 문헌에서 '파딜라'로 많이 번역하고 있는데, 이는 영어처럼 읽고 표기했기 때문이다. 그런데 파디야는 에스파냐어를 쓰는 남미 출신이기 때문에, '파디야'로 표기하는 것이 옳다. '-illa'는 '-일라'가 아니라, '-이야'로 표기한다. 유명한 오페라 '세비야(Sevilla)의 이발사'를 '세빌라의 이발사'로 표기하지 않는 것과 같은 이치다.

17. 앞으로 언급할 사무엘 에스코바르와 올란도 코스타스 역시 IVF 소속이다.

18. 주로 '에스코바'로 번역하고 있지만, 에스파냐어권 인물이기 때문에, '에스코바르'로 표기해야 한다.

19. 1970년대에는 비서양인이 서양의 대표적인 국가 중 하나의 주요 기독교 복음주의 단체 대표가 될 만한 분위기가 서서히 형성되고 있었다고 볼 수 있다. 아마도 캐나다가 미국보다는 인종에 대해 좀 더 개방적인 나라였기 때문에 그랬을 가능성도 있다.

20. 종속이론은 자본주의 착취가 국제 관계에서 발생하는 데 초점을 맞춘 이론으로, 서구 선진국과 같은 자본주의 중심부가 제3세계와 같은 자본주의 주변부를 지배하고 있다고 분석한다.

21. 로잔언약과 이후의 제2차 로잔대회(1989)의 마닐라선언, 제3차 로잔대회(2010)의 케이프타운서약은 번역된 『케이프타운 서약』에 나와 있지만, 다음 홈페이지를 통해서도 확인할 수 있다. http://www.lausanne.org/ko/category/content-ko

오순절: 오순절 및 은사주의 운동은 세계 복음주의 지형을 어떻게 바꾸었나

1. 유럽이나 미국에서 어떤 학문이 등장한 이후 그 학문이 한국에 들어와서 많은 이들에게 회자되기까지는 실제로 많은 시간이 걸린다. 평균 20년 정도가 걸리고, 주제에 따라서는 40-50년, 심지어 한국 맥락과 그다지 연관이 없는 인기 없는 주제는 100년이 훨씬 지나도 아예 언급이 안 되는 경우도 비일비재하다. 물론 갑작스런 인기 때문에 원서와 번역서가 출간되는 간격이 1년 안으로 줄어드는 경우도 있다. 예컨대, 1977년에 *Paul and Palestinian Judaism: A Comparison of Patterns of Religion*을 발간하며 '바울에 대한 새관점'(New Perspective on Paul) 논쟁을 촉발시킨 E. P. 샌더스(Sanders)의 주저 중 하나인 『예수와 유대교』(*Jesus and Judaism*)가 한국에 번역 소개된 해는 1994년으로, 17년의 간격이 있었다. 그러나 바울에 대한 논의가 뜨거운 요즘, 가장 뜨거운 학자인 N. T. 라이트의 신간이 한국에 번역 소개되는 데는 1년이 채 걸리지 않는 경우도 많다.

2. 한국에는 복음교회라는 명칭의 교단이 둘 있다. 하나는 1935년에 최태용이 설립한 한국 토착 자생교단으로, 기독교대한복음교회라는 공식 명칭을 가진 진보적인 교단이다. 또 다른 복음교회가 바로 미국에서 도입된 이 오순절 교단이고, 공식 명칭이 대한예수교복음교회다. 이 교단은 1972년에 공식 설립되었다. 사중복음 또는 사각복음교단이라고 하기에는 표현이 좀 어색해서 아마도 복음교단이라고 한 것 같다. 이미 사중복음을 주창하고 있는 성결교와 구별하기 위해서일 수도 있다. 이 교단 신학교가 대전에 있는 복음신학대학원대학교다. 이 학교는 2015년 3월 1일부로 학교 이름을 '신앙을 세운다'는 의미의 건신대학원대학교로 바꾸었다. 그러나 교단명은 그대로 대한예수교복음교회로 유지한다.

3. 미국 남장로교회 출신 오대원(David E. Ross) 선교사가 1972년에 국제 YWAM과 상관없이 예수전도단이라는 이름으로 창설했다가, 1980년에 국제 YWAM과 통합하여 한국 YWAM(예수전도단)이 되었다.

에필로그: 21세기 세계 및 한국 복음주의의 현실과 전망

1. 20세기 한국 복음주의의 역사를 종합적으로 다루는 저술 집필을 계획하고 있으므로, 더 세부적인 분석과 해설은 앞으로 출간될 필자의 새로운 책을 참조하기 바란다.

Anderson, Allan. *An Introduction to Pentecostalism*. Cambridge University Press. 2004.

Atherstone, Andrew. "로이드 존스와 영국 국교회 탈퇴 운동", Andrew Atherstone, David Ceri Jones 편.
『로이드 존스를 말하다』. 김희정 옮김. 서울: 부흥과개혁사, 2014

Barth, Karl. 『개신교신학 입문』. 신준호 옮김. 서울: 복 있는 사람. 2014.

Bebbington, David W. 『영국의 복음주의: 1730-1980』. 이은선 옮김. 서울: 한들. 1998.

_____. 『복음주의 전성기: 스펄전과 무디의 시대』. 채천석 옮김. 서울: 기독교문서선교회. 2012.

Blumhofer, Edith L. and Balmer, Randall. ed. 『근현대 세계 기독교 부흥: 논쟁과 해석』. 이재근 옮김. 서울: 기독교문서선교회. 2011.

Bosch, David J. 『변화하고 있는 선교: 선교 신학의 패러다임 전환』. 김병길·장훈태 옮김. 서울: 기독교문서선교회. 2010.

Carnell, Edward John. 『기독교변증학 원론: 삼위일체론적 유신론 신앙을 위한 원리적 변호』. 김혜연 옮김. 서울: 성지출판사. 1991.

_____. 『정통주의신학』. 김관석 옮김. 서울: 대한기독교서회. 1977.

Dayton, Donald W. 『오순절운동의 신학적 뿌리』. 조종남 옮김. 서울: 대한기독교서회. 1993.

Escobar, Samuel. 『벽을 넘어 열방으로: 세계화 시대 21세기 선교의 새로운 패러다임』. 권영석 옮김. 서울: 한국기독학생회출판부. 2004.

Grenz, Stanley J. and Olson, Roger E. 『20세기 신학』. 신재구 옮김. 서울: 한국기독학생회출판부. 1997.

Henry, Carl. F. H. 『복음주의자의 불편한 양심』. 박세혁 옮김. 서울: 한국기독학생회출판부. 2009.

_____. 『신, 계시, 권위』. 맹용길·이상훈 옮김. 서울: 생명의 말씀사. 1978-1986.

Jenkins, Philip. 『신의 미래: 종교는 어떻게 세계를 바꾸는가?』. 김신권·최요한 옮김. 서울: 도마의 길. 2009.

_____. *The New Faces of Christianity: Believing the Bible in the Global South*. New York: Oxford University Press. 2006.

Kalu, Ogbu. *African Pentecostalism: An Introduction*. New York: Oxford University Press. 2008.

Lewis, C. S. 『순전한 기독교』. 장경철·이종태 옮김. 서울: 홍성사. 2002.

_____. 『스크루테이프의 편지』. 김선형 옮김. 서울: 홍성사. 2005.

Lindsell, Harold. 『교회와 성경무오성』. 김덕연 옮김. 서울: 기독교문서선교회. 1987.

_____. 『성경에 관한 논쟁』. 정창영 옮김. 서울: 생명의 말씀사. 1986.

Marsden, George. 『근본주의와 미국문화』. 박용규 옮김. 서울: 생명의 말씀사. 1997.

Miller, Donald E. and Yamamori Tetsunao. 『왜 섬기는 교회에 세계가 열광하는가?』. 김성건·정종현 옮김. 서울: 교회성장연구소. 2008.

Moberg, David O. *The Great Reversal: Evangelism Versus Social Concern*. Philadelphia: Lippincott. 1972.

Newbigin, Lesslie. 『다원주의 사회에서의 복음』. 홍병룡 옮김. 서울: 한국기독학생회출판부. 2007.

Noll, Mark A. 『복음주의 발흥: 에드워즈, 휫필드, 웨슬리의 시대』. 한성진 옮김. 서울: 기독교문서선교회. 2012.

_____. 『복음주의 지성의 스캔들』. 박세혁 옮김. 서울: 한국기독학생회출판부. 2010.

_____. *The New Shape of World Christianity: How American Experience Reflects Global Faith*. Downers Grove: InterVarsity Press. 2009.

Packer, J. I. 『근본주의와 성경의 권위』. 옥한흠 옮김. 서울: 개혁주의신행협회. 1992.

Packer, J. I. and Oden, Thomas C. 『복음주의 신앙 선언: 하나님 나라 운동을 위한 복음주의 핵심 교리』. 정모세 옮김. 서울: 한국기독학생회출판부. 2014.

Padilla, C. René. 『복음에 대한 새로운 이해』. 이문장 옮김. 대전: 대장간. 2012.

Plantinga, Alvin. 『신과 타자의 정신들』. 이태하 옮김. 서울: 살림. 2004.

Rauschenbusch, Walter. 『사회복음을 위한 신학』. 남병훈 옮김. 용인: 명동출판사. 2012.

_____. *Christianity and the Social Crisis*. New York: The Macmillan Company. 1907.

_____. *Christianizing the Social Order*. New York: The Macmillan Company. 1912.

Schaeffer, Francis A. 『거기 계시는 하나님』. 김기찬 옮김. 서울: 생명의 말씀사. 1995.

_____. 『거기 계시며 말씀하시는 하나님』. 허긴 옮김. 서울: 생명의 말씀사. 1995.

_____. 『이성에서의 도피』. 김영재 옮김. 서울: 생명의 말씀사. 2006.

Sider, Ronald J. 『가난한 시대를 사는 부유한 그리스도인』. 한화룡 옮김. 서울: 한국기독학생회출판부. 2009.

_____. 『그리스도인의 양심 선언』. 이지혜 옮김. 서울: 한국기독학생회출판부. 2005.

_____. 『복음주의 정치 스캔들』. 김성겸 옮김. 서울: 홍성사. 2010.

Stanley, Brian. 『복음주의 세계확산: 빌리 그레이엄과 존 스토트의 시대』. 이재근 옮김. 서울: 기독교문서선교회. 2014.

Stanley, Brian. ed. *Christian Missions and the Enlightenment*. Grand Rapids: Eerdmans. 2001.

Stott, John. 『기독교의 기본 진리』. 황은호 옮김. 서울: 생명의 말씀사. 1996.

_____. *Fundamentalism and Evangelism*. London: Crusade Booklets. 1956.

Van Til, Cornelius. Oliphint, K. Scott. ed. 『변증학』. 신국원 옮김. 서울: 개혁주의신학사. 2012.

Wagner, C. Peter. *The New Apostolic Churches*. Ventura CA: Regal. 1998. (『신 사도 교회들을 배우라』 서로사랑)

Wallis, Jim. 『하나님의 정치: 기독교와 정치에 관한 새로운 비전』. 정성묵 옮김. 서울: 청림출판. 2008.

Walls, Andrew. *The Cross-Cultural Process in Christian History: Studies in the Transmission and Appropriation of Faith*. Maryknoll, N.Y.: Orbis. 2002.

_____. *The Missionary Movement in Christian History: Studies in the Transmission of Faith*. Maryknoll, N.Y.: Orbis. 1996.

Wirt, Sherwood E. *The Social Conscience of the Evangelical*. New York: Harper & Row. 1968.

Wolffe, John. 『복음주의 확장: 윌버포스, 모어, 차머스, 피니의 시대』. 이재근 옮김. 서울: 기독교문서선교회.

2010.

Wright, Christopher. 『하나님의 선교: 하나님의 선교 관점으로 성경 내러티브를 열다』. 한화룡·정옥배 옮김. 서울: 한국기독학생회출판부. 2010.

로잔 운동, Rose Dowsett 엮음. 『케이프타운 서약』. 최형근 옮김. 서울: 한국기독학생회출판부. 2014.

목창균. 『현대 복음주의』. 서울: 황금부엉이. 2005.

박용규. 『한국교회를 깨운 복음주의 운동』. 서울: 두란노. 1998.

배덕만. 『성령을 받으라: 오순절운동의 역사와 신학』. 대전: 대장간. 2012.

이문장 편역. 『기독교의 미래: 기독교의 중심이 이동하고 있다』. 파주: 청림출판. 2006.

이영석. 『지식인과 사회: 스코틀랜드 계몽운동의 역사』. 서울: 아카넷. 2014.

이재근. "매코믹신학교 출신 선교사와 한국 복음주의 장로교회의 형성, 1888-1939." 「한국기독교와 역사」 35(2011. 9.): 5-36.

_____. "세계기독교학의 부상과 연구현황: 예일-에든버러 선교운동역사 및 세계기독교학회를 중심으로." 「한국기독교와 역사」 40(2014. 3.): 377-407.

조종남 편저. 『로잔 세계 복음화 운동의 역사와 정신』. 서울: 한국기독학생회출판부. 1990.

# 찾아보기